职业教育中小企业创业与经营专业国家级数字资源库配套教材
职业教育国家级在线精品课程配套教材
中小企业人才培养系列教材

中小企业商业计划书

主　编　　魏洪茂

中国青年出版社

图书在版编目（CIP）数据

中小企业商业计划书 / 魏洪茂主编 . — 北京：中国青年出版社，2023.6（2024.1重印）

ISBN 978-7-5153-6865-8

Ⅰ . ①中… Ⅱ . ①魏… Ⅲ . ①中小企业—商业计划 Ⅳ . ① F276.3

中国版本图书馆 CIP 数据核字（2022）第 251457 号

责任编辑：彭岩
出版发行：中国青年出版社
社　　址：北京市东城区东四十二条 21 号
网　　址：www.cyp.com.cn
编辑中心：010 – 57350407
营销中心：010 – 57350370
经　　销：新华书店
印　　刷：中煤（北京）印务有限公司
规　　格：787mm×1092mm　1/16
印　　张：22.75
字　　数：390 千字
版　　次：2023 年 8 月北京第 1 版
印　　次：2024 年 1 月北京第 2 次印刷
定　　价：48.00 元

如有印装质量问题，请凭购书发票与质检部联系调换
联系电话：010 – 57350337

前　言

在市场经济快速发展以及国家政策的大力支持下，众多大学生纷纷加入创业大军。创业启动融资、企业发展融资、创业团队组建等都需要有一份切实可行的商业计划书。一份好的商业计划书是获得贷款和投资的关键因素之一。通过制定相应的商业计划，创业者会对自己企业有一个全面了解。创业者使用商业计划书，为业务合作伙伴和其他相关机构提供信息。

本书立足于中小企业创业者及院校师生需求，从创新创业金点子、产品路线打造、创业技术特色锤炼、创业团队打造、项目市场营销和商业模式设计、风险规避与防控、融资策略、商业计划书撰写及项目路演等方面进行深入讲解，帮助创业团队提升商业计划书撰写水平。除此之外，本书还有助于创业团队学会如何从商业计划书中发现企业经营的不足，进而着力提升企业运营管理水平，改善市场营销，让企业融资更有底气。

本书编写顺应职业教育改革发展趋势，注重构建创新创业教育课程体系，设计多样教学方法，建设信息化资源，具备以下特点和优势：

1. 支持配套教学资源线上展示——丰富性

本书包括故事分享、案例分享、技能提升训练等内容，除传统文字之外，还包括视频、音频、图片等资源，充分体现了"让教材变薄，让知识变厚"的理念，有限的书本内容得到了"无界限"的拓展，是一本能听、能看、能练、能互动的数字化教材。

2. 支持云端知识点随时更新——新颖性

本书是师生互动的桥梁，"书"不再"固定"，而是"活动"的。线上资源可根据建设需要和市场经济环境的发展变化需求进行随时随地的更新，保证了本书服务的时效性，内容不脱节。

3. 支持新型教学模式改革创新——实用性

本书创新保障了贯穿全程教学服务模式升级，能支持教师"翻转课堂"教学和学生"随时随地"学习。建议选用本书开课学校，线上设计 16-32 学时，线下设计 16-32

学时，2–4学分。课前，"学习目标"和"学习任务"帮助教师、学生全面把握教学目标，明确学习内容与目标。课中，教师可以利用"任务导入 – 任务分析 – 知识准备 – 任务实施 – 任务小结"引导学生"以项目为引领，以任务为导向"掌握项目要求的基本技能。课后，"思考与练习"提升学生各项目理论知识的运用能力，实现知识、能力和素养提升的目标，以教材为载体助力线上线下混合式教学，推进教育教学改革。

4. 支持创新创业大赛全过程——系统性

本书一方面从创业过程"市场与竞品分析、产品设计、技术壁垒、团队组建、商业模式、业绩分析、风险防控、战略规划与融资"的八大重点模块设计教材内容；另一方面从创新创业大赛的网络评审、项目路演等关键环节出发设计实战性较强的项目。这两个方面的设计既能支持学习者系统学习创业策划的全要素，又能支持学习者提高创新创业大赛参赛竞争力。

本书在编写过程中参考并汲取了一些行业专家、职教专家的观点、著作、教材和研究成果，在此表示衷心的感谢！编者在教材编写过程中，难免存在一些疏漏，敬请专家和读者批评指正！

编者

2023 年 2 月

目　录

项目一
发现创业金点子

▶ **学习目标**

（一）知识目标

1. 了解创业市场分析的内容和方法；

2. 了解市场竞争分析的要素；

3. 了解创业机会的概念、特征，掌握创业机会的识别方法；

4. 掌握对创业机会进行科学评估的技能。

（二）能力目标

1. 能多维开展市场分析；

2. 能使用市场竞争策略；

3. 能科学识别创业机会。

▶ **学习任务**

任务一　深入分析市场；

任务二　学会挖掘机会。

任务一　深入分析市场

2019 年直播电商整体成交额达到 4512.9 亿元，同比增长 200.4%，占整体网购规模的 4.5%，2020 年直播电商整体成交额升至 1.06 万亿元，同比增长 121.53%。从市场规模来看，据易观发布的《电商行业洞察 2021H1》数据显示，2018 年到 2020 年中国直播电商交易规模从 1400 亿元增长至 1.06 万亿元，几乎是以翻番的速度在增长，而 2021 年仅上半年，交易规模就已破万亿元，是上年整年的水平，预计 2023 年直播电商成交额将超 4.9 万亿元，增长空间还在扩张。另据艾瑞咨询《2021 年中国直播电商行业研究报告》的数据，2020 年，直播电商相关企业累计注册数达到 8862 家，较上一年增长近 7000 家，直播电商行业从业人数达到 123.4 万人，增长率高达 348.8%。

请思考：

1. 结合以上数据，分析直播市场是什么样的？

2. 假设你想要在直播市场寻找一个商机，应该如何切入？

资料来源：商务部

▶　任务分析

创业市场不是某一环节的事情，而是伴随企业从萌发创意到真正创业的各个时期。直播是新一代聊天方式，也是新一代网络销售方式，对其市场的分析可以从政策、规模、创业特点等方面进行。作为未来中小企业创业与经营者，要进行类似的行业市场分析，寻找商机，可以从市场分析的维度、方法入手，学会基本的市场调查。

▶ **知识准备**

一、市场的定义

市场是一种商品或者劳务的所有潜在购买者的需求总和。从需求角度来定义市场时，它包括人口、购买能力和购买动机三个要素。创业者最初萌发一种创业冲动或创业构想，能否将其转化为一个真正的创业项目，需要看有没有实际的顾客愿意花钱购入，甚至根据这种概念开发出某种产品原型，与顾客进行沟通，才可能进一步争取关键资源、融资、组建团队，再到建立企业。所以，从产生创业想法开始，就需要考虑市场和接触市场。经过对市场的分析，认为有市场、有需求，创业者开始组建团队，撰写详尽的商业计划。成功的商业计划除了要有概念上的创新和创意，项目更需要进行现实的严谨的市场调研和分析。如果商业计划融资成功，创业团队可以获得资金正式建立企业。之后，新产品开发出来，创业企业开始用更多投资进行批量生产，开始大规模的产品营销，这也是将产品放到市场全面检验、考察新产品市场好不好的时候。可以看出，创业市场不是某一环节的事情，而是伴随创业企业从萌发创意到真正创业的各个时期。

二、创业市场分析

创业市场是指创业者周围的境况，围绕着创业企业生存和发展变化，对其产生影响或制约创业企业发展的一系列外部因素及其组成的有机整体。

（一）影响创业市场的主要内容

1. 政府政策

政府政策包括对创业活动和创业企业成长的规定、就业的规定、环境和安全的规定、企业组织形式的规定、税收的规定等，还包括政策的执行情况、落实情况和事实上

微课视频：
什么是市场

的效率情况等。创业者若能遵从国家战略、政策的导向，并按这个方向发展，会在设立、场地、投融资、财税等方面获得便利与支持。大树底下好乘凉，国家的战略规划、产业政策、财政货币政策就如同大树，如10年前的房地产，现在的互联网、新能源汽车在大树荫护下健康发展。如果创业者反其道而行之，则容易受到约束，发展受限，面临淘汰落后的风险。中国经济已进入"新常态"，加快改革发展，转型升级的战略路径选择主要是一带一路、中国制造2025、"互联网+"等。

2. 经济环境

经济环境主要分析国家的能源和资源状况、交通运输条件、经济增长速度及趋势产业结构、国民生产总值、通货膨胀率、失业率以及农、轻、重比例关系等方面；同时也要分析某地区的国民收入、消费水平、消费结构、物价水平、物价指数等。我国整体环境正在朝着有序、规范的方向发展。诚信意识在增强，硬件环境在改善，服务意识在提高。消费者的理性消费意识和消费观念有了明显提升。

3. 社会环境

社会环境主要包括社会文化、社会习俗、社会道德观念、社会公众的价值观念、职工的工作态度以及人口统计特征等。我国目前的文化和社会规范鼓励创业和创业者，鼓励人们通过个人努力取得成功，也鼓励创造和创新的精神，更鼓励通过诚实劳动致富，让创业者勇敢地承担和面对创业中的各种风险。

4. 科技环境

创业者须及时了解分析创业地区的新技术、新材料、新产品、新能源的状况，国内外科技总的发展水平和发展趋势，本企业所涉及的技术领域的发展情况，专业渗透范围、产品技术质量检验指标和技术标准等。

拓展阅读：
哔哩哔哩市场分析

（二）创业市场的分析方法

1. PEST 分析法

PEST 为一种企业所处宏观环境分析模型，PEST 中，P 是政治（Politics），E 是经济（Economy），S 是社会（Society），T 是技术（Technology）。这些是企业的外部环境，一般不受企业掌控，这些因素也被戏称为"Pest（有害物）"。Pest 要求高级管理层具备相关的能力及素养。

2. SWOT 分析法

SWOT 分析法是用来确定企业自身的竞争优势、竞争劣势、机会和威胁，从而将公司的战略与公司内部资源、外部环境有机地结合起来的一种科学的分析方法。SWOT 分析法是一个客观性的分析方法，对于创业者分析创业项目十分有帮助。其中 S 代表优势（Strength），W 代表劣势（Weakness），O 代表机会（Opportunity），T 代表威胁（Threat）。S 和 W 表示项目主体的内部环境，O 和 T 表示项目面临的外部环境。

利用这种方法可以从中找出对个体（企业）有利的、值得发扬的因素，以及对个体（企业）不利的、要避开的东西，发现存在的问题，找出解决办法，并明确以后的发展方向。

> ▶ 活学活用 ◀
> 用 PEST 分析法和 SWOT 分析法分析虎牙直播市场。

三、创业市场调查

创业者若想进一步创业，则需要依靠市场调研来评价创业新机会前景。

趣味动画：
市场战略

（一）经营环境调查

1. 政策、法律环境调查

调查与所经营业务、运行中的服务项目有关的政策法律信息，了解国家是鼓励还是限制这些业务，有什么管理措施和手段。创业者只有熟悉政策，利用政策有利因素，规避不利因素，才能少走弯路，从而更快地让企业启动起来，事半功倍地打好创业这场战役。

2. 行业环境调查

创业者对即将从事的行业，需要做全面、充分、系统的考察与评估。比如，即将进入的行业是属于成长型行业，还是属于已经成熟，甚至是已达到饱和状态的行业？主要的合作商和客户是谁？未来发展趋势如何？只有对此类问题有了深入了解，你才会知道如何更好进入特定市场。

3. 宏观经济状况调查

宏观经济状况是否景气，直接影响老百姓购买力。如果企业效益普遍不好，经济不景气，生意就难做；反之，生意就好做，这就叫"大气候影响小气候"。因此，掌握大气候信息，是做好小生意的重要参数。经济景气宜采取积极进取型经营方针，当然经济不景气也有挣钱的行业，也孕育着潜在的市场机遇，关键在于创业者如何把握和判断。

（二）市场需求调查

在市场总人口中确定某一细分目标市场的总人数，这个总人数是潜在顾客人数的最大极限，可用来计算未来或潜在的需求量。对目标消费人群的调研分析要着重了解：哪类人群可能是长期客户？他们更看重同类产品什么功能和服务？他们期望得到什么样的服务？同时，要调研同类产品，主要要了解以下问题：这些同类产品外观、色彩等有什么特点？这些同类产品具有什么样的特点和优势，是质量取胜，还是功能取胜？同行业中失败的产品存在什么样的问题？……这些问题的答案都是创业者创建未来产品特色和优势的有效依据。

（三）客户调研

开展客户调研就是了解客户需求的过程，了解即将开发的产品和服务能否满足客户和市场的需求。客户调研包括客户的消费特征分析、客户购买决策影响因素、潜在客户的需求情况、客户需求的影响因素变化情况，以及客户的品牌偏好等。

（四）竞争对手调查

如果已有人在做相同或类似的业务，这些人就是创业者现实的竞争对手。如果业务是全新的，刚开始经营的时候没有现实的竞争对手，一旦项目火爆，许多人就会模仿，争先恐后加入竞争行列，这些就是潜在的竞争对手。知己知彼，方能百战不殆，了解竞争对手的情况，包括竞争对手的数量与规模、分布与构成、优缺点及营销策略，才能在激烈的市场竞争中占据有利位置，有的放矢地采取一些竞争策略。

（五）商业模式调研

商业模式是企业生存的根本，在企业创立之前，需要去调研成功和失败企业的商业模式各是怎样的。在确定商业模式时能够有所借鉴、扬长避短。

（六）市场调查方法

按调查范围不同，市场调查可分为：市场普查、抽样调查和典型调查法等。按照信息来源的不同，市场调查可分为：直接方法和间接方法。按调查方式不同，市场调查可分为：观察法、问卷法、访问法等。

1. 观察法

观察法是指通过直接观察取得第一手资料的调查方法。市场调查人员直接到商店、订货会、展销会、消费者比较集中的场所，借助于照相机、录音机或直接用笔录的方式，身临其境地进行观察记录，从而获得重要的市场信息资料。观察法的优点是可以客观地收集资料，可以集中地了解问题。不足之处在于许多问题观察不到，如被调查者的兴趣、偏好、心理感受、购买动机、态度、看法等。

2. 问卷法

问卷法是指通过设计问卷的方式向被调查者了解市场情况的一种方法。按照问卷发放的途径不同，可分为当面调查、通信调查、电话调查、留置调查四种。

微课视频：
做好市场分析

（1）当面调查，即亲自登门调查，按事先设计好的问卷，有顺序地依次发问，让被调查者回答。

（2）通信调查，是将调查表或问卷邮寄给被调查者，由被调查者填妥后寄还的一种调查方法，这种调查的缺点是问卷的回收率低。

（3）电话调查，是指按照事先设计好的问卷，通过电话向被调查者询问或征求意见的一种调查方法。其优点是取得信息快，节省时间，回答率较高；缺点是询问时间不能太长。

（4）留置调查，指调查人员将问卷或调查表当面交给被调查者，由被调查者事后自行填写，再由调查人员约定时间收回的一种调查方法。这种方法可以留给被调查人员充分的独立思考时间，可避免受调查人员倾向性意见的影响，从而减少误差，提高调查质量。

> ▶ 练一练 ◀
> 利用市场调查方法调研当前直播的创业机会。

四、目标市场定位

要想成功创业，创业者必须回答 2 个重要问题：（1）谁是我们的顾客？（2）该如何吸引他们？一般可以按照以下 3 个步骤来回答：

（一）锁定市场细分

尽管市场细分非常重要，但常被创业者忽视。忽视这项重要活动可能会导致创业者对新产品或服务的潜在市场规模的错误评估。市场细分过程包括识别细分市场特征，勾勒细分市场轮廓。通常使用人口特征和消费模式特征相结合方式来定义细分市场。

（二）选择目标市场

选择目标市场包括比较不同细分市场的吸引力，然后选择最具吸引力的市场作为目标市场。即便某个细分市场具有一定规模和发展特征，并且其结构也很有吸引力，创业者仍需将其自身的目标和资源与该细分市场的情况结合考虑。有些细分市场虽然有较大吸引力，但不符合创业者长远目标，应当考虑放弃。这是因为这些细分市场本身可能具有吸引力，但是它们不能推动创业者完成创业目标，甚至会分散创业者精力，使之无法完成创业主要目标。即使这个细分市场符合创业者的目标，创业者也必须考虑新企业初创阶段是否具备在该细分市场获胜所必需的技术和资源。无论哪个细分市场，要在其中取得成功，必须具备某些条件。

（三）确立独特定位

市场定位并不是对一件产品本身做些什么，而是对潜在顾客的心做些什么。从营销角度说，这可以看成是企业想让顾客感知企业的方式，以及目标市场顾客购买我们而非竞争对手产品和服务的原因。市场定位的实质是使本企业与其他企业严格区分开来，使顾客明显感觉和认识到这种差别，从而在顾客心目中占据特殊的位置。

价值曲线是一种市场定位工具。它的核心是不把主要精力放在打败竞争对手上，而放在全力为顾客与企业自身创造价值上，并由此开创新的无人竞争的市场空间、彻底甩脱竞争，开创属于自己的一片蓝海。若要通过价值曲线来进行企业市场定位，必须重点回答4个问题：（1）哪些行业中被认为理所当然的因素应该被剔除了？（2）哪些因素的含量应该降低到行业标准以下？（3）哪些因素的含量应该提升到行业标准以上？（4）哪些行业内从未提供过的因素应该被创造？一旦企业以某种方式进行市场定位后，必须能够坚持到底，实践最初的梦想。然而，若顾客试用了企业的产品或服务后不满意的话，没有完全进行市场定位则是有益的，因为这样还有调整的余地。

▶ **任务实施**

此次任务可以通过如下途径实现：

（1）阅读直播电商相关数据，思考当下直播市场是什么样的？假设你想要在直播市场寻找一个商机，应该如何切入？市场分析方法有哪些？应该从哪些维度分析市场？

（2）通过文献检索法查询与直播有关的数据，查看专家、学者、创业者、投资人等群体对直播创业的观点。

（3）通过小组讨论分析，锁定直播创业的市场细分领域、目标市场、建立项目独特定位，派出代表在课堂上进行汇报分析。

▶ **任务小结**

　　创业市场是指创业者周围的境况，围绕着创业企业生存和发展变化，对其产生影响或制约创业企业发展的一系列外部因素及其组成的有机整体。创业市场包括政府政策、经济环境、社会环境和科技环境。一般采用 PEST 分析法和 SWOT 分析法开展市场分析，通过经营环境调查、市场需求调查、客户调研、竞争对手调查、商业模式调研完成创业市场调查。一般可以按照锁定市场细分、选择目标市场、确立独特定位 3 个步骤来准确定位目标市场。

任务二　学会挖掘机会

▶　**任务导入**

《联合早报》2021 年 6 月 4 日报道：根据瑞士再保险最新调查，亚太地区受访消费者中，有四分之一因为新冠疫情而担忧财务稳定性。调查也发现，超过三分之一受访者都因疫情关系，更关注身体健康，当中新加坡消费者更是多达 51%。另外，四分之一受访者担心心理健康，把它列为首要关注事项。消费者对健康和死亡风险的意识提高，也带动健康相关保险的增长。

瑞士再保险公司的调查纳入了新加坡、澳大利亚、日本、中国和印度等亚洲 12 个市场约 7000 名消费者。报告指出，由于疫情的关系，消费者对价格更加敏感，有八成消费者表示保费是他们购买保险的首要考虑因素。52% 新加坡受访者说，疫情令他们更仔细了解保单内容和保险覆盖范围。随着保险业转向数字化，消费者现在开始重视保险公司的数字能力，近一半消费者要求通过网上交易，37% 受访者要求保险业者提供手机应用。

一场疫情也改变了许多消费者的生活习惯。超过四成受访者表示他们依然热衷于在外用餐和与他人聚会。不过，只有三分之一的人表示，他们会出席大型表演等。38% 受访者说，疫情后，他们会继续与他人保持社交距离，特别是来自新加坡、马来西亚、印度尼西亚和泰国的受访者。整体来说，大多消费者因疫情而"催生"一些新的良好生活习惯，如更注重个人卫生、更健康饮食、多做运动和更良好的睡眠习惯等。

请思考：

结合以上数据，你认为保险服务业的创业机会有哪些？

资料来源：《联合早报》

▶　**任务分析**

市场机会很多，但创业者需要的是有利于创建成功企业的最佳机会，这样才能更好地展现团队能力。上述资料中展示了亚太地区健康保险市场的保费收入、竞争格局和相关政策，作为未来中小企业创业与经营者，结合这些数据分析健康保险服务业的创业机会，需要学会识别优秀机会特征，掌握机会识别流程，合理评估创业机会，掌握创业项目选择的方法，可以从以下内容开始学起。

▶ **知识准备**

一、创业机会

（一）什么是创业机会

创业机会也称为商业机会或者市场机会，是指具有较强吸引力的、较为持久的有利于创业的商业机会，创业者据此可以为客户提供有价值的产品或服务，并同时使创业者自身获益。

（二）创业机会的特征

创业学的先驱蒂蒙斯（Timmons）认为，创业机会的特征是具有吸引力、持久性和适时性，并且伴随着可以为购买者或者使用者创造、增加使用价值的产品和服务。

1. 吸引力

创业者所选择的行业，即创业者所要提供的产品或服务，对于消费者来说应该是具有吸引力的，消费者愿意消费该产品或服务。

2. 持久性

创业机会应当具有持久性，能够得到进一步的发展。具体来说，市场能够提供足够的时间使创业者对创业机会进行开发。创业者进行创业机会分析时，应把握创业机会的这一特征，以免造成对资源和精力的浪费。

3. 适时性

适时性与持久性相对。创业机会存在于某个时间段，在这个时间段进入该产业是最佳时机，这样一个时间段被称作"机会窗口"。换句话说，创业机会具有易逝性或时效性，它存在于一定的空间和时间，随着市场及其他创业环境的变化，创业机会很可能消失或流失。

4. 创造顾客价值

创业机会来源于创意，创意是创业机会的最初状态。创意是一种新思维或者新方法，是一种模糊的机会。如果这种模糊的机会能为企业和顾客带来价值，那么它就有可能转化为创业机会。

二、创业机会的识别

（一）着眼于问题把握机会

机会并不意味着无须代价就能获得，许多成功企业都是从解决问题起步的。问题就是现实和理想的差距。顾客需求在没有满足之前就是问题，而设法满足这一需求，就抓住了市场机会。

（二）利用变化把握机会

变化中常常蕴藏着无限商机，许多创业机会产生于不断变化的市场环境。环境变化将带来产业结构调整、消费结构升级、思想观念转变、政府政策变化，居民收入水平提高，人们认真分析这些变化可以发现新的机会。

（三）跟踪技术创新把握机会

世界产业发展的历史告诉我们，几乎每一个新兴产业的形成和发展都是技术创新的结果。产业的变更或产品的替代，既满足了顾客需求，同时也带来了前所未有的创业机会。

（四）在市场夹缝中把握机会

创业机会存在于为顾客创造价值的产品或服务中，而顾客的需求是有差异的。创业者要善于找出顾客的特殊需求，盯住顾客的个性需要并认真研究需求特征，这样就可能发现和把握商机。

（五）捕捉政策变化把握机会

中国市场受政策影响很大，新政策的出台往往会促发新商机，如果创业者善于研究和利用政策，就能抓住商机站在潮头。

微课视频：
发现创业机会

（六）弥补对手缺陷把握商机

很多创业机会源于竞争对手的失误和意外获得，如果能及时抓住竞争对手策略中的漏洞而快速发展自身实力，或者能比竞争对手更快、更可靠、更便宜地提供产品或服务，也许就找到了机会。

三、创业机会的评价

（一）基于创业者的评价

1. 创业者与创业机会的匹配

不管创业机会是创业者自己识别到的还是他人建议的，也不管创业机会是偶然发现还是系统调查发现的，创业者首先应该问自己：这个机会适合我吗？为什么应该是我而不是别人开发这个机会？

并非所有的机会都适合每个人，一位资深律师可能因为参与一场官司而发现了一个高科技行业内的机会，但是，他不太可能放弃律师职业而进入高科技行业创业，因为他缺乏必需的技术知识和在高科技行业内的关系网络。换句话说，即使看到了有价值的创业机会，个体也可能因没有相应的技能、知识、关系等而放弃创业活动，或者把机会信息传递给其他更合适的人，或者是进一步提炼加工机会从而将其出售给其他高科技企业。当然，创业活动不会拘泥于当前的资源约束，创业者可以整合外部的资源开发机会，但这需要具备资源整合能力。

并非所有的机会都有足够大的价值潜力来填补为把握机会所付出的成本，包括市场调查、产品测试、营销和促销、雇用员工、购买设备和原材料等一系列与机会开发活动相关的成本，还包括为创业所付出的时间、精力以及放弃更好工作机会而产生的机会成本。研究发现，创业者的创业机会成本越高，所把握的创业机会的价值创造潜力也就越大，所创办的新企业的成长潜力也更高。

总体而言，创业活动是创业者与创业机会的结合，一方面创业者识别并开发创业机会，另一方面创业机会也在选择创业者，只有当创业者和创业机会之间存在着恰当的匹配关系时，创业活动才最可能发生，也更可能取得成功。

2. 创业者对创业机会的初始判断

认定创业机会适合自己，还要对创业机会进行评价。创业者对机会的评价来自他们的初始判断，而初始判断简单地说，就是假设加上简单计算。机会应该具有吸引力、持久性和及时性，是具有如下四项特征的构想：对消费者具有吸引力；能够在创业者的商业环境中实施；能够在现存的机会窗口中执行；创业者拥有创立企业的资源和技能，或者知道谁拥有这些资源与技能并且愿意与创业者共同创业。

创业者对创业机会的初始判断，有时看似简单得不可置信，但也经常奏效。机会转瞬即逝，如果都要进行周密的市场调查，有时会难以把握机会，或者有时会在调研中发现很多困难，最后反而失去了创业激情。假设简单计算只是创业者对机会的初始判断，进一步的创业行动还需依靠调查研究，对机会价值做进一步的评价。

（二）基于系统分析的评价

系统评价类似于大公司开展的可行性论证分析。在系统评价创业机会时，一定要注意创业活动不确定性高的特点，创业者不太可能按照框架中的指标对创业机会一一做出评价，而仅会选择其中若干要素来判断创业机会的价值，从而使得创业者机会评价表现为主观感觉而非客观分析的过程。不能事事都强调依据，不确定环境本身就难以预测，需要在行动中不断地检验创业者的假设。过分强调证据，容易把困难放大，弱化创业者承担风险的勇气。

1. 蒂蒙斯创业机会评价指标体系

蒂蒙斯教授提出了比较完善的创业机会评价指标体系，认为创业者应该从行业和市场、经济因素、收获条件、竞争优势、管理团队、致命缺陷、个人标准、理想与现实的战略差异八个方面评价创业机会的价值潜力，并围绕这八个方面形成了53项指标。

2. 通过市场测试评价创业机会

市场测试类似于实验，不同于市场调研。一般市场调研关心的是顾客认为他们想要什么，市场测试却能获得更精确的顾客需求数据。因为测试是站在一个和真实顾客互动交流的位置上了解顾客的需求，能观察到真实的顾客行为，而不是通过提出假设性问题来估计；测试还可以意外发现一些突如其来的顾客行为，一些以前可能没有想到的问题。

市场测试是指评估消费者对创意和商业概念的反馈。产品开发的早期阶段需要对创意进行检测，以确定后续是否有必要继续进行探索。对概念和产品的检测，有助于了解消费者对创业想法和原型的反应，获取有关用户的满意度、购买意愿以及下一步创意开发可行性的信息。由于测试是一项处于产品和服务开发早期阶段的工作，通常需要较少的资源，所以项目的早期阶段往往高度关注测试和假设验证工作。测试的结果包括获知完善产品和服务特性的信息，进一步明确产品或服务的定位，明确开发的经济成本以及其他关键决策信息。

3. 创业机会评价的定性原则

创业机会定性评价，需要回答五个基础问题：第一，机会的大小、存在的时间跨度和随时间成长的速度；第二，潜在的利润是否足够弥补投入的资本、时间和机会成本，继而带来令人满意的收益；第三，机会是否开辟了额外的扩张、多样化或综合的商业机会选择；第四，在可能的障碍面前，收益是否会持久；第五，产品或服务是否真正满足了真实的需求。

创业机会定性评价，通常依据以下五项基本标准：第一，机会对产品有明确界定的市场需求，推出的时机也是恰当的；第二，投资的项目必须能够维持持久的竞争优势；第三，投资必须具有一定程度的高回报，从而允许一些投资中的失误；第四，创业者和机会之间必须互相适合；第五，机会中不存在致命的缺陷。

创业机会定性评价，通常分为以下五个环节：其一，判断新产品或服务将如何为购买者创造价值，判断新产品或服务使用的潜在障碍，如何克服这些障碍，根据对产品和市场认可度的分析，得出新产品的潜在需求、早期使用者的行为特征、产品达到创造收益的预期时间；其二，分析产品在目标市场投放的技术风险、财务风险和竞争风险，进行机会窗分析；其三，在产品的制造过程中是否能保证足够的生产批量和可以接受的产品质量；其四，估算新产品项目的初始投资额，使用何种融资渠道；其五，在更大的范围内考虑风险的程度以及如何控制和管理那些风险因素。

拓展阅读：
牛仔裤

四、创业项目选择的方法

(一) 选择高附加值项目

一个创业项目好不好，首先考虑其提供的产品或服务的附加值高不高。通常情况下，附加值高就是好项目，附加值不高就不是好项目，如果附加值为零就应该放弃。什么是附加值呢？附加值是附加价值的简称，是指在产品的原有价值基础上，通过生产过程中的有效劳动新创造价值，即附加在产品原有价值上的新增价值，附加值的实现在于通过有效营销手段进行连接。产品附加值主要包括两个方面的内容，即通过企业的内部生产活动等创造的产品附加值和通过市场战略在流通领域创造的商品附加值。高附加值产品，则是指投入、产出比较高的产品，其技术含量、文化价值等比一般产品要高出很多，因而市场升值幅度大，获利高。

(二) 选择高市场容量的项目

产品的市场容量是指消费者的需求总量。市场容量大，说明生产的产品社会需求量大，创业后企业成长空间大；市场容量小，说明生产的产品社会需求量小，创业后企业成长的空间不够大。一般来说，选择产品市场容量大的创业项目，创业初期的成活率相对会高一些；而选择产品市场容量小的创业项目，由于其生产的产品适用人群少，销量自然就小，所以创业初期的成活率可能会低一些。

需要说明的是，市场容量与市场占有率是两个不同的概念。比如，有些产品的市场容量虽然大，但由于竞争者较多，创业者实际利用的市场空间可能并不大，因为整个庞大的市场被无数的竞争者分割成很多小市场，留给初期创业者的自然只有很小的市场容量。也就是说，创业者的产品市场占有率很小，初创企业只能在夹缝中生存。

(三) 选择具有垄断力的项目

市场垄断力是指该项目所生产的产品进入市场后销售时所显露的市场占领能力，或者说是市场独占能力，它所反映的是该项目与其他生产同类产品或替代产品的项目竞争时所表现出来的竞争力。高市场垄断力有两个好处：一是有利于产品的销售，提高该产品在市场上的占有率，即它的市场份额。二是有利于提高产品的销售价格，当产品在市场上处于完全竞争状态时，会形成一个平均销售价格，同时也会形成一个平均生产成本，而二者之间的差额就是平均利润，一般来说完全竞争状态下的平均利润很低。当产品处于垄断状态时，它就掌握着产品的定价权，其销售定价比平均价格高，高出部分的价格差就是垄断利润。这就是说，当产品处于垄断状态时，它不仅可以获得平均利润，还可以获得垄断利润。另外，市场垄断可分为政策性垄断、技术垄断和资金垄断三个类型。

（四）选择低风险项目

低风险说明风险可控，例如技术上成熟、市场广阔、政策容许，特别是政策鼓励的项目，风险是比较小的。这里讲的三个主要风险分别是政策风险、技术风险和市场风险。

1. 政策风险

政策风险是指有些创业项目处于政府管制或调控的领域，政府管理政策的变化可能会导致创业项目被封杀，或因政策调整导致市场供求变化，给初创企业经营带来极大风险。

2. 技术风险

技术风险是指初创企业的产品技术不完全成熟，边研制边上马，从而存在着技术不过关的风险。技术风险主要存在于产品具有一定技术含量的初创企业，当然也存在于进行新产品开发的成熟企业，特别是科技型企业。

3. 市场风险

市场风险主要是指产品能否经受市场竞争的风险。如果产品适销对路，渠道畅通，具有足够的竞争力，很快就得到消费者的认可，那么市场风险就小；反之，市场风险就大。市场风险是选择创业项目时必须要考虑的因素，市场风险影响着产品的销售量、企业的生产成本和销售价格，影响着企业的生存。形成市场风险的主要因素有几方面：一是宏观经济环境。若宏观经济不好，下游企业或客户购买力下降，势必影响本企业产品的销售。二是原材料采购。若原材料不容易采购，采购价格高、运输成本高等，都会影响本企业的经营。三是消费者消费习惯和消费心理变化。企业生产的产品若不符合消费习惯将造成销售困难。

（五）选择资金占用量低的项目

低资金占用量是指创业从投入到产出所需的资金量比较小，即在创业者可以承受的范围之内。低资金占用量有两大好处：第一，成本可控。一般来说，科技含量高，投入小，因而船小好掉头，随时可以转产，损失也较小。第二，在创业之初不容易筹集开办企业所需的资金。一般来说，项目上马快，好掌控，可提高初创企业存活率。

（六）选择产品生命周期长的项目

生命周期有三种类型，即产品生命周期、企业生命周期和产业生命周期，这里主要是指产品的生命周期。影响产品生命周期的因素主要有两个：一是新技术的出现，产品更新换代，老产品因技术落后而被淘汰；二是具有同样或类似功能且价格低廉的替代产品的出现。产品的生命周期是创业者选择项目时必须考虑的重要因素，如果产品的生命周期短，或许还没有收回投资，就已经走向衰落了，这对创业者来说，无疑是难以承受的。

五、适合大学生的创业项目

对于"一毕业就失业"的大学生来说，要想改变自己的命运，成就一番事业，必须更新陈旧的就业观念，这是创业准备的第一前提，思路决定出路。另外，要找准定位，创业不可盲目，更不能随波逐流，所以大学生创业一定要结合自身条件选准切入点。那么大学生在哪些领域创业成功的概率会比较高，哪些领域会比较适合大学生创业呢？

（一）高科技领域

大学是科研成果和科技人才聚集的地方，在高科技领域创业有得天独厚的优势。身处高科技前沿阵地的大学生，在这一领域创业有着近水楼台先得月的优势。常见的大学生高科技创业领域包括互联网应用与开发、生物医药、新能源技术等。创业投资者更看重的是创业计划真正的技术含量有多高、在多大程度上是不可复制的，以及市场盈利的潜力有多大。高科技领域创业，在进行创业时，要将科技成果转化为商品，这是科技成果创业能否成功的一个重要因素。有意在这一领域创业的大学生可积极参加各类创业大赛，获得脱颖而出的机会，吸引风险投资。同时要与学校教师建立良好的关系，借助以导师为核心的研究团队开发出具有竞争力的新产品。

（二）智力服务领域

在智力服务领域创业，成本较低，一张桌子、一部电话就可开业，如设计工作室、翻译事务所等，但是智力和创意是必备资本，并且大学生充分利用专业背景更容易实现

拓展视频：
乡村振兴背景下的创业机会

自身的创业目标。

（三）校园开店和服务

一方面可充分利用高校的学生客户资源，另一方面，由于熟悉同龄人的消费习惯，更容易开辟市场。创业者可以通过回顾自己在大学生活中遇到的问题或不满的地方，也可以通过访谈在校大学生，了解其各种重要需求，然后从中挑选出最适合自身资源的创业机会。如考证、旅游、手机卡、餐饮、饰品、中介等大学生常用的产品和服务，这些业务的成本和风险都较低且客源稳定，因此校园开店和服务不失为大学生创业锻炼的机会。

（四）互联网创业

大学生对互联网比较感兴趣，也相对熟悉，大学生思维敏捷，年轻有活力，更能跟上网络发展的步伐，容易发现互联网中的商机。大学生知识比较丰富，部分大学生已经掌握了互联网技术，具备互联网创业的优势。另外，大学生多元化的个性比较适合互联网企业公平化、相对自由的管理模式。互联网创业不仅有高端互联网的开发和利用，同时也有最普遍的网店、微店，可以满足不同领域的创业学生的需求，为大学生创业提供了广阔的平台。

（五）加盟连锁领域

在相同的经营领域中，个人创业的成功率低于20%，而加盟创业的成功率则高达80%，对创业资源有限的大学生来说，借助连锁加盟的品牌、技术、营销、设备优势，可以以较少投资、较低门槛实现自主创业。

（六）模式的移植

人类的各类需求，总是从低级到高级，从简单到复杂。其他发达国家服务业中已经过客户的需求验证先发展起来的一些成熟商业模型比较有价值。研究他们成长的轨迹和成败的原因，对于我国创业者开拓创业项目非常有益。事实也证明，我国许多创业项目属于继承式创新，多数创业者在借鉴其他发达国家商业模式时，结合我国实际情况进行改造式创新、应用。例如马化腾创办的腾讯QQ，模仿的是美国社交软件ICQ。

六、创业项目与个人匹配

创业项目很多，如何理性筛选，则需要"知己知彼"。创业者要结合个人兴趣爱好、专业特长、资源优势等综合思考。选择与自己匹配的创业项目可以从以下几个方面入手。

（一）自身或团队优劣势分析

1. 兴趣爱好

将自身兴趣爱好与事业结合起来，是一件美妙的事情。因为创业者在创办事业过程中将源源不断地获得愉悦感、成就感，并成为推动其不断前进的动力。

2. 专业特长

专业和特长是大学生创业项目选择的主要影响因素之一。大学生创业选择与专业相关的项目，可以充分发挥专业优势，提高创业成功率。特别是理工科学生，若在学习研究过程中取得技术专利，走产学研相结合的道路，是很好的选择。

3. 人脉资源

整合人脉资源是创业成功的条件之一。创业过程中，各种良好的人脉关系，有助于更方便地找到投资、找到技术与产品、找到渠道等各种创业机会。大学生人脉资源相对还较窄，如果创业项目方向与亲戚朋友、父母祖辈所从事行业有一定契合度，相对来说是一个较好的选择。

4. 投资能力

俗话说"有多少钱，办多大事"，创业离不开资金支持，如加盟肯德基虽然比较赚钱，但投资金额过高。同时，创业也是有风险的，一旦失败，需要承担相应损失。对于初次创业的大学生来说，眼高手低绝对是一大忌讳。由于缺少资源、缺少资金，应该从小生意做起，逐步积累资金与经验。

（二）资源和项目的自我匹配

综合考虑个人或团队的兴趣爱好、专业特长、人脉资源、投资能力，优先筛选与自

音频：
如何正确把握商机

身特点、资源相匹配的创业项目。

▶ **任务实施**

此次任务可以通过如下途径实现：

（1）阅读《联合早报》发布的相关数据，思考保险服务业的创业机会有哪些？优质的创业机会有哪些特征？如何识别身边的创业机会？创业项目的选择应该如何合理评价？

（2）通过实战任务，掌握蒂蒙斯创业机会评价指标体系。

（3）通过小组讨论分析，确定模拟创业方向，市场调研分析后，形成创业项目评估报告，派出代表在课堂上进行汇报分析。

▶ **任务小结**

创业机会也称为商业机会或者市场机会，是具有较强吸引力的、较为持久的有利于创业的商业机会，创业者据此可以为客户提供有价值的产品或服务，并同时使创业者自身获益。创业机会具有吸引力、持久性和适时性，并且伴随着可以为购买者或者使用者创造、增加使用价值的产品或服务。创业者一般在着眼于问题、利用变化、跟踪技术创新、市场夹缝、捕捉政策变化以及弥补对手缺陷中把握商机。创业机会评价由基于创业者的评价、基于系统分析的评价组成。建议选择高附加值、高市场容量、具有垄断力、低风险、资金占用量低、产品生命周期长的项目进行创业。适合大学生的创业项目有高科技领域、智力服务领域、校园开店和服务、互联网创业、加盟连锁领域、模式的移植等。

技能提升训练　寻找一个好项目

▶ **训练目标**

通过实战任务训练，能够掌握市场分析方法、流程，学会识别创业机会。

▶ **实施流程**

1. 设想你和朋友打算一起创业，立足当前政策和客户需求，从多维度分析当前市场，列出 4 个创业机会。

（1）

（2）

（3）

（4）

2. 设计一份问卷，面向项目的目标客户开展调研，验证创业机会的市场需求。

3. 根据以上选定的创业机会，根据蒂蒙斯创业机会评价指标体系做一份创业机会分析报告。

思考与练习

一、单选题

1. 以下创业项目筛选方法不合适的是（   ）。

A. 选择高附加值项目　　　　　　　　B. 选择高市场容量项目

C. 选择具有垄断力的项目　　　　　　D. 选择高风险项目

2. （   ）是指围绕着创业企业生存和发展变化，对其产生影响或制约创业企业发展的一系列外部因素及其组成的有机整体。

A. 创业市场　　　B. 竞争市场　　　　C. 产品市场　　　　D. 经济市场

3. 以下不属于市场调查方法的是（   ）。

A. 访问法　　　　B. 问卷法　　　　　C. 观察法　　　　　D. 沟通法

4. （   ）是指产品能否经受市场竞争的风险。

A. 产品风险　　　B. 市场风险　　　　C. 渠道风险　　　　D. 竞争风险

5. （   ）是一种商品或者劳务的所有潜在购买者的需求总和。

A. 产品　　　　　B. 市场　　　　　　C. 政府　　　　　　D. 劳务

二、判断题

1. 低资金占用量是指创业从投入到产出所需的资金量比较小，即在创业者可以承受的范围之内。（   ）

2. 社会环境主要包括社会文化、社会经济、社会道德观念、社会公众的价值观念、职工的工作态度以及人口统计特征等。（   ）

3. 一个人只有发现了创业机会才能创业。（   ）

4. 机会需要挖掘，所以我们要勇敢地走出去、努力挖掘创业机会。（   ）

5. 创业机会无处不在、无时不在。（   ）

三、简答题

1. 简述创业机会的识别。

2. 该如何对创业项目环境进行评估？

项目二
构建王牌产品线

▶ **学习目标**

（一）知识目标

1. 了解产品与服务的基本内容；

2. 熟悉产品构成的核心要素；

3. 熟悉提炼产品特色的方法。

（二）能力目标

1. 能运用产品定位分析的方法分析某个创业项目；

2. 能为创业项目提炼产品特色。

▶ **学习任务**

任务一 认识产品内涵；

任务二 找准产品定位；

任务三 提炼产品特色；

任务四 做好产品规划。

任务一　认识产品内涵

▶ **任务导入**

美图公司成立于 2008 年 10 月，是一家以"美"为内核、以人工智能为驱动的科技公司，通过影像产品和颜值管理服务帮助用户全方位变美，通过 SaaS 服务助力美丽产业数字化升级。它面向个人用户推出了几款比较成功的 App。

美图秀秀是广受欢迎的修图、修视频宝藏神器，全球累计超 10 亿用户！据 Quest Mobile 数据显示，美图秀秀自 2008 年上线以来在图片美化赛道长期保持用户规模第一。

美颜相机面向年轻用户推出的潮流个性相机 App，以人像为核心，为用户提供强大而简单的变美功能。据 Quest Mobile 数据显示，美颜相机用户规模及月活均位列行业第一。

美妆相机是一款虚拟试妆 App，以逼真的妆效体验，为用户解决日常上妆的痛点。通过高级美妆功能，搭配出超过万亿种妆容效果，用户能实时体验不同风格，选择最适合的妆容。

WINK App 让你的视频每一帧每一秒都绝美如画。传承美图秀秀美颜基因，可以像 P 照片一样 P 视频。高清视频人像精修，智能祛皱美白，打造精致上镜脸。全新独创的单场景服务，链路短，快捷好用，主要服务剪辑基础刚起步的年轻用户，让他们小成本实现视频一键出片。

Chic 潮流期刊相机是美图公司推出的一款影像 App。霓虹闪、漏光胶囊、3D 凝时等多款主题相机，给你如拆盲盒般的惊喜体验，随时记录你的质感生活，更有导入功能，让废片一键截图相册页，生成潮流大片，艺术感 Plog！

蛋啵 App 是美图秀秀出品的首款拍娃、晒娃神器，潮爸潮妈们可一键套用宝宝专属照片模板、快速制作萌娃表情包、拍出宝宝天生奶油肌，还能邀请家人、亲友一起记录宝宝成长，在专属空间中分享互动，尽情晒娃、"吸娃"。

除此之外，美图公司还推出了面向行业用户的产品。例如美图秀秀电脑版、美图宜肤、美图云修、美得得、美图证件照、美图 AI 开放平台、广告流量联盟、Meitu

ADX 等。

请思考：

美图的产品与服务有哪些？这些产品与服务如何分类？

资料来源：美图官网　数据截止于 2022 年 12 月

▶ **任务分析**

　　创业团队能否精准定位产品的用户需求及开发出解决这群用户痛点的产品，关系到整个企业的生存与发展。美图公司围绕用户爱美的需求，研发了一系列产品，使得公司不断创造价值，获得各项荣誉。这些值得未来中小企业创业与经营者学习和思考，可以从学习产品与服务的相关知识入手。

▶ **知识准备**

　　一个伟大品牌的核心是一个伟大的产品。市场领导者通常出售能提供卓越顾客价值的高品质产品或服务。产品是企业实现顾客价值的载体，企业通过交付客户满意的产品来创造顾客的价值。

一、产品内涵

　　产品是向市场提供的，引起注意、获取、使用或消费，以满足欲望或需要的任何东西。既包括有形产品，也包括服务、事件、人员、地点、组织、观念或上述内容的组合。有些产品是有形的商品，如汽车零部件供应商提供的零部件；有些企业主要提供无

微课视频：
产品与服务

形的服务，如管理咨询机构提供的咨询服务；还有些企业提供的产品是有形产品和无形服务的结合，如华为公司的手机。顾客购买的华为手机本身是有形的产品，顾客也购买华为公司提供的无形软件服务。产品与服务实际上是有形实物产品和无形服务产品，它们统称为产品。

产品的第一属性应该是商业性，是有针对性的，就是具体针对某一部分人群进行刻意的设计和思考。针对这些人的什么呢？自然是他们的需求、他们的痛点、他们的期待。满足了他们的需求，解决了他们的痛点，让他们愿意用自己的财富来交换，就形成了交易。

二、产品特征

产品特征是产品自身构造所形成的特色，一般指产品的外形、质量、功能、商标和包装等，它能反映产品对顾客的吸引力。产品特征是影响消费者认知、情感和行为的主要刺激物。这些特征是凭借消费者自身具有的价值观、信仰和过去的经验来评价的。产品主要有以下几个特征：

（一）兼容性

兼容性是指产品和消费者当前的影响、认知和行为相一致的程度。如各种口香糖、润喉糖等，不需消费者的上述行为发生变化就可使用。

（二）可试性

可试性是指一种产品所能提供的有限试用或能分成微小数量以供试验的程度。一个产品的试用结果就是想挽留客户消费，那么只有分析用户的痛点，并且通过产品试用来达到一定的目的，才是最佳的打开市场方式。

（三）可观察性

可观察性是指产品及其效用可被其他消费者感知的程度。如果一个产品提出的效用不能被感知，那么在消费者眼里就相当于没有效用，没有效用就没有价值。买的就是这种能够感知得到的价值感。小米体重秤"喝杯水都可感知的精准"也是利用事实来让消费者感知到，从而赢得消费者信任的一个好案例。

（四）效益周期

效益周期是指消费者体验产品益处的快慢程度。那些奶茶店门口都在排大长队，你

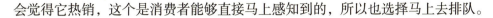

会觉得它热销，这个是消费者能够直接马上感知到的，所以也选择马上去排队。

（五）易用性

易用性是指消费者明白和使用产品的容易程度。产品易用性好，很可能是因为产品功能少，界面简单；也可能是用户认知成本低等因素。另外，同样的产品、功能、界面和环境，对于不同的用户而言，易用性也是不同的，因为用户的认知能力、知识背景、使用经验等都不同。所以易用性要放在指定用户群体中去考察。

（六）相对优势

相对优势是指一种产品较之其他产品类型、产品形式和品牌持续性所具有的竞争性优势。在某种情况下，相对优势可以通过技术开发来获得。

（七）象征性

象征性是指产品或品牌对消费者的意义，消费者在购买、使用产品中的体验。该特征蕴含着"自我概念—产品形象一致"的理论。该理论认为，包含象征性意义的品牌通常会激发包含同样形象的自我概念。例如，一个包含"高贵身份"意义的品牌会激发消费者自我概念中的"高贵身份"形象。

▶ 练一练 ◀

选择你最喜欢的一个产品，分析其具有什么特征。

三、产品要素

（一）内涵

产品的内涵是指为用户提供基本的效用或者利益，满足用户的本质需求。简单点说就是我们为什么要使用这款产品，这款产品的价值在哪里。

趣味动画：
产品服务

比如豆瓣阅读，作为普通的读者，希望有个平台可以提供电子书的阅读；作为出版社和作者，可以用豆瓣阅读来发表原创作品，获得影响力和直接的经济利益。所以豆瓣阅读的产品内涵是：一个数字作品的阅读和出版平台。

（二）外延

产品的外延是指用户在使用或者购买产品时获得的附加服务或利益。也就是产品的附加价值，简单点来说就是在主功能之外享受到的增值服务。比如豆瓣阅读的"代金券"，获得的"代金券"可以直接购买图书，读完的作品还可以赠送好友，增加朋友之间的交流；在阅读的过程中可以查看别人的阅读标示等，这些细节都可以作为产品的附加值。

（三）理念

产品的理念是指产品的信念和宗旨，是用户使用产品时期望得到的价值。这也是产品在用户心里的定位以及公司对于产品的终极期待。

豆瓣阅读是想做优秀的数字阅读和出版平台。毫无疑问，豆瓣依靠其比较权威的书本评价，受众流量较广的特点，对于电子图书的出版比较专业，对于书本的推荐也算比较有借鉴意义，其作为出版平台已经渐成气候。但是要想做到优秀的阅读平台，还需做出新的努力，因为其创新点并不多，在用户的认知中，还是把豆瓣当成书本推荐和评价工具。

（四）终端

产品的终端是指用户在哪些地方可以使用或者消费产品。比如豆瓣阅读的终端是智能手机、个人电脑和各类电子书阅读器。深刻理解产品与服务的要素有助于分析产品与服务，透过现象看本质。

微课视频：
德芙巧克力的产品策略

四、产品层次

企业最终的目标是交付具有真正价值的产品给顾客，成功的企业不是简单地向顾客销售产品，而是销售顾客需要的价值。这是一个产品过剩的时代。很多企业总能在市场上找到本企业的同类产品或者有相似的替代品。因此，创业者开发的产品核心价值，一定是顾客强烈需求的、与众不同的核心价值。创业者在开发产品与服务的时候需要考虑五个产品层次，分别为核心产品、基本产品、期望产品、附加产品和潜在产品层次。每个层次都增加了更多的顾客价值，即"顾客价值层次"。

（一）核心产品

核心产品是产品最基本的层次，是满足顾客真实需要的核心内容，即顾客购买的真实动机。创业者的主要任务就是发现隐藏在产品背后的顾客的真实需求，并把顾客所需要的核心产品和服务提供给他们。例如，酒店的顾客其实是在购买休息和睡眠。

（二）基本产品

基本产品是满足消费者核心利益的物质表现形式，也就是产品基本的有形形式，是核心利益借以实现的形式。为了满足顾客的各种核心利益，一家酒店的房间就包括了床、盥洗间、毛巾、写字台、梳妆台、衣橱等基本用品。

（三）期望产品

符合消费者喜好的，包括价格、方便性，以及产品功能表现等各个因素。也就是购买者购买产品时期望的一整套属性和条件。不同的人对这种期望是不同的。酒店的顾客最低期望是要有一张干净的床、新的毛巾、工作台灯，以及相当程度的安静。

（四）附加产品

附加产品这一层次包括供应产品时所获得的全部附加信息和利益，创业者提供附加产品，超过顾客的期望。比如住酒店有接机送机服务、免费的迎宾水果、健身房、游泳

微课视频：
产品策略分析

池、免费洗衣、免押金等。许多企业为顾客增加的服务包括包装、服务、广告、顾客咨询、融资、送货安排、仓储，以及其他方面的价值包括送货上门、维修、安装、培训、指导及资金融通等。越是发达的国家，品牌定位和竞争越多发生在这个层次。

（五）潜在产品

包含所有可能在未来产生的改进和变革，公司从中寻找新的方式来更好地满足顾客并使自己与其他竞争者区别开来的新方法。例如，亚朵酒店和网易严选合作在未来会开设更多"所用即所购"的场景电商酒店。有时候也表现为了顾客提供意想不到且令人惊喜的服务，如酒店为顾客提供生日蛋糕或蜜月旅行之类的礼物。

▶ 小贴士 ◀

产品故事有哪些类型

1. 讲述品牌由来以及成长的故事

这种类型的故事就是企业和产品一路成长的故事。企业是如何创立的、产品是如何研发的、企业的标志有何意义、第一个产品下线的故事、第 N 个门店开业的故事等一路成长过来的故事，很多企业的产品故事都是这个类型。

举个例子：前不久小米创始人雷军的演讲引起很大反响。雷军以"一往无前"为主题，讲述了在小米成长路上的 20 个故事。这其中有小米创立的故事、有如何找人的故事、有第一版手机操作系统面世的故事、第一部手机面世的故事、有和董明珠打赌的故事、有陷入低谷又反弹的故事，还有小米国际化的故事。一个一个动人的故事，让我们了解了小米成长的历史。小米无疑是个非常会讲故事的企业。每一个故事都是企业发展中的一个值得纪念的里程碑。

2. 由创始人代言的故事

很多企业并没有那么长的历史可以讲述，也没有一路走来的故事，就是一个新创办的企业，这个时候可以讲创始人的故事。最好的范例就是褚橙。褚橙以褚时健的个人传奇经历为故事的线索，讲了一个十年磨一剑的故事，讲了一个人生触底反弹的故事。人们被这个故事打动，还没吃橙子的时候，就接受了产品。橙子的味道如何已经不重要了，重要的是因为这故事，褚橙被称为励志橙，当然橙子还是很好吃的。

3. 讲述产品特色的故事

有些企业因为自己独特的产品力，所以就以产品为核心来讲述故事。他们的产品往往有鲜明的特色，支持他们走差异化路线。鲜明的特色让人们一想起这种特点，就会想起他们的产品。

中国的白酒分成好多流派和有不同的分类。不同的白酒品牌会有自己的独特的口感，这种口感往往是别人无法跟进和模仿的。因为产地、工艺、粮食、水源、水质，以及不同的历史文化背景，不同的白酒都有自己的特点。比如主打年份酒的古井、以绵柔见长的洋河、醇厚的种子酒、窖藏味道的口子酒、满口芝麻香的景芝酒，味道越独特鲜明，顾客的消费体验越清晰。

4.讲述细节见长的故事

有些企业善于做细节，细致入微，从小处着手，展现企业精神。人们会从这些细节感受这个企业的精细化服务和严谨扎实的企业形象，从而产生信任。比如谷歌那个有名的 logo 变动的故事。这个变动非常非常的细微，一般人根本无法察觉。就是标志中的字母"G"往上移了一点，另一个字母"L"往下移了一点。这个绝大多数人都没有发现的变化，让谷歌把这个故事讲得很精彩，人们也由此对谷歌一丝不苟、精益求精的理念越发认同。

来源：公众号"世界属于会讲故事的人"

▶ **任务实施**

此次任务可以通过如下途径实现：

（1）阅读美图公司面向个人用户的产品简介，思考：美图的产品与服务有哪些？这些产品与服务如何分类？

（2）通过企业官网、公众号、各大新闻网、知乎、小红书等平台，了解美图公司的发展概况，熟悉其产品与服务体系，分析其产品与服务各属于哪个层次。

（3）通过小组讨论分析，总结美图公司的产品与服务体系、特点、类别，派出代表在课堂上进行汇报分析。

▶ **任务小结**

产品是指向市场提供的，引起注意、获取、使用或消费，以满足欲望或需要的任何东西。既包括有形产品，也包括服务、事件、人员、地点、组织、观念或上述内容的组合。产品特征是产品自身构造所形成的特色，一般指产品的外形、质量、功能、商标和包装等，它能反映产品对顾客的吸引力，主要包含以下几个方面：兼容性、可试性、可观察性、效益周期、易用性、相对优势和象征性。产品要素包括内涵、外延、理念、终端。产品包含核心产品、基本产品、期望产品、附加产品和潜在产品五个层次。

任务二　找准产品定位

▶　任务导入

墨刀（MockingBot）是北京磨刀刻石科技有限公司旗下的一款在线原型设计与协同工具。墨刀致力于简化产品制作和设计流程，采用简便的拖拽连线操作。作为一款在线原型设计软件，墨刀支持云端保存，实时预览，一键分享及多人协作功能，让产品团队快速高效地完成产品原型和交互设计。使用墨刀，用户可以快速制作出可直接在手机运行的接近真实 App 交互的高保真原型，使创意得到更直观的呈现。不管是向客户收集产品反馈，向投资人进行 Demo 展示，或是在团队内部协作沟通、文件管理，墨刀都可以大幅提升工作效率，打破沟通壁垒，降低项目风险。

请思考：

墨刀的产品定位是什么？墨刀的哪些功能能够实现它的产品定位？

资料来源：墨刀官网　数据截止于 2022 年 12 月

▶　任务分析

如今市场竞争日益激烈，产品细分越来越清晰，中小企业要想把品牌做大，就只能找到自己的产品定位，找到属于自己的一席之地，否则就只能被淘汰出局。墨刀相对于其他的原型制作工具，找到了自己的产品核心定位，这也是值得将来的中小企业经营者学习的。那么如何找准产品定位，有什么依据？

▶　知识准备

成功的产品定位能深入消费者内心，让他们在某些场景和需要中，脑海里第一时间想起你的产品。

一、产品定位的描述

一个好的产品往往来自缜密的产品需求分析,背后有整套完备的逻辑闭环,让创始人任何时候都可以依靠这个产品定位自圆其说,解答任何问题。

产品定位常用的描述方式是:一个具有"什么"特征的"什么"类产品,加强了"什么",提升了"什么",增进了"什么",为"什么"而服务的,开创了"什么",延伸了"什么",达成"什么",构筑了"什么"。

二、产品定位的作用

"怕上火喝王老吉""买二手机上找靓机""人生路漫漫,白鹭常相伴"等广告语是不是很魔性,听过几遍之后,就深深刻入了你的脑海,这就是产品定位的魔性效果。在美国,褪黑素作为一种保健品卖,能够调节免疫、改善睡眠、延缓衰老。而在中国,一家企业把它命名为"脑白金",包装成高大上的"孝心礼品"卖。于是价格就翻了五六倍。一个青瓷罐,什么都能装,放在天猫上却销量惨淡。怎么办?如果把它定义为茶叶罐呢?可以卖29元。但如果把它定义为"宠物骨灰盒",就能卖258元!因为它成为"爱的纪念"容器。"孝心礼品""爱的容器"都把功能性产品赋予了情感,同样的产品价格却千差万别。这就是"产品定位的威力"。

一方面,产品定位可以清晰本产品满足哪些用户哪方面的需求,为产品规划指明方向;另一方面,产品定位能占领用户心智,吸引目标用户。用户心智,可以理解为用户的第一印象,例如人们想吃薯条,会优先考虑去麦当劳或肯德基,而非某间餐厅。

三、产品定位的步骤

一般而言,产品定位采用五步法:目标市场定位(Who),产品需求定位

微课视频:
产品定位

趣味动画:
产品定位这样找

（What），企业产品测试定位（IF），产品差异化价值点定位（Which），营销组合定位（How）。这个方法给我们进行产品定位分析提供了一个有效的实施模型。

第一步：目标市场定位

目标市场定位是一个市场细分与目标市场选择的过程，即明白为谁服务（Who），是企业根据目标市场上同类产品竞争状况，针对顾客对该类产品某些特征或属性的重视程度，为本企业产品塑造强有力的、与众不同的鲜明个性，并将其形象生动地传递给顾客，求得顾客认同。任何一家公司和任何一种产品的目标顾客都不可能是所有的人，对于选择目标顾客的过程，需要确定细分市场的标准对整体市场进行细分，对细分后的市场进行评估，最终确定所选择的目标市场。目标市场定位策略如下：

1.无视差异，对整个市场仅提供一种产品。 采用无差异性市场营销战略的最大优点是成本的经济性。采用无差异性市场营销战略的缺点是适用性有限。

2.重视差异，为每一个细分的市场提供不同的产品。 核心思想是"细分市场，针对目标消费群进行定位，导入品牌，树立形象"。康师傅刚开始是靠红烧牛肉面让大家记住这个泡面品牌的，后面再根据不同市场开发符合各个地域当地人的口味，可能在湖南、重庆、四川等地，人们比较喜欢吃辣，会推出特辣的爆椒口味，但在北方地区的市场上就可能看不到这款产品，因为北方人的习惯特性局限了这款产品的市场，这就根据差异化来划分市场和产品。仅选择一个细分市场，提供相应的产品，有利于打造特色产品。当然，有时候大的领域市场已经饱和，但不排除那个领域的细分支在市场上是稀缺产品，这就需要我们去洞察市场，看到还未有人开拓的细分市场，抓住机会做第一。

第二步：产品需求定位

产品需求定位，是了解需求的过程，即满足谁的什么需要（What）。产品定位过程是细分目标市场并进行子市场选择的过程。这里的细分目标市场是对选择后的目标市场进行细分，选择一个或几个目标子市场的过程。对目标市场的需求确定，不是根据产品的类别，也不是根据消费者的表面特性来确定，而是根据顾客的需求价值来确定。顾客在购买产品时，总是为了获取某种产品的价值。产品价值组合是由产品功能组合实现的，不同的顾客对产品有着不同的价值诉求，这就要求企业提供与其诉求点相同的产品。在这一环节，需要调研需求，这些需求的获得可以指导新产品开发或产品改进。

第三步：产品测试定位

企业产品测试定位是对企业进行产品创意或产品测试，即确定企业提供何种产品或提供的产品是否满足需求（IF），该环节主要是进行企业自身产品的设计或改进。通过使用服务或者实体形式来展示产品（未开发和已开发）的特性，考察消费者对产品概念的理解、偏好、接受度。这一环节测试研究需要从心理层面到行为层面来深入探究。以获得消费者对某一产品概念的整体接受情况。

第四步：差异化价值点定位

差异化价值点定位是需要解决目标需求、企业提供产品以及竞争各方特点的结合问题，同时，要考虑提炼的这些独特点如何与其他营销属性综合（Which）。在上述研究基础上，结合基于消费者的竞争研究，进行营销属性定位，一般的产品独特价值定位方法（USP）包括从产品独特价值特色定位、从产品解决问题特色定位、从产品使用场合时机定位、从消费者类型定位、从竞争品牌对比定位、从产品类别的游离定位、综合定位等。在此基础上，需要进行相应的差异化品牌形象定位与推广。比如说哈根达斯是"高价冰激凌"，红米手机是"低价格高品质手机"，瓜子二手车是"没有中间商赚差价"的二手车网站。差异化就是要让你的产品和服务更有特色，让用户能够记住你。

第五步：营销组合定位

营销组合定位即如何满足需要（How），它是进行营销组合定位的过程。在确定满足目标顾客的需求与企业提供的产品之后，需要设计一个营销组合方案并实施这个方案，使定位到位。这不仅是品牌推广的过程，也是产品价格、渠道策略和沟通策略有机组合的过程。解决定位问题，能帮助企业解决营销组合问题。因为在产品差异化很难实现时，必须通过营销差异化来定位。往往新产品上线后如果比较畅销，很快就会有模仿品进入市场，而营销差异化要比产品模仿难得多。因此，仅有产品定位已经远远不够，

音频：
产品定位五步法

企业必须从产品定位扩展至整个营销的定位。

在产品定位的时候应该注意：

1. 优先定位目标用户。必须明确谁是目标用户，目标用户是企业还是个人。若是对企业，那么你的目标企业具备哪些特征？若是对个人，那么你的目标用户的年龄层、收入、职业、生活习惯是什么？这些是目标用户会用这个产品的原因。

2. 与其"大而全"不如"小而美"。初创企业在定位产品的时候不能追求大而全，大而全的产品不仅会给开发造成强大的压力，还容易在最初的设定阶段引发功能逻辑混乱；一般情况下采取"小而美"，不是因小而美，而是既小且美。小，说的是规模。美，说的其实是特色、极致，是一种经营的状态。你有我有，称为普通；你有我优，才能称为特色，称为"美"。

▶ **任务实施**

此次任务可以通过如下途径实现：

（1）阅读墨刀案例，思考墨刀的产品定位是什么？墨刀的哪些功能能够实现它的产品定位？

（2）通过知乎、小红书、微信公众号等平台，了解墨刀有关的数据，查看专家、学者、创业者、投资人等群体对墨刀产品定位的观点。

（3）通过小组讨论分析，利用五步分析法对墨刀进行模拟产品定位，派出代表在课堂上进行汇报分析。

趣味动画：
差异化

▶ **任务小结**

    精准的产品定位首先能够清晰本产品满足哪些用户哪方面的需求，为产品规划指明方向；其次能够占领用户心智，吸引目标用户。产品定位常采用五步法：目标市场定位（Who），产品需求定位（What），企业产品测试定位（IF），产品差异化价值点定位（Which），营销组合定位（How）。

任务三　提炼产品特色

▶ **任务导入**

　　经过 2017 年全年的市场调研、商业规划、产品研发和品牌策划，自嗨锅于 12 月底成功投产。自嗨锅于 2018 年推上市场，是互联网知名自热火锅品牌，将自热火锅系列作为一个品类投入市场，势要打破常规，颠覆传统火锅形象。为特立独行、拒绝恪守常规的互联网原住民打造出有颜、有料、有趣、有味的自热锅系列（自热火锅、自热汤锅、自热干锅、自热煮锅等），同时帮助都市年轻人从厨房中解放出来。主要产品有麻辣香锅自热火锅、牛肉自热火锅、鸡汤小仙菇自热火锅等。其中爆款川式麻辣口味系列更是响应了"我爱国，谁叫我有一个挑剔的中国胃"的需求。满足你的中国胃，让你到哪里都能涮个地道的火锅自嗨一下，这就是自嗨锅。

　　请思考：

　　自嗨锅的产品特色是什么？

　　资料来源：自嗨锅官网

▶ **任务分析**

　　在产品高度同质化的时候，如何让消费者对我们的产品产生更大的兴趣？这就需要我们提炼出产品的独特卖点——一个人无我有、人有我优的独家卖点。自嗨锅是致力于为都市年轻人打造出有颜、有料、有趣、有味的自热锅，有其独特的产品特色，让人印象深刻。它的成功值得未来中小企业经营者深思。了解提炼产品特色的重要性，掌握实施差异化定位的方法可以从以下学起。

▶ **知识准备**

创业者应该在满足顾客基本需要的前提下，率先推出具有较高价值和创新特征的产品，以独特个性的特点争取到有利的市场竞争优势地位。打造特色的产品，就是打造产品的差异化。提到淘宝，就是低价格；提到京东，就是物流快；提到篮球鞋就想到耐克；提到足球鞋就想到阿迪达斯；提到帆布鞋就会想到匡威，这就是产品特色的反映。那么，提炼产品的特色，实施差异化定位要从哪些方面入手呢？

一、在原料方面差异化

打造特色的产品的实质就是给顾客一个购买理由，即为什么买你的而不买别人的。这就要求创业者努力聚焦，把一件事做到极致，凭借别人无法企及的某种特色来赢得客户。要做到这点需要从源头开始进行差异化。众所周知，农夫山泉的广告词是：农夫山泉有点甜。这句广告词带有明显的心理暗示意味，为什么有点甜？一个是天然的矿泉水，因为含有多种的微量元素，所以味道上跟其他水不一样。农夫山泉的水源就是定位的根源，买断了浙江千岛湖20年独家开发的权利，因此，农夫山泉从这里面找出了可以针对纯净水的这种差异化。

二、在设计方面差异化

通过产品设计改进产品形象，塑造企业品牌，实现产品差异化，提高企业核心竞争力，促进产品销售，是最直接的经济追求。产品设计中，产品差异化主要通过产品功能、外观、结构、人机交互等方面来体现，通过全新的产品形态来体现产品间的差异，使产品从激烈的市场竞争中脱颖而出。这样产品外观的创意就显得格外重要，创意是产

微课视频：
提炼产品特色

趣味动画：
农夫山泉有点甜

品设计的灵魂，一个好的外观创意可以让产品如虎添翼，为企业带来超乎想象的经济价值。

"Swatch"手表创新性地定位于时装表，以充满青春活力的城市年轻人为目标市场。其设计非常讲究创意，以新奇、有趣、时尚、前卫的一贯风格，赢得"潮流先锋"的美誉。而且不断推出新款，并为每一款手表赋予别出心裁的名字，5 个月后就停产。这样个性化的色彩更浓，市场反应更加热烈，甚至有博物馆开始收藏，也有拍卖行对某些短缺款进行过拍卖。

三、在制作工艺方面差异化

通过产品在制造过程中工艺上的独特点来突出差异化价值。2017 年获得第三届互联网＋大学生创新创业大赛金奖的是红糖馒头，创始人讲述他们红糖馒头制作工艺时特地奔赴台湾学习制作技术，经过 100 多天研发改良，独创开口笑技术，200 多次配比而研制成的红糖馒头大获成功。创始人用互联网产品思维和工匠精神去做馒头，这使得红糖馒头不是凉馒头，而是有温度的馒头。

四、在渠道方面差异化

渠道就是分销产品的路径，企业通过为产品选择不同分销途径，也可以实现一定程度的产品差异化。比如，有的企业通过中间商（包括批发商和零售商）销售产品；而有的企业通过自己建立的零售店直接把产品销售给顾客；有的企业采用的是无店铺销售，即没有零售网点，通过企业的销售人员直接与顾客打交道；有的企业采用特许经营的分销网络等。

戴尔电脑的网络直销消除了中间商，减少了传统分销花费的成本和时间，库存周转与市场反应速度大幅提高，而且能够最清晰地了解客户需求，并以富有竞争性的价位，定制并提供具有丰富选择性的电脑相关产品。想订购的顾客直接在网上查询信息，5 分钟之后收到订单确认，不超过 36 小时，电脑从生产线装上载货卡车，通过快递网络送往顾客指定的地点。由于互联网技术的日益普及，利用网络渠道营销的企业越来越多，比如携程旅行、凡客诚品服饰和淘宝等。

五、在功能方面差异化

功能差异化就是让产品跟同类产品相比具有明显的功能更加丰富、方便等特点，从而让顾客对产品产生比较大的依赖性。顾客选购商品是希望具有所期望的某种功效，如洗发水中飘柔的承诺是"柔顺"，海飞丝是"去头屑"，潘婷是"健康亮泽"，舒肤佳强调"有效除菌"，只要在顾客需求的某方面占据顾客心中的第一位置，就有机会在竞争中胜出。

六、在服务方面差异化

服务是产品概念中的"周边产品"，通过在服务上做到与众不同，也可以打造品牌的差异化价值。在各行各业中，凡是以"服务至上"为理念的企业，往往会在竞争中占据优势。"海底捞"火锅连锁店为劳动密集型企业，在尊重和激励员工上做出了表率，管理层认为：客人的需求五花八门，仅仅用流程和制度培训出来的服务员最多只能及格。因此提升服务水准的关键不是培训，而是创造让员工愿意留下的工作环境。和谐友爱的企业文化让员工有了归属感，从而变被动工作为主动工作，变"要我干"为"我要干"，让每个顾客从进门到离开都能够真切体会到其"五星"级的细节服务。这些付出也为海底捞带来丰厚的回报，一直稳稳占据着所在城市"服务最佳"的榜首位置。

七、在定价方面差异化

很多商家的降价不是为了实现差异化，而只是为了拉回销量。这样的降价手段，因为对手可以轻松跟进，所以长期来看并不能与竞争对手形成差异。而只有你的成本控制能力比对手强，降价才能作为实现差异化的手段。因为受限于成本，竞争对手很难持续跟进你的策略，这样你的低价格才能成为优势。以小米为例，小米手机单品爆款带来的

趣味动画：
产品特色定位

规模效应和砍掉一切中间渠道，已经把小米手机的成本降到了最低，小米手机的毛利率极低，几乎以成本价出售。让只卖硬件的手机厂商无法跟进模仿。

八、形象方面差异化

在产品本身没有任何差异化的情况下，仅通过与众不同的产品包装，就能使产品脱颖而出。形象因素与设计和制作工艺有一定联系，但也可以独立出现。"江小白"抓住了年轻人强烈的个性主张、生活需要存在感等特点，利用网络元素进行包装设计让用户在购买这一行为发生的那一刻，能够抚慰用户情绪，给情绪找个释放的出口。表达瓶的DIY设计让消费者拥有了深度参与感，满足了用户情绪表达方面的需求。那些由用户设计出来的海量文案，直接击中用户的情感痛点，比起其他的宣泄方式，显得更懂这个年轻群体，这些使得其在同质化的白酒中与众不同。

形象方面差异化赋予品牌精神和形象，可以满足顾客的某些精神需求，这种精神沟通以实体商品为基点，又脱离于商品实体，为顾客创造了附加的心理价值，可以建立与顾客之间更加牢固、更加密切的情感联系。

▶ 练一练 ◀
根据所学知识，为自嗨锅提炼产品特色。

▶ **任务实施**

此次任务可以通过如下途径实现：

（1）阅读自嗨锅案例，思考自嗨锅具有什么特色？赢得市场的原因是什么？

（2）通过文献检索法查询与自嗨锅有关的数据，查看专家、学者、创业者、投资人等群体对自嗨锅产品特色的观点。

（3）通过小组讨论分析，结合教材内容，提炼自嗨锅的产品特色，派出代表在课堂上进行汇报分析。

▶ **任务小结**

　　创业者应该在满足顾客基本需要的前提下，率先推出具有较高价值和创新特征的产品，以独特的个性特点争取到有利的市场竞争优势地位。创业者要努力聚焦，把一件事做到极致，凭借别人无法企及的某种特色来赢得客户。实施差异化定位可以从原料方面、设计方面、制作工艺方面、渠道方面、功能方面、服务方面、定价方面、形象方面入手。

任务四　做好产品规划

▶ **任务导入**

在零跑汽车举办的 2021 年合作伙伴大会上，零跑汽车与到场供应商分享了 2021-2024 年产品规划，其中包括轿车、SUV、MPV 等多款车型，推出速度为每年 2-3 款，具体如下：

零跑汽车 2021-2024 年产品规划	
年份	车型
2021	S01 酷玩版（已于 2021 年 2 月 2 日上市）
	T03 400 舒享版（已于 2021 年 6 月 18 日上市）
	C11（已开启预售）
2022	C11 四驱性能版及增程版
	T03 改款 & 出口版
	C01 纯电动轿车
2023	C12 纯电版（5 座 / 6 座）
	全新 A11 紧凑型 SUV
2024	C02 轿车
	C13 增程版和纯电版（6 座 / 7 座）
	C21 增程版 MPV（6 座 / 7 座）

请思考：

零跑汽车为什么要做产品规划？它的产品规划的内容包含哪些？

资料来源：汽车之家

46

▶ **任务分析**

产品规划是一张全局的展望图、路径图、计划图。产品规划具有成本控制、项目管理、资源调配等功能。零跑汽车为了更好实现目标，做了2021-2024年的产品规划，不仅给自己企业订立了明确的发展目标，也使供应商清晰了自己合作的空间。作为将来中小企业的经营者，要学会做好产品规划。

▶ **知识准备**

工业时代，企业大多仅关注产品销售，而在互联网时代，随着产品生命周期的不断"快进"，产品的辉煌期大大缩短，更新迭代加速，那么企业如何高效地规划出更受市场欢迎，更有竞争力的产品呢？产品规划作为产品过程的第一个正式步骤，对于产品的发展方向、发展过程等具有指导性意义。

一、产品规划的定义

产品规划是指产品规划人员通过调查研究，在研究市场、探寻客户和消费者需求、分析竞争对手、衡量外在机会与风险，以及对市场和技术发展态势综合研究的基础上，根据公司自身的情况和发展方向，制定出可以把握市场机会、满足消费者需要的产品的远景目标以及实施该远景目标的战略、战术的过程。

产品规划通常会跨越整个产品开发周期，在产品开发周期的每个阶段中，产品规划人员都需要了解客户、市场、技术创新等情况，并根据内、外部的各种变化调整或完善产品规划。也就是说，在做产品规划之前有大量的工作，需要先做行业与市场分析，竞争对手分析，以及内部优劣势和外在的机会与风险分析（SWOT）。之后再根据分析结果制定初步的产品方案和产品战略。这个阶段的战略涉及面较广，颗粒度较粗，代表的是一个大方向，包括市场战略、营销战略、品牌战略、竞争战略、融资战略、产品开发战略等。这些战略在后面的产品规划和产品整体设计中会被不断细化和完善，甚至有可能被推翻。

产品规划通常可以分为两种，一种是长期规划，一种是短期计划。

1. **长期规划**：产品的长期规划周期通常是 1–3 年，长期规划一般形式是产品大纲计划，需要把控的是产品大方向。更偏向于产品战略层面的内容，需要与会公司高层共同参与完成。

2. **短期计划**：短期计划的时间跨度通常是 3 个月到半年，因为大的产品方向已经有了。此类规划会做得细致一些，要明确出产品不同阶段的目标及产品交付物。短期计划中，我们要明确为什么做、怎么做、要用到哪些资源等内容。

二、产品规划的内容

产品规划是一项复杂的工作，包含多方面的内容，主要有：

（一）市场与行业研究

一个产品一定是基于某个核心问题，问题对了，方案才不会错。问题来自用户，自然要对用户进行调研，对用户调研后形成调研报告，再针对核心问题思考对应解决方案。产品规划人员研究与产品发展和市场开拓相关的各种信息，包括来自市场、销售渠道和内部的信息；研究用户提出或反馈的需求信息；竞争对手的信息；产品市场定位信息；产品发展战略信息等。用户调研的方法很多，如随机抽样、问卷调查、在线访谈、电话访谈、搜索等。以行业数据采集为例，我们可以通过各种官方数据、搜索引擎或是互联网第三方信息渠道来获取，包括艾瑞咨询、易观咨询、36氪、虎嗅等，通过搜索关键字来了解最新的业内报告，这些渠道基本涵盖了所有细分行业的数据。

（二）沟通

产品规划人员应及时与消费者以及公司内部的开发人员、管理人员、产品经理等保持良好的沟通，而且不仅仅在规划阶段，这种沟通要覆盖整个产品生命周期。

（三）数据收集与分析

产品规划工作中最基本也最重要的一项内容就是收集与产品规划相关的各类数据，并对这些数据进行科学的分析。以针对市场竞争的对手分析为例，可以从模式创新、团队背景、进入壁垒、盈利模式、威胁程度等方面来考虑。从公司和产品角度大致了解市场动态与竞品信息，所谓知己知彼，百战不殆，也可以借鉴对方的创新与功能迭代，带着自己的问题思考背后的逻辑，这是一次全面剖析机会。

（四）提出产品发展的远景目标

做产品规划首先要明确企业的愿景、使命、价值观和发展战略，再在这些内容指导下规划产品。企业愿景是指企业战略家对企业前景和发展方向的一个高度概括的描述，由企业核心理念和对未来的展望构成。有了企业愿景，团队就有了一个共同努力的目标，才知道现在和未来该往哪个方向努力。企业使命则表示为了实现企业愿景应该担当的角色和责任。

三、如何做好产品规划

（一）根据企业发展战略做产品规划

一家企业要想长远发展壮大，就需要有战略规划，而产品规划是其中的一个组成部分，需要根据企业的战略规划来做产品规划。

（二）根据市场行情和动向做产品规划

产品是否成功还是需要市场来验证，市场是否对自己的产品认可和支持，是否对自己的产品有排斥和否定，都是自己做规划的时候的重要参考内容。

（三）组织专门的人来负责产品规划

产品规划要包含营销部门、生产部门的人，最好还要有一些管理层参与其中，这样的产品规划更全面。同时也可以聘请专业的人来帮助企业做产品规划。有时候本企业的人会陷入一种瓶颈期，不知道该怎么更好地做产品规划，这个时候可以通过外聘专家来帮助企业做产品规划。

（四）制定详细方案和执行标准

做产品规划最终要落实到实际运作中，所以做产品规划时还需要制定详细方案和具体执行标准，供员工参考。

微课视频：
如何做好产品规划

对于任何企业而言，产品是很重要的组成部分，关系到企业未来发展。我们在注重产品质量之外，还需要做好产品规划。有了产品规划，可以让团队达成共识，清楚产品路径，在工作中每个人才会有方向、不迷茫；产品规划也让产品价值显性化，更容易得到资本支持。

▶ **任务实施**

此次任务可以通过如下途径实现：

（1）阅读零跑汽车的案例，思考零跑汽车为什么要做产品规划？它的产品规划的内容包含哪些？

（2）通过文献检索法查询与零跑汽车有关的数据，查看专家、学者、创业者、投资人等群体对零跑汽车产品规划的观点。

（3）通过小组讨论分析，总结零跑汽车产品规划原因，梳理其产品规划内容，派出代表在课堂上进行汇报分析。

▶ **任务小结**

产品规划是指产品规划人员通过调查研究，根据公司自身的情况和发展方向，制定出可以把握市场机会，满足消费者需要的产品的远景目标以及实施该远景目标的战略、战术的过程。产品规划通常可以分为长期规划和短期计划：产品长期规划周期通常是1-3年，一般形式是产品大纲计划，需要把控产品大方向；短期计划的时间跨度通常是3-6个月，短期计划中创业者要明确为什么做、怎么做、要用到哪些资源等内容。产品规划主要包含市场与行业研究、沟通、数据收集与分析、提出产品发展的远景目标等内容。

技能提升训练　产品调研分析

▶ **训练目标**

1. 能够选择某一感兴趣的产品，对其进行深入调研；
2. 对上述产品进行产品差异化方案设计，并进行说明。

▶ **实施流程**

流程 1

1. 了解该产品市场前景；
2. 了解该产品定位；
3. 了解该产品特征；
4. 了解该产品特色；
5. 了解该产品存在的问题。

流程 2

1. 设计产品的改进方案；
2. 设计产品的差异化营销方案；
3. 采用 PPT 形式进行项目展示。

思考与练习

一、单选题

1. 下列属于产品要素的是（　　　）。

A. 产品的内涵　　　　　　　　　　　B. 产品的外延

C. 产品的理念　　　　　　　　　　　D. 产品的终端

2. 下列不属于产品特征的是（　　　）。

A. 兼容性　　　　　　　　　　　　　B. 可试性

C. 可观察性　　　　　　　　　　　　D. 时间周期

3. 期望产品，是指购买者在购买产品时，希望得到的与（　　　）利益密切相关的一整套属性和条件。

A. 服务　　　　　　B. 质量　　　　　　C. 产品　　　　　　D. 用途

4. 下列不属于产品规划内容的是（　　　）。

A. 市场与行业研究

B. 渠道

C. 数据收集与分析

D. 提出产品发展的远景目标

二、判断题

1. 产品的外延指产品在使用过程中获得的附加服务或利益。（　　　）

2. 产品最基本的层次，是满足顾客真实需要核心内容，即顾客购买的真实动机。（　　　）

3. 优先定位目标用户：必须明确的是目标用户是企业还是个人，若是对企业，那么应当明确你的目标企业具有哪些特征。（　　　）

4. 产品特征是产品自身构造所形成的特色，一般指产品的质量、性能、商标和有形服务等，能反映产品对顾客的吸引力。（　　　）

5. 服务是产品概念中的"周边产品"，服务上做到与众不同，也可以打造品牌的差异化价值。（　　　）

三、简答题

1. 什么是产品？

2. 创业者在开发产品与服务的时候需要考虑哪五个产品层次？

3. 提炼产品的特色，实施差异化价值点定位要从哪方面入手？

项目三
打造创业护城河

▶ **学习目标**

（一）知识目标

1. 了解技术的内涵；

2. 掌握商业计划书的技术撰写内容；

3. 掌握赢得产品竞争性技术优势的主要途径。

（二）能力目标

1. 学会撰写商业计划书技术部分内容；

2. 能总结特定产品的技术特征。

▶ **学习任务**

任务一　揭开技术神秘面纱；

任务二　提炼创业项目技术；

任务三　从技术角度寻找创业项目；

任务四　打造创业项目技术壁垒。

任务一　揭开技术神秘面纱

▶　**任务导入**

上海相宜本草化妆品股份有限公司创立于 2000 年，公司与上海中医药大学等全国各大高校和科研院所紧密合作，将本草智慧和现代科技相结合，研制开发出众多系列本草护肤产品。"国货之光"相宜本草作为国内最早涉足中草药美容护肤领域的企业之一，始终秉承安全、有效的美容护肤理念，充分发掘中国传统医学的精粹。企业拥有独立的研发团队、生产基地和物流仓储管理系统，目前已获得 22 项中草药护肤发明专利，总发明专利 29 项。

请思考：

技术专利对相宜本草的重要作用有哪些？如何申请专利？

资料来源：智慧芽

▶　**任务分析**

技术专利可以强化企业对自身的技术和权力的掌控能力，加大自身对投资人的吸引能力。特别是初创公司，申请专利不仅可以提高自身曝光率，打造技术壁垒，还可以吸引投资人。相宜本草将传统医学的精粹和科技结合，申请了专利，有助于推动企业健康发展。作为未来中小企业的创业与经营者，要向它学习，掌握技术的有关知识，并利用技术推动企业发展。

▶　**知识准备**

科学技术是第一生产力，关键核心技术是国之重器。

一、技术的概念

技术是解决问题的方法及原理，是指人们利用现有事物形成新事物，或是改变现有事物功能、性能的方法。技术应具备明确的使用范围和被其他人认知的形式和载体，如原材料（输入）、产品成品（输出）、工艺、工具、设备、设施、标准、规范、指标、计量方法等。国际上较为全面的定义：技术是制造一种产品的系统知识，所采用的一种工艺或提供的一项服务，不论这种知识是反映在一项发明、一项外形设计、一项实用新型或者一种植物新品种中，或者反映在技术情报或技能中，或者反映在专家为设计、安装、开办或维修一个工厂或为管理一个工商业企业或其活动而提供的服务或协助等方面。知识产权组织把世界上所有能带来经济效益的科学知识都定义为技术。技术与科学相比，技术更强调实用，而科学更强调研究、通用性、普适性；技术与艺术相比，技术更强调功能，艺术更强调表达。

二、技术的分类

（一）按表现形态分

技术按照其表现形态可分为软件技术和硬件技术。

1. 软件技术。软件技术是指无形的技术知识，如专利技术、注册商标、专有技术，其中包括理论配方、计划、培训、技术咨询服务、管理服务及工厂设备的安装、操作等所需要的技术知识。

2. 硬件技术。硬件技术是指作为软件技术实施手段的机器设备、测试仪器等。

（二）按法律地位分

技术按照其法律地位可分为公有技术、工业产权技术和专有技术。

1. 公有技术，又称普通技术。公有技术是指向全社会公开的科学理论和实践知识，公有技术可以不受任何限制地自由传播和运用。例如在公共出版物上发行的技术、已经在公有领域得到实际应用的技术、被领导人公布过的技术（电视、广播讲话或者交谈的

微课视频：
什么是技术

公开内容）、在其他有形物（软件、视频等）上公布过的技术。

2. 工业产权技术，又称半公开技术。工业产权技术是指经申请得到批准后受到国家法律保护，且具有法定专有权的专利技术和商标。工业产权技术的内容虽向社会公开，但所有者在一定时期内拥有独占权，任何机构或个人未经允许不得任意使用。

3. 专有技术，又称秘密技术或者技术诀窍。专有技术是指未通过法律程序申请批准、不受法律保护，而靠发明人的保密手段加以保护的技术。通常是指从事生产、管理和财务等活动领域一切符合法律规定条件的秘密知识、经验和技能，包括工艺流程、公式、配方、技术规范、管理和营销技巧与经验等。其特征必须具备：秘密且有商业价值、采取了相应的保密措施。

三、技术的生命周期

技术的生命周期分为起步、成长、成熟和衰退四个阶段：

1. 起步阶段：是一个技术的最初发明，没有市场化和产品化。

2. 成长阶段：此项技术被少数人敏锐捕捉，有市场洞察力的公司投资将其转化为产品，并逐渐推向市场，被大众认可。此阶段，市场仍旧为蓝海，因为存在技术壁垒、市场成熟度不足等原因，竞争者较少，利润率较高，是拥有该技术的公司快速增长、快速资本积累的阶段。

3. 成熟阶段：此项技术已经过了专利保护期、已经被市场上的公司广泛掌握等，技术壁垒基本消失。此阶段可分为两个小的阶段：一是大量的公司涌入，使蓝海市场变成红海，利润率快速下降，甚至形成价格战，也称为群雄逐鹿阶段；二是少数公司经过良好的市场运作，消灭、合并其他公司（由于竞争），最后形成垄断，长时间保持相对较高的利润率（受反垄断法的约束）。通常需要保留一到两个企业做老二、老三，大概形

趣味动画：
技术特征的分类

成 70、20、10 的百分比分布，即 70% 的市场被老大占据，20% 的市场被老二、老三占据，剩余 10% 的市场被其他零星小公司拥有。

4. 衰退阶段：此项技术已经十分成熟，创新空间小，新技术的产生及代替作用使利润率快速降低。掌握此项技术的公司已非明星企业，但不会快速消亡，因为技术尚在使用，利润率低的原因导致没有太多的公司愿意进入，因而能维持相对平稳的利润。

技术生命周期十分重要，尤其是对以技术为生命的 IT 公司来讲，能否把握好技术生命周期，能否在新技术的初期介入，在技术的衰退期成功退出，是 IT 公司成功与否的决定性因素。然而成功把握好技术生命周期，不但要靠良好技术创新，也要靠对市场的良好运作与把握。

四、技术壁垒

技术壁垒是指科学技术上的关卡，如产品的规格、质量、技术指标等。技术壁垒是利用科技手段形成的，其中包括差异技术壁垒和创新技术壁垒。技术壁垒是由于科技方面的创新，使其在某一领域的技术处于明显的领先地位，拥有独立的知识产权，获得的是垄断竞争优势，这种壁垒是以其聪明智慧，以文明方式，实现市场份额最大化和利润最大化，是国际贸易竞争中获取全局优势的战略手段。

> ▶ 练一练 ◀
> 新时代下，相宜本草的技术壁垒表现在哪些方面？

五、中小企业的创新发展

随着我国经济的快速发展，产业结构的提升，高新技术产业发展加快，产业技术来源正在从仿制和技术引进为主转向技术引进和自主研发相结合。目前大部分企业的技术

趣味动画：
什么是核心技术

来源仍是技术引进和跟踪研究，我国有一些大企业已经开始从模仿制造和引进技术转向自主研发和创新。随着经济结构的调整，特别是在高新技术产业，中小科技企业的比重越来越大，如 IT 产业（包括软件行业）、生物医药、新材料等产业集聚了众多的中小企业。

而目前中小企业创新发展所面临的主要问题有：产品创新力不足、产业链条不完整、科技服务平台不足、对口专业人才缺乏、政策利用程度低。基于以上问题，分析其发展的主要路径有：

1. 推动中小企业集聚发展

从世界经济发展规律可以看出，产业集群、集聚发展已成为世界上中小企业发展的重要选择。马歇尔产业集群理论的三个关键要素：劳动力市场共享、专业附属产业的创造和技术溢出。因此，增加区域人口以提升劳动力规模，持续完善基础设施建设，这将为企业集群发展降低生产成本，提高生产效率，从而吸引资本进入，形成完善的资金流转体系，便于专业领域的技术积累，利于发挥"技术溢出效应"。

2. 实行导向化人才政策

首先，要坚持"企业主体"的引才导向，避免"名校"代替"实效"的人才误区。其次，落实引才政策，优化用才环境。最后，实施人才分类培养，合理利用人才资源。

3. 加快创新服务平台建设

加快建设区域创新中心、科技企业孵化中心和技术交易平台等科技中介平台，组建高新技术企业协会、科技型中小企业联盟等社会服务组织，充分发挥科技中介平台和社会服务组织的桥梁作用，引导创新要素在企业间的扩散，实现创新成果的顺利转化；让平台资源"动"起来，开展"产学研"对接及各类"线上＋线下"科创活动，发挥公共服务平台对众多中小企业的辐射作用，解决信息不对称问题。

▶ **任务实施**

此次任务可以通过如下途径实现：

（1）阅读相宜本草案例，思考技术专利对相宜本草的重要作用有哪些？如何申请专利？

（2）通过文献检索法查询与相宜本草有关的数据，查看专家、学者、创业者、投资人等群体对相宜本草发明专利的总结，梳理相宜本草的技术壁垒，了解专利申请的流程。

（3）通过小组讨论，分析技术专利对相宜本草企业发展的作用，整理专利申请的流程，派出代表在课堂上进行汇报分析。

▶ **任务小结**

技术是指人们利用现有事物形成新事物，或是改变现有事物功能、性能的方法。按照其表现形态可分为软件技术和硬件技术；按照其法律地位可分为公有技术、工业产权技术和专有技术。技术的生命周期有起步、成长、成熟和衰退四个阶段。目前中小企业创新发展面临产品创新力不足、产业链条不完整、科技服务平台不足、对口专业人才缺乏、政策利用程度低的问题。我们可以从推动中小企业集聚发展、实行导向化人才政策、加快创新服务平台建设等方面来推动中小企业发展。

任务二　提炼创业项目技术

▶ **任务导入** ▟▟▟▟▟▟▟▟▟▟▟▟▟▟

　　广州极飞科技股份有限公司（简称：极飞科技）创立于2007年，是一家机器人和人工智能技术公司，致力于用科技为农业赋能。极飞科技以"提升全球农业生产效率"为使命，通过开发无人化的农业生产方式，满足日益增长的世界人口对粮食安全的需求，为社会发展和环境保护创造积极的影响。

　　极飞的愿景是，构建一个满足人类未来100年发展需求的农业生态系统，让全世界的人们都能获得充足、丰富和安全的食物。成立14年来（截至2021年），极飞自主研发了农业无人机、农业无人车、农机自驾仪、农业物联网和智慧农业管理系统等产品。通过构建完善的渠道体系，为农户提供智能、高效、经济的生产工具和数据服务；帮助农场解决劳动力成本高、生产管理粗放等问题。

　　极飞的创新发展离不开知识产权的保驾护航。根据智慧芽数据显示，截至最新，极飞及其关联公司目前共有2900余件专利申请。极飞的专利布局，主要集中于无人机、飞行器、电子设备、无人驾驶、图形用户界面、控制器、作业设备、喷洒装置、遥控器、螺旋桨等众多该行业的相关技术领域。

　　请思考：

　　极飞科技的成功原因是什么？如何在创业项目中体现技术亮点？

　　资料来源：智慧芽

▶ **任务分析** ▟▟▟▟▟▟▟▟▟▟▟▟▟▟

　　一个突出的技术亮点能够帮助企业在众多中小企业中脱颖而出，在商业计划书中恰到好处地展示技术亮点，能够让投资人眼前一亮。极飞科技的成功和它所拥有的2900余件专利分不开。因此作为未来中小企业的创业与经营者，要学会打造创业项目的技术壁垒，打造创业护城河。

▶ **知识准备**

习近平总书记在 2020 年企业家座谈会上说："创新就要敢于承担风险。敢为天下先是战胜风险挑战、实现高质量发展特别需要弘扬的品质。大疫当前，百业艰难，但危中有机，唯创新者胜。企业家要做创新发展的探索者、组织者、引领者，勇于推动生产组织创新、技术创新、市场创新，重视技术研发和人力资本投入，有效调动员工创造力，努力把企业打造成为强大的创新主体，在困境中实现凤凰涅槃、浴火重生。"

在"双创"背景下，作为创业主力军的大学生崭露头角。大学生进行创新创业实践是践行社会主义核心价值观的体现。在创新创业中，要把社会责任感，奉献精神，集体精神，艰苦奋斗等优良品质融入其中。在创新创业中，一个好的开始能够起到"打得一拳开，免得百拳来"的作用，大大提高创业成功率。而好的创业项目需要好的商业计划书来展示，商业计划书就是要告诉融资者该项目的技术优势、盈利模式、安全风险等。商业计划书中技术撰写非常关键，技术撰写效果影响商业计划书的质量。

一、撰写项目技术部分

（一）写明技术形成的产品

要把技术所对应的产品写得清晰明了、简明扼要。

（二）写明技术的竞争优势

技术的竞争优势通常是指技术壁垒。技术壁垒可以从两个方面展示。

1. 通过专利呈现实力

技术壁垒的常见载体是专利，比如该产品有哪些相关专利，用专利来证明这个技术的既有优势。以某大学创业项目《光电子农业特色照明》为例，该创业项目拥有十几项

微课视频：
创业项目的技术撰写

专利，其中发明专利就占了五项。一旦产品拥有十几项系列专利作为技术壁垒，产品的市场垄断地位就会形成。一般会被专家判断为市场竞争力强。正因如此，该项目在大学生互联网＋创新创业大赛国赛中获得银奖。

2. 通过区域特征展示优势

通过说明项目专门满足区域特征需求，突出项目的技术区域特征优势（通常一个产品的价值在于其市场总量）。产品的某些指标不是最优的，但综合指标有可能在某些区域和某些特殊领域反映出优势，例如耐高温产品可以在高热沙漠中使用，抗严寒产品可以在高寒地区使用等。

（三）写明技术团队的优势

在构建创业团队时，一定要注意保证技术优势和综合实力优势。核心成员应该拥有核心新技术，这是技术为核心创业的重要保障。同时，团队中应该有跨学科、跨专业、具有各学科能力特长的专业人士，构成一个志同道合的团队，所有成员对核心技术认可，容易形成创业合力。

（四）写明技术风险和规避机制

技术是快速发展变化的，今天好的技术，明天也许就不是了。因此技术风险和规避机制必须写清楚。例如，专利门槛不够高，看似专利很多，仍然很容易被超越、被替代。

二、技术撰写的主要内容

（一）阐述技术产品及其形成背景

阐述通过技术所形成的产品的综合情况及市场背景，说明技术产品的市场定位。本部分撰写的篇幅要大，分析要透彻。分析应该尽量采用定量分析法，而不停留在定性分析上。定量数据要准确，不能漏洞百出，要让别人很快了解产品的市场背景、发展前景。

（二）说明产品对比的竞争优势

针对当前同类产品或者潜在的同类产品的竞争优势对比分析，产品写明"人无我有、人有我优、人有我廉、持续领先"的竞争优势特征，四个方面着重说清楚一到两点即可。切忌喊口号式的内容，要有佐证材料证明其真实性和显著优势。

（三）技术持续优势实现和风险规避

写明项目存在的风险点，风险是客观存在的，不仅仅是指政策风险，或者其他的风险，主要是指技术风险。而技术持续优势的实现，必须具备以下几个要素：

1. 资金保障

比如说华为公司每年都会投入大量资金用于研发，根据公布的财报显示，目前华为的公司财务状况非常稳健，保持良好的弹性和韧性。全球销售收入为6368亿元，同比下降28.6%，净利润达1137亿元，同比上升75.9%。经营现金流为597亿元，同比增长69.4%，资产负债率降低到57.8%。华为持续加大研发投入，2021年研发投入达到1427亿元人民币，创下历史新高，占全年收入的22.4%，十年累计投入的研发费用超过8450亿元人民币。没有足够的研发资金投入作为保障，无法持续占有技术优势。

2. 人才优势

除基础团队人员之外，创业还要有一个有竞争力、高素质的技术团队。技术的竞争归根结底是人才的竞争。创业者要重视创始团队的技术人才引入，也要重视技术人才的培育。例如，字节跳动通过内部分享、周末大讲堂、导师制度、E-learning等方式进行人才培养。

3. 应对策略

对于所有技术产品而言，市场不可能长久等待某一项技术。市场上同类技术研发团队多、技术拥有者也多。一个有明显市场价值的产品或者技术会吸引大批的投资者或者技术研发团队。当前存在一定的技术门槛，只要投入足够的技术力量，资金门槛就会被抹平。市场威胁无处不在，因此风险无处不在。本部分内容必须通过充分的分析、情报检索，制定风险分析和规避机制。

趣味动画：
技术优势的撰写

▶ **任务实施** ▨▨▨▨▨▨▨▨▨▨▨▨▨▨▨▨▨▨▨▨▨▨▨

　　此次任务可以通过如下途径实现：

　　（1）阅读极飞科技案例，思考极飞科技的成功原因是什么？如何在创业项目中体现技术亮点？

　　（2）通过小组讨论，以及官网查询、公众号等网络途径了解极飞科技相关的数据，查看专家、学者、创业者、投资人等群体对其技术优势的总结。

　　（3）通过小组讨论分析，总结极飞科技的成功原因，梳理创业项目如何体现技术亮点的做法，派出代表在课堂上进行汇报分析。

▶ **任务小结** ▨▨▨▨▨▨▨▨▨▨▨▨▨▨▨▨▨▨▨▨▨▨▨

　　商业计划书中技术的呈现要写明因技术而形成的产品、技术的竞争优势、技术团队的优势、技术风险和规避机制。撰写的项目技术部分的主要内容包括技术产品及其形成背景、产品对比的竞争优势、技术持续优势实现和风险规避。

任务三　从技术角度寻找创业项目

▶ **任务导入**

在 2018 年福建省机械创新大赛中，有许多题目适合创业。以下节选几个项目：

1. 立体停车库的项目。主要解决城市停车难的问题。那么在立体停车库设计过程中形成的好的产品、方案，有望成为实际的创业内容。

2. 水果辅助采摘装备项目。水果辅助采摘是解决农民水果采摘中的效率低、成本高等问题。研制便携、高效、精准、低成本的采摘装备，很有价值，最终也可能形成创业项目。

3. 面包发酵房自动化机械设备项目。面包发酵的过程中，结合机器视觉技术拍摄不同的面包的照片提取诸如面积、圆度等特征，与数据库中发酵成熟的数据进行比对来判断是否完成发酵工作，通过 PLC 控制电机的转动推进发酵车来实现无人化的自动面包房发酵机构。

4. 装车码垛项目。结合机器视觉技术来对装车码垛作业进行辅助，替代市面上的人工码垛，具有较高的经济效应和发展前景。

5. 无人化的割草机。根据草的高度和粗细等特征调节刀剪的扭矩和力，可运用于高校的除草作业或者大型的体育场草坪，大型花园草坪等。

请思考：

以上项目为什么可以作为创业项目？从技术角度分析如何寻找创业项目？

资料来源：原创

▶ **任务分析**

近年来越来越多大学生投入创业，参加各级各类的创业大赛，项目的含金量也越来越高。上述案例中列出来的 5 个项目就因为自身技术特色，加上运营者的商业推动，可以成为一个创业项目。在琳琅满目的创业项目中，如何找到一个合适的项目，对于众多创业者来说非常重要。作为未来中小企业的创业与经营者，必须要学会扩大视野，关注各类大赛和技术创新，从不同方面寻找适合自己的创业项目。

▶ **知识准备**

习近平总书记指出："创新是社会进步的灵魂，创业是推动经济社会发展、改善民生的重要途径，青年学生富有想象力和创造力，是创新创业的有生力量。"大学生创新创业大赛可以激发大学生的创造力，激励广大青年学子扎根中国大地了解国情民情，锤炼意志品质，开拓国际视野，在创新创业中增长智慧才干，把激昂的青春梦融入伟大的中国梦，努力成长为德才兼备的有为人才。在大众创业、万众创新形势下，每年大学生创新创业类竞赛都会如火如荼地进行。从技术角度思考，大学生如何寻找参赛创业项目？

一、学生自主发现并研究申报的技术成果

学生对日常生活的各种不方便有敏锐的意识，可以形成一些想法，再利用专业技术、专业技能，形成一些技术发明。当前各大学、各学科甚至专业均有学科竞赛。学科竞赛大部分是命题竞赛，命题时往往围绕社会需求开展。即使是宽松的范围命题，其实际意义也存在。因此在竞赛过程当中所设计出的产品，属于技术成果之一。

创业项目也有可能在现实当中形成，观察高校授课时所使用的教具，很多教具是某些设备生产商提供的，但是设备生产商未必充分了解授课需求，基于师生授课需求的教具研发也成为可能。学生是学习的主体，最了解老师在上课过程中的需求，这些需求也可以产生创业想法。

微课视频：
寻找参赛的创业项目

二、学校教师拥有的技术成果

高校是培养创新人才的摇篮和科技创新的高地，具有人才培养、科学研究、服务经济社会发展与文化传承创新四大职能。科学研究与服务经济社会发展这两项职能都可以形成技术成果。例如福建农林大学的点草成金、水管家、特色光照植物生产系统在全球率先攻克了"生长素如何促进细胞生长"这一世界性科学难题，为半个世纪以来一直未解的"酸性生长假说"提供理论依据，这一最新研究成果发表在国际期刊《自然》上。《竹资源高效培育关键技术》从竹资源高质量增长对高效培育技术的巨大需求出发，经过 25 年的持续攻关，形成了具有完全自主知识产权的竹资源高效培育关键技术体系，为我国竹资源质与量的提升提供了同步科技支撑，获 2020 年度国家科学技术进步奖二等奖。《蝴蝶兰品种创新关键技术与产业化》项目由福建农林大学牵头，获 2020 年度福建省科学技术进步奖一等奖。《大型钢管混凝土结构内部缺陷诊治与控制关键技术及工程应用》获 2020 年度福建省科学技术进步奖一等奖。本项目围绕重大工程的关键科技需求，在多个国家级、省级课题和工程建设项目的支持下，历经 10 余年的科学研究和技术攻关，有效解决了钢管混凝土内部缺陷"怎么检测、有何影响、如何加强"三个核心技术难题。

三、资金购买现有的技术（专利转让、专利许可）

假设创业团队有敏感、敏锐的市场意识，发现一些初期潜在专利技术，可以及时购买。这时创业团队就可能拥有巨大的市场潜力。当然，这需要创业团队有极敏锐的意识、卓越的见识。事实上，发现社会上存在的有潜力的、还不是很值钱的专利技术，及时购买后转化创业并且成功的项目很多。例如，在无锡国际食品、生物工程产业知识产权运营平台见证下，江南大学以 5000 万元的价格将国家级发明专利"一种高血糖人群专用米的生产方法"排他性许可给永恩冠粮常州粮食有限公司，并进行产业化实施。基于"让高血糖人群放心吃饱饭"的初心，从 2013 年开始，江南大学粮食发酵工艺与技术国家工程实验室李永富副教授和团队开始研究全谷物杂粮蒸煮品质改良的瞬时高温流化技术，并用了近 8 年的时间构建了完整的产业化技术装备体系，开发出"谷宝慢糖米"产品。经过样本测试，该产品食用后人体血糖反应低，高血糖人群可放心吃饱。

当前新能源逐渐取代了传统能源，但是新能源开发并不稳定，而且也不成熟，然而潘锦功开发的"发电玻璃"让人们看到了希望，美国想用2000万美元买他的专利，他严词拒绝，带着专利回国报效祖国。潘锦功在美国留学的时候就已经开始组建团队着手研究碲化镉了，当时他认为碲化镉将成为未来能源最突出的研究方向。果不其然，在他和团队的刻苦研究下，成功利用碲化镉解决了暗电流阻挡材料通电的问题。

这个问题的解决在新能源的开发上是一个重大的突破，美国方面得知后也是非常欣喜，这项成果甚至还被收录到了美国的教材当中。为了能够获取这项专利的使用权，美国能源部门提出花2000万美元购买他的专利。就在美国能源局觉得这件事情已经稳妥的时候潘锦功却拒绝了他们，因为他知道他的这项研究将会给祖国带来很大的帮助，而他来美国完成学业的目的也是学习最先进的知识并回报祖国。发电玻璃和太阳能板相比，不管是性能还是实用度上都远远领先，如果在我国百分之十的建筑面积内装上这种玻璃，那么我们既能够获得源源不断的能源，还不会带来任何污染，堪称最先进的清洁能源。不过因为材料造价问题，这项技术大范围的实施还需要很长的时间。

> ▶ 想一想 ◀
> 生活中哪些方面还能成为创新创业大赛参赛项目？

───── ▶ 案例分享 ◀ ─────

3D打印技术出现在20世纪90年代中期，实际上是利用光固化和纸层叠等技术的最新快速成型装置。它与普通打印工作原理基本相同，打印机内装有液体或粉末等"打印材料"，与电脑连接后，通过电脑控制把"打印材料"一层层叠加起来，最终把计算机上的蓝图变成实物。这种打印技术称为3D立体打印技术。

医学上，3D打印是骨科髋关节重建领域的重要技术之一。我国在利用3D打印实现骨组织再生方面作出了巨大努力。尽管必须考虑生物安全和伦理问题，但生物3D打印与组织工程学相结合有望解决具有复杂组织的材料细胞打印中面临的内部结构和内部功能难题。

除了已在骨肿瘤和髋关节重建手术中采用的3D打印钛合金外，人们还研发了具有良好生物相容性的3D打印多孔钽金属。材料领域学者以及骨科医生目前已对3D打印多孔医用钽金属进行了评估；实际上，已有一些临床病例使用了这种材料。3D打印多孔钽金属已在脊柱、髋关节和肢体静脉曲张手术中进行了临床应用，并取得了良好的临床疗效。

3D打印多孔钽金属不但能实现仿生骨小梁结构的设计和制造，还具有良好的细胞黏附

性和生物相容性。同时，这种材料的弹性模量和强度适合局部环境。临床实验结果表明，3D
打印多孔钽金属能与骨骼紧密结合，术后功能恢复的效果令人满意。实验结果和临床结果均
证实3D打印能精确控制尺寸，并具有良好的疗效。3D打印还可用于远程医学领域。某总医
院骨肿瘤患者的医学影像信息通过远程传输至医院3D医学实验室，从而进行仿真设计和打
印制作；生产出的产品将送至当地医院，并在消毒后应用于手术之中。

通过以上科普的内容，相信大家对3D打印在骨科医学中的应用有了一个比较客观或者
透彻的理解。医用增材制造领域已迅速发展，并已解决了多项临床难题。多种骨科产品的形
态和功能逐渐被人们接受，而使用3D技术进行骨科手术的需求也与日俱增。但临床环境中
依然存在许多悬而未决且充满挑战性的情况，包括原材料的选择等。3D打印正经历着一场
现代工业革命，该技术领域有良好的应用前景，并且其研发和应用范围广阔。

参考文献：Qiu G, Ding W, Tian W, et al. Medical Additive Manufacturing: From a Frontier
Technology to the Research and Development of Products [J]. Engineering, 2020, 6（11）：1217-
1221.

▶ **任务实施**

此次任务可以通过如下途径实现：

（1）阅读从创新创业大赛中寻找项目的案例，思考案例中的项目为什么可以作为创
业项目？从技术角度如何寻找创业项目？

（2）观看历届创新创业大赛视频、使用文献检索法查询各类因技术推动的创业
项目。

（3）通过小组讨论分析，总结案例中的项目可以作为创业项目的原因，分享小组探
索的因技术转化创业的项目，派出代表在课堂上进行汇报分析。

▶ **任务小结**

从技术角度思考，大学生寻找参赛创业项目的途径有：自主发现并研究申报的技术
成果、学校教师拥有的技术成果、资金购买现有的技术（专利转让、专利许可）。

任务四　打造创业项目技术壁垒

▶ 　任务导入

"90 后"企业家王茂林，从哈工大毕业后毅然从哈尔滨南下深圳，2016 年创办深圳移动机器人技术公司，专注于工业级移动机器人的研发和生产。短短五年间，深圳移动机器人技术有限公司不仅成为国家高新技术企业，还累计申请专利 181 项，成为国内发明专利较多的激光 AGV 企业之一。

谈及创业建议，王茂林这样说："相信自己，认知自己，坚持下去。第一，真正有价值的技术在最初一定是曲高和寡的，所以，相信自己很重要。第二，多数人不知道自己的优、劣势是什么。只有真正认识自己，才知道如何把自己相信的东西、想法去搭配各种资源，并最后落地。第三，坚持下去。创业是很苦的，很多苦都是心理上的煎熬。"

请思考：

如何理解王茂林的创业建议，创业项目技术壁垒如何打造？

资料来源：《南方都市报》

▶ 　任务分析

红杉资本的沈南鹏曾经说过："技术壁垒才是创业者的护城河，资本并不是。"从这句话中我们能看出技术壁垒的重要性。"90 后"企业家王茂林对创业的一番建议更是启发未来中小企业创业与经营者，要学会打造属于自己的创业项目技术壁垒。

▶ 　知识准备

技术壁垒对项目估值有重大影响，对这个问题认识的水平也会影响创业者项目设计，从而影响项目发展。那么创业者应当如何打造创业项目技术壁垒？

一、时间上领先

常说"过了这个村就没有这个店"，也就是说时间上一定要早，一定要领先。时间争先主要有以下三个途径：

（一）发现有价值技术，要早研究、早申报并形成专利

专利保护是遵循优先申请优先保护的原则。专利是按照专利文案提交时间来确定专利保护时间的，即先提交文案，拿到专利受理就会形成保护。最后授权专利的保护时间不是从授权之日起保护，而是追溯到受理之日。所以发现有价值的技术和有价值的产品，要做到早研究。从当前国家对专利技术和知识产权技术的重视程度来看，形成专利以后，所形成的技术壁垒是更可靠的。

（二）学校研究团队的技术成果，要早联系，早介入

大学生要主动融入教师科研团队，走进实验室，了解教师研究成果，甚至参加研究，有利于将教师研究成果转换成创业团队的创业项目。

（三）市面现有技术专利的购买，要早分析，早购买

较为难得的是那些尚未形成现实产品或者现实市场优势的技术，即潜在的技术。因为一旦这种专利被发现具有很好的市场价值的时候，购买专利需要付出的代价就会很高。这甚至不是初期创业团队能够承受的。但这种技术获取方式比较直接，直接拥有专利所有权。例如，背背佳创始人杜国楹在一次偶然机会中，接触到某位大学教授所研发的背背佳技术，以 5000 元的价格买下这项技术专利。被开发成产品后，背背佳两年后正式进入我国销售市场，解决了家长们关注孩子脊椎问题的痛点，引起了大量消费群体的注意。加上代言广告等营销手段，让已经占据大量市场份额的背背佳如虎添翼，迅速成为橡果贸易最赚钱的商品，背背佳的销量不断猛增，仅仅半年时间，就创下了 4.5 亿元的收益。

二、品牌上保障

好的技术与产品需要有好的品牌作为支撑，否则想要获得大的市场份额也会很困难，品牌代表产品的口碑、影响力、知名度等。因此建立品牌至关重要，建立和维护好的品牌要从以下几个方面进行保障：

（一）技术不断迭代

好的产品需要不断迭代升级，即发现产品问题，然后消除问题，成为新的产品，也就是进行了升级。软件问题是比较容易清除的，付出代价也比较少，但是硬件出现问题就比较困难。通过发现已有技术的不足并且加以改进来形成市场优势，这个是当前大部分产品和企业所做的事情。作为技术团队，要不断收集市场对产品技术的正面的和负面的反馈，了解市场对技术所提出的问题、意见和建议，通过技术研究来消除这些缺陷，并持续形成市场优势。

（二）品牌不断宣传

以前常常说酒香不怕巷子深，但在当前媒体铺天盖地的情况下，许多宣传以次充好，冲击着正规、高质量产品。因此酒香也怕巷子深，要尽快通过各种手段来形成品牌优势，让市场认知、接受并欢迎本技术产品。比如说团队自己创立品牌，通过平面媒体、电视媒体、网络媒体等进行广告宣传，邀请合适的人代言，让产品的品牌知名度快速提升。当然自创品牌难度比较大，但自创品牌所付出的代价会相对少一些，跟创业者的产品文化或者是理念的融合度也会高一些。另外还有品牌嫁接法，通过代工、贴牌等一些方式，嫁接在一个已有的知名品牌底下，然后快速形成产品的影响力，未来再分离、剥离出来。

（三）壁垒不断坚实

一个产品一定得通过某些技术来实现，把这些相关技术尽量研发成功并申请专利以此形成技术壁垒。即通过连续申报产品专利，让别人赶不上你的企业创新速度。获得一个产品的外围和核心的所有专利，对创业技术产品就有很好的保护作用，形成了坚实的技术壁垒。

三、从创新上突破

（一）原始创新

原始创新是以科学理论为引导，提出新的技术，服务新的领域，形成新的产品。比如说最典型的爱因斯坦的质能方程，通过原子裂变导致质量的转变、质量的减少或者消耗释放出巨大的能量。从质能方程想到原子弹、原子能，再到后面形成原子弹技术、核能发电技术。质能方程属于科学，科学是大家共有的。但是原子弹的制作工艺就属于技术，就可以保密，可以拥有专利，核电站的相关技术也可以申请专利。

（二）引进、消化、吸收创新

改革开放以来，引进、消化、吸收创新是我国的创新主体，使我国的相关技术突飞猛进。这种创新可能在我国当前还是长期存在，并作为主要的技术创新方法之一。例如我国国产化"和谐号"动车组。按常规，一种新车型从研发到批量生产、投入运营至少需要 10–15 年时间，而我们只用了 3 年多时间。我国从法国阿尔斯通、日本川崎重工、加拿大庞巴迪、德国西门子、美国 GE 和 EMD 等公司引进当今世界一流的时速 200 公里及以上动车组和大功率电力、内燃机车设计制造技术，以国内铁路装备制造业的骨干企业为主体，与跨国公司开展技术合作，聚集国内有关专家和科技人员开展消化吸收再创新，成功批量制造出和谐号动车组以及和谐型大功率机车，使我国铁路技术装备一举跻身世界先进行列。

（三）交叉集成创新

工业和农业交叉，现在叫植物工厂，把种植在地里的农业转变为工厂化生产，农民种植农作物，效率低、周期长，而让农作物生长在工厂里，用生产工业产品模式来生产农业产品，效率高、周期短；再比如把机械和电机集成在一起，形成机电一体化，集成信息化、自动化和智能化的技术就是形成了新的交叉集成；还有家居和智能化结合形成智能家居等。这些技术原来属于不同学科、不同知识、不同技术，它们交叉应用所形成的一个新的产品、新的领域就是交叉集成创新。

综上所述，创新不难，要形成技术壁垒就要不断创新。创新，实际上就是一个新的点子、一个新的方法。比如说现在的共享经济，实际上它并不是新创一个什么技术，而是利用现有的技术载体把这个点子用起来。现在美团、饿了么等，均以互联网作为载体，并没有新的技术形成，就是一个新的思路、新的点子、新的方法。

微课视频：
如何打造创业项目的技术壁垒

创新源自生活，只要有创业新想法、新点子，就要大胆去尝试，因为有行动才有希望。积极增强勇于探索的创新精神、提高解决问题的实践能力，在创新实践中增长智慧和才干，在艰苦奋斗中锤炼意志品质。

——————————————◆ 案例分享 ◆——————————————

　　重庆文理学院材料科学与工程学院的几名学生，在老师的指导下，在成分配方设计、改性处理等方面实现了诸多突破，历时两年，终于成功研制出隔音、隔热、力学性能等均十分出众，并且适配国产飞机的航空用隔音隔热超细玻璃纤维棉，打破了美国的技术封锁和产品垄断，令人瞩目。

　　在过去，我国玻璃纤维棉在航空等高端领域的应用还是一个问题，依赖国外产品。这是因为，我国玻璃纤维棉毡存在硬度大、容重高的问题，这影响了其产品保温性、吸音性等。但是进口玻璃纤维棉的价格十分昂贵，一吨玻璃纤维棉毡的价格能到 20 万元；而国内的玻璃纤维棉不过 6000 元/吨，价格差距十分明显。而如今，重庆文理学院的学生团队历时两年，成功打破国外在这一领域的垄断，并成功申请下 12 项专利保护。

　　资料来源：上游新闻

▶ 考考你 ◀
重庆文理学院的学生是用什么方法打破技术壁垒的？

▶ **任务实施**

　　此次任务可以通过如下途径实现：

　　（1）阅读王茂林的故事，思考王茂林的创业建议是否合理，创业项目技术壁垒如何打造？

　　（2）通过文献检索法查询专家、学者、创业者、投资人等群体对打造技术壁垒的观点。

　　（3）通过小组讨论分析，总结王茂林的创业建议给大学生创业的启发意义，分析除了教材提出的三点方法，还可以从哪些方面入手打造创业技术壁垒，派出代表在课堂上进行汇报分享。

▶ **任务小结**

　　项目技术壁垒对项目估值有重大影响，打造创业项目技术壁垒对于初创企业是至关重要的。我们可以从时间上领先、品牌上保障、创新上突破三个方面入手打造创业项目技术壁垒。

技能提升训练　寻找合作教师

▶ **训练目标**

寻找 1 位可以合作的专业教师。

结合专业优势，与专业教师合作，模拟将其科研成果撰写成创业项目技术部分，字数不少于 2000 字，必须包括技术产品描述、主要技术内容、技术壁垒构成、技术风险及风险规避机制等。

▶ **实施流程**

流程 1

组队寻找校内 1 名优秀专业教师，列出选择该教师的 10 个理由。

（1）

（2）

（3）

（4）

（5）

（6）

（7）

（8）

（9）

（10）

流程 2

1. 组队寻找校内优秀专业教师，探讨技术转化为创业项目可能性；

2. 与上述优秀专业教师洽谈技术创新点，提炼归纳；

3. 分工撰写商业计划书的技术部分。

思考与练习

一、单选题

1. 以下对技术的分类错误是（   ）。

A. 按表现形态分为软件技术、硬件技术

B. 按法律地位分为公有技术、工业产权技术、专有技术

C. 按法律地位分为技术诀窍、半公开技术、秘密技术

D. 根据技术产权的归属不同，把技术分为公有技术和私有技术

2. 有关技术壁垒说法正确的是（   ）。

A. 技术壁垒，就是一种新技术

B. 技术壁垒就是技术贸易壁垒

C. 技术壁垒是指让创业产品具有差异，拥有竞争力

D. WTO 将技术性贸易壁垒分为技术法规和技术标准

3. 以下不属于中小企业创新发展所面临的主要问题的是（   ）。

A. 产品创新力不足   B. 产品链条不完整

C. 政策利用程度高   D. 资金短缺，融资困难

4. 以下哪些不是中小企业创新发展所面临主要问题的解决方案（   ）。

A. 推动中小企业集聚发展

B. 建立风险策略

C. 加快创新服务平台建设

D. 实行导向化人才政策

5. 从技术角度寻找创业项目的主要方式有（   ）。

A. 学生自己发现并研究申报的技术成果

B. 学校老师拥有的技术成果

C. 资金购买现有的技术（专利转让、专利许可）

D. 以上都是

6. 以下哪些不属于创业项目技术壁垒时间上领先的途径？（　　）

A. 面对有价值的技术，要早研究、早申报并形成专利

B. 面对学校研究团队的技术成果，要早联系、早介入

C. 面对市面现有技术专利，要早分析，早购买

D. 使用资金保证研究团队的技术成果落地

7. 打造技术壁垒的主要方法或途径有哪些？（　　）

A. 时间上领先 　　　　　　　　　B. 品牌上保障

C. 创新上突破 　　　　　　　　　D. 资金上保证

8. 以下哪项不属于建立和维护好的品牌要进行的保障？（　　）

A. 技术不断迭代 　　　　　　　　B. 品牌不断宣传

C. 产品不断吸收 　　　　　　　　D. 壁垒不断坚实

二、简答题

1. 如何打造技术壁垒？

2. 商业计划书的技术撰写包含哪些内容？

项目四
塑造创业强团队

▶ **学习目标**

（一）知识目标

1. 了解创业者基本素质；

2. 了解创业者思维模式；

3. 认识创业团队的重要性。

（二）能力目标

1. 能理性分析创业团队优势劣势；

2. 能运用正确策略组建创业团队；

3. 能合理设计创业团队股权架构。

▶ **学习任务**

任务一　识别成功创业者；

任务二　组建创业核心团队；

任务三　设计组织结构与股权分配。

任务一 识别成功创业者

▶ **任务导入** ▬▬▬▬▬▬▬▬▬▬▬▬▬▬▬▬▬▬▬▬▬▬

农学院毕业的李强原本可以选择在农业科研单位就业，但是他却选择了在江南的一家渔业养殖场打工。养殖场的工作待遇不好，工作十分辛苦。很多同学不理解一个名牌大学毕业生为何要这样选择？李强的家人也反对他的选择。但是李强有自己的职业规划，先苦后甜。

原来，他是在养殖场拜师深造。在打工的 2 年里，他以技术员的身份，遍访周边牛蛙、甲鱼、螃蟹等养殖场，向渔业系统高级技师学艺。自认为成了这方面的行家里手后，他辞工回家，办了一间"渔大夫"诊所，为遍布市郊的 80 多家养殖场"送医送药"。由于李强技术精湛，专业熟，当地又独此一家，那些养殖场里出现"鱼病"的养殖户只会想到他。为避免遭遇全部损失，尽管他开的"诊断费"和"治疗费"相对较高，养殖户也乐意支付。现在，李强年"出诊"收入在 8 万元左右。

李强最后凭借他的专业技术不鸣则已，一鸣惊人。在世人不屑的平凡岗位中积累自己的创业优势，填补市场需求的空白，就能占领行业的制高点。

请思考：李强身上有哪些创业者特征？应该如何培养创业者精神？

资料来源：汤锐华.大学生创新创业基础[M].北京：高等教育出版社，2019.

▶ **任务分析** ▬▬▬▬▬▬▬▬▬▬▬▬▬▬▬▬▬▬▬▬▬▬

越是逆境，真正的创业者越能迸发出大有可为的内驱力：不妥协，勇往直前，永远在路上。成功的创业者自身具备了优秀品质，包括但不限于具有健康的体魄和充沛的精力、强烈的创业意识；处变不惊的良好心理素质和愈挫愈强的创业意志；自信、自强、自主、自立的创业精神。通过分析李强的创业，我们可以清晰地发现创业者的独特魅力。

▶ **知识准备**

　　经济学家熊彼特认为创业者应该是创新者，具有发现和引入新的、更好的、能赚钱的产品以及服务和过程的能力。这里，我们将创业者概念分为狭义和广义两个方面。狭义的创业者是指参与创业活动的核心人员；广义的创业者是指参与创业活动的全部人员。一般情况下，在创业过程中，狭义的创业者会比广义的创业者承担更多的风险，也会获得更多的收益。

一、创业者的分类

按照创业目标不同，可将创业者分为以下三种类型：

（一）谋生型创业者

谋生型创业者往往是迫于生活压力，或是为了使生活条件有所改善才决定创业。这种创业者绝大部分以较少资金起步，创业范围一般局限于商业贸易领域，也有少数从事实业，但基本上是规模较小的加工业。

（二）投资型创业者

投资型创业者是在已经拥有一定的经济基础与实力的基础上进行创业。这类创业者的创业目标主要是获取更大的经济回报。

（三）事业型创业者

事业型创业者把实现人生理想作为创业目标，把企业当作毕生事业。这类创业者成就意识很强，不甘于为别人打工，愿意为理想放弃一份稳定的工作。他们之所以选择自主创业，是希望通过这个途径来证明自己的能力，实现自我价值，得到社会认可。这类创业者往往在有了一定的经济基础、经历了市场和社会磨炼之后，更加明确自己的人生追求。

微课视频：
成功创业者的特征

趣味动画：
创业者的类型

▶ 找一找 ◀

请举例说明以上三种类型创业者的典型代表。

二、创业者特征

全球创业管理教育和研究最著名的商学院美国百森学院企业管理研究中心主任威廉·D.拜格雷夫，曾将优秀创业者的基本禀赋归纳为 10 个以 "D" 字母为首的要素：

理想（Dream）：创业者对自己及其公司未来有向往和追求，对现状永不满足，对未来有憧憬，具有战略眼光，希望自己能够成功。

果断（Decisveness）：这是成功的关键，创业者眼光敏锐，能认清问题的关键所在并迅速做出困难决定，不会优柔寡断。

实干（Doers）：创业者一旦决定某个行动，就绝对不是空谈，一定会尽快在实践中去实现。

决心（Determination）：在创业过程中全身心投入事业，意志坚定不移，极少半途而废，即使面对似乎难以逾越的障碍时也是如此。

奉献（Dedication）：全身心地投入自己的事业，工作起来干劲十足，不知疲倦，努力做好每一件事情。

热爱（Devotion）：热爱自己的事业，享受创业这个过程。

周详（Details）：仔细周详地计划和管理创业中的所有事务，这是成功的先决条件。

命运（Desting）：懂得抓住时机，把握自己的命运。

金钱（Dollar）：创业首要得有经济支持。因此，创业初期的启动资金是很重要的。

分享（Distrbute）：懂得与自己的创业伙伴或者公司职员一起分享自己的价值观、创业的成就和收获等，这是创业顺利进行的关键。

三、创业者素质的构成

创业者的素质在一定程度上决定了创业企业的成败，它具体表现为创业者的基本素质和能力素质。

（一）创业者的基本素质

创业者的基本素质分为身体素质和心理素质。

1.身体素质

创业者应该具有健康的体魄和充沛的精力，能够适应新创企业的外部协调和内部管理的繁重工作。由于创业具有风险，需要很高的容忍度和承受力，良好的身体素质能让创业者经受巨大压力，有效地组织创业活动。

2.心理素质

包括创业者个人的心理条件和思想素质等。具体表现为：

（1）创业意识。强烈的创业意识，能够帮助创业者克服创业道路上的各种艰难险阻，并将创业目标作为自己的人生奋斗目标。

（2）创业心理品质。处变不惊的良好心理素质和愈挫愈强的顽强意志，能够帮助创业者在创业的道路上自强不息、顽强拼搏，闯出属于自己的一番事业。

（3）竞争合作意识。敢于竞争、善于竞争的创业者在面临充满压力的市场时，才能取得成功。竞争的同时应注意寻求合作，拥有好的合作伙伴可以降低风险，获取资源，从而更易于获得成功。

（4）创业精神。主要包括自信、自强、自主、自立。自信赋予人主动积极的人生态度和进取精神；自强使人敢于实践，不断增长自己各方面的能力与才干；自主使人具有独立性思维能力，能够设计和规划自己的未来；自立使人能够凭自己的能力建立起自己生活和事业的基础。

（二）创业者的能力素质

创业者的能力素质是指创业者解决创业及创业企业成长过程中遇到各种复杂问题的本领，是创业者基本素质的外在表现。从实践角度看，能力素质表现为创业者把知识和经验有机结合起来并运用于创业管理的实践过程。具体表现为：

1.机会识别能力

机会识别是一种有目的、有计划、有步骤的创业感知活动，是在创业实践中运用观察方法与技巧获得关于被观察事物的主观印象并据此获得创业机会的过程。创业者想具备机会识别能力，就要善于用敏锐的眼光去观察，用创新的思维去想象。

2.战略决策能力

创业者的决策能力集中体现在创业者的战略决策上，即创业者在对企业外部经营环境和内部环境进行周密细致的调查和准确而有预见性的分析的基础上，确定企业发展目标、选择经营方针和制定经营战略的能力。虽然创业者经常需要进行一些战术性决策，但更多的精力应当用于战略决策。

3. 战略管理能力

创业者必须在创业过程中始终保持着常态的管理意识，管理主要是针对机会的捕捉和利用。只有通过常态的管理机制，才能实现将创新成果向创业成果的转化，才能更好地捕捉到创业机会。战略管理能力一般包括战略能力、计划能力、营销能力、理财能力、项目管理能力、时间管理能力等。

4. 创新能力

创业者必须具备创新能力，这是由中小企业经营管理活动的竞争性所决定的。而提高竞争力的关键，在于发挥创业者的创新能力。只有不断地用新的思想、新的产品、新的技术、新的制度和新的工作方法来改变原有的环境与做法，才能使企业在竞争中立于不败之地。

5. 网络构建能力

创业者必须善于建立本行业内社交网络，包括有关本行业的信息网络。密集的行业网络沟通有助于创业者从中获得高回报的创业信息，促使创业者在巨型网络提供的精华中，吸取经验教训，培养创业精神。

▶ 考考你 ◀

如何培养创业者的能力素质？

拓展阅读：
曹德旺的家国情怀

四、大学生创业能力的构成

大学生创业能力既具有创业能力的基本内涵，又具有其自身特色，主要包括专业能力、经营管理能力和综合能力三大类。

（一）专业能力

专业能力是指企业中与经营方向密切相关的主要岗位或岗位群所要求的能力，主要包括创办企业中主要职业岗位的必备从业能力、理解和运用与企业经营密切相关的核心技术的能力。大学生创业者在创办企业之初，应该从熟悉的行业、熟悉的专业中选择项目，从熟知的领域入手，这样能规避外行潜在的种种风险，提高创业成功率。大学生创业者要重视在创业实践过程中获得的职业技能，尤其是与企业经营密切相关的专业技术方面的实践经验，并且不断进行总结归纳，形成自己的创业经营体系。

（二）经营管理能力

经营管理能力主要是指创业者对企业人员、资金以及物资的经营管理能力。涉及人员的选择、使用、优化、组合，也涉及资金、物资的聚集、核算、分配、使用。经营管理能力主要包括人力资源管理能力、财务管理能力、营销管理能力以及企业文化构建能力、法律和税收应用能力等。因此，当代大学生创业者要养成不断学习积累的习惯，积极了解企业经营管理各方面的发展动态以及前沿知识，不断从求知中汲取营养，将知识应用于创业实践，并在实践中锤炼创业能力。

（三）综合能力

综合能力是在创业过程中除专业能力、经营管理能力以外所需的其他行为能力的总和，主要包括创新能力、领导合作能力、机会把握能力、人际交往能力、资源整合能力、适应抗压能力、管理控制能力等。创业者的综合能力是一种社会环境和社会关系的综合开发和运筹能力，其在更高层次上影响着创业实践活动的效率和成败，是创业能力

拓展阅读：
成功并不是你想象的那么难

的核心组成部分。只有在创业实践中，大学生创业者才能不断提升自己的综合能力。

> ▶ 想一想 ◀
> 你具备创业能力了吗？

▶ 任务实施

此次任务可以通过如下途径实现：

（1）阅读李强的创业案例，思考：李强身上有哪些创业者特征？应该如何培养创业者精神？

（2）通过文献检索法查询与类似李强的大学生有关的数据，查看专家、学者、创业者、投资人等群体对类似李强的大学生创业案例的总结，梳理大学生的创业者特征。

（3）通过小组讨论分析，总结大学生创业能力的表现和特征，梳理如何培养创业者精神，派出代表在课堂上进行汇报。

▶ 任务小结

按照创业目标不同，创业者分为谋生型创业者、投资型创业者、事业型创业者。优秀创业者一般拥有 10 个要素：理想、果断、实干、决心、奉献、热爱、周详、命运、金钱、分享。创业者素质在一定程度上决定了创业企业成败，包括基本素质和能力素质。基本素质又分为身体素质和心理素质。大学生创业能力包括专业能力、经营管理能力和综合能力。

任务二　组建创业核心团队

▶ **任务导入**

　　《西游记》作为一部中国人家喻户晓的经典著作，其中的唐僧师徒五人形象更是妇孺皆知。许多人都说唐僧师徒五人是最好的创业团队，在许多企业管理培训中都作为经典案例传诵。

　　唐僧，往往被看作团队的领导者，是团队的核心。他负责确定团队目标，坚定团队路线，坚定团队信念。如果没有唐僧，团队可能早就分崩离析了，更谈不上可以克服九九八十一难，抵达西天成功取得真经。

　　白龙马，往往被定义为团队领导者的协助者，是领导助理。他负责排除各种对领导者的干扰，使领导者带领团队聚焦目标，坚定意志。关键时刻化解团队危机，保障团队目标达成。西天取经团队中，只有唐僧是肉体凡胎，正是白龙马背负唐僧前行，让唐僧的身体经受住劳累。在《西游记》第三十回遭遇黄袍怪时，也是白龙马说服猪八戒去找回大师兄孙悟空，最后才救出了唐僧，取经之行才没有因此中断。

　　孙悟空，往往是团队中的攻坚克难者，能力强大。他承担起解决团队目标达成过程中的各种艰难险阻，排除万难，推动团队目标的最终达成。西天取经路上，唐僧师徒遇到的很多妖怪是猪八戒、沙悟净及白龙马无法匹敌的，如果不是孙悟空发挥个人武力或寻求到人脉帮助，那么唐僧可能早就被妖怪吃掉了。

　　猪八戒，一直被认定为团队中调节气氛的黏合剂，负责营造团队氛围，活跃气氛，减少团队负面情绪和负面压力，增进团队成员感情，增加团队凝聚力。西天取经路上，猪八戒的行为无疑改善了团队埋头赶路过程中的沉默氛围，大大排解了团队成员因长途跋涉中的苦难而产生的苦闷情绪。这种人可以打破团队成员之间的隔阂，缓解团队成员之间的矛盾，弥补团队裂痕，从而使团队目标最终得到实现。

　　沙悟净，往往是团队中的后勤支持者，任劳任怨一块砖，做事不挑肥拣瘦，哪里需要就出现在哪里。西天取经路上，沙悟净一直是那个干着脏活苦活累活的人，挑行李，照顾师傅，料理日常琐事，为他人减轻负担，做好辅助支持工作，减轻他人任务压力。

正是因为有了沙悟净的付出，其他人才能充分发挥自己在团队中的特长属性，最终团队实现一加一大于二的加成效果。

请思考：

如何组建一个类似唐僧师徒这样的创业团队？

资料来源：腾讯网

▶ **任务分析**

西天取经团队由唐僧、孙悟空、猪八戒、沙悟净、白龙马这师徒四人一马组成。团队的组建符合目标认同、能力互补和匹配的原则。创业者之所以寻求团队合作，其目的就在于弥补创业目标与自身能力间的差距。只有当团队成员相互间在知识、技能、经验等方面实现互补时，才有可能通过相互协作发挥出"1+1>2"的协同效应。作为未来中小企业创业与经营者要掌握组建创业核心团队的原理和技能。

▶ **知识准备**

一、认识创业团队

创业团队是一群才能互补、责任共担、有着共同目标的特殊群体。依据创业团队的组成者来划分，创业团队大体可以分为以下 3 种：

（一）星状创业团队

星状创业团队也称核心主导创业团队。一般在团队中有一个核心主导人物充当领军的角色。这种团队在形成之前，一般是核心主导人物有了创业想法，根据设想进行创业团队的组织。因此，在创业形成之前，核心主导人物已经对创业团队组成仔细思考，根据自己的想法选择相应成员，团队的其他成员在企业中更多的是扮演支持者角色。

（二）网状创业团队

网状创业团队也称群体性创业团队。这种创业团队的成员主要是因为经验、友谊和共同兴趣的关系而结缘的伙伴。一般是在交往过程中，共同认可某一创业想法，并对创业达成了共识以后，开始进行共同创业。在创业团队组成时，没有明确的核心人物，大家根据各自的特点进行自发的组织角色定位。因此，在企业初创时期，各位成员基本上扮演协作者或者伙伴角色。

（三）虚拟星状创业团队

虚拟星状创业团队是由网状创业团队演化而来的，基本上是前两种的中间形态。在团队中，有一个核心成员，但该核心成员地位的确立是团队成员协商的结果，因此核心成员在某种意义上说是整个团队的代言人，而不是主导型人物，其在团队中的行为必须充分考虑其他团队成员的意见，不像星状创业团队中的核心主导人物那样有权威。

> ▶ 练一练 ◀
> 请举例说明星状创业团队和网状创业团队的代表性企业。

二、创业团队的组成要素

创业团队需具备目标（Purpose）、人（People）、定位（Place）、权限（Power）和计划（Plan）五个重要的组成要素，简称5P。

（一）目标

创业团队应该有一个既定的共同目标，为团队成员导航，知道要向何处。没有目标，这个团队就没有存在的价值。目标在创业企业的管理中以创业企业的愿景、战略等形式体现。

（二）人

人是构成创业团队最核心的力量。三个及三个以上的人形成一个群体，当群体有共同奋斗的目标时就形成了团队。在一个创业团队中，人力资源是所有创业资源中最活跃、最重要的资源。应充分调动创业者的各种资源和能力，将人力资源进一步转化为人

微课视频：
如何组建创业核心团队

力资本。

目标是通过人员来实现的，所以人员的选择是创业团队中非常重要的一部分。在一个团队中可能需要有人出主意，有人定计划，有人实施，有人协调。不同的人一起去工作，还有人去监督创业团队工作进展，评价创业团队的最终贡献，不同的人通过分工来共同完成创业团队目标。

（三）定位

创业团队的定位包含两层意思：

（1）创业团队在企业中处于什么位置，由谁选择和决定团队的成员，创业团队最终应对谁负责，创业团队采取什么方式激励下属。

（2）成员在创业团队中扮演什么角色，是制订计划还是具体实施或评估。是大家共同出资，委派某个人管理；还是大家共同出资，共同参与管理；抑或是共同出资，聘请第三方（职业经理人）管理。这体现在创业企业的组织形式上，是合伙企业还是公司制企业。

（四）权限

创业团队中领导人的权力大小与其团队的发展阶段和创业企业所在行业相关。一般来说，创业团队越成熟，领导者所拥有的权力相应越小。在创业团队发展的初期，领导权力相对比较集中。

（五）计划

创业团队的计划包含两层意思：

（1）由于目标的最终实现需要一系列具体的行动方案，因此，可以把计划理解成达到目标的具体工作程序。

（2）只有在有计划地操作下，创业团队才会一步一步地贴近目标，从而最终实现

拓展阅读：
最厉害的创业团队

目标。

三、如何组建优秀创业团队

（一）创业团队组建原则

配置合理的创业团队能有效解决人力和资金等方面问题，对于创业成效有非常重要的影响。创业者在组建创业团队时必须遵循六项原则。

1.目标一致清晰

拥有共同的目标是团队区别于群体的重要特征，目标明确才能使团队成员清楚地认识到共同的奋斗方向是什么，目标合理才能使团队成员感受到为之奋斗的可行性，从而真正达到激励团队成员的目的。大学生创业初期，很容易遇到困难和遭到失败，因此目标一致、明确合理就显得尤为重要。

2.知识技能互补

创业团队成员合作的好处之一是若团队成员在知识、技能、经验等方面实现互补，通过相互协作能发挥出"1+1>2"的协同效应，缩短创业目标与自身能力之间的差距。

3.成员精简高效

为减少创业初期的组织运作成本，最大限度地分享成果，创业团队成员的构成应在保证企业高效运作前提下尽量精简。同时，创业者要把握统一指挥与分工协作的关系，防止出现"多头领导、责任不清"现象，还要在明确分工基础上适当控制管理幅度，防止出现"大包大揽"现象。

4.团队动态开放

创业是一个充满不确定性的过程。团队中可能因为能力、观念等多种原因有人离开，同时也有人要求加入。因此，在组建创业团队时，创业者应注意保持团队的动态性和开放性，使能力、观念等真正匹配的人员被吸纳到创业团队中来。

趣味动画：
团队组建的基本原则

5.责权统一平衡

在创业团队中，各成员都应拥有与其角色相对应的权利，并应承担由自己的行为所造成的后果。另外，在行使权利并履行责任后，团队成员应该得到与其责任和权利对等的利益。把握好责任权利统一原则，有利于团队长期健康、稳定地发展。

6.结构相对稳定

创业团队在组建时虽然要依据内外环境变化适当进行结构调整，但在调整时应考虑保持团队的稳定性，避免频繁变更团队成员导致团队成员无所适从，使团队出现人心不稳、业绩下降等问题。结构相对稳定可以保证团队思维的连续性，有利于团队在前期成果的基础上不断开发出更多的新成果。

▶ 活学活用 ◀

请结合创业团队组建原则，分析饿了么创业团队。

（二）创业团队组建流程

每个创业团队都有其特殊性，没有哪一个团队的模式可以完全复制。但是，我们可以按照一定程序去组建团队，提高团队组建效率，优化团队资源，达到事半功倍的效果。具体组建流程可以参考以下步骤：

1.确定团队具体工作

根据创业项目确定有哪些工作需要开展，工作要具体、明确。例如，创业项目是"互联网＋销售"，那么，团队的具体工作一般要有产品采购、仓储管理、产品配送、图文信息处理、客户服务、企业记账等。

微课视频：
小米的创业团队分析

2. 明确团队成员分工

一方面要设计团队工作岗位。根据团队需要开展的具体工作设计出相应的工作岗位。包括岗位需求、所需人数等。例如，产品采购的工作岗位就是采购员，专业性不会要求太高，注重细节的把握，如果货源较近，最好会驾驶汽车，初期工作量不大，人数一人即可。另一方面要根据每位成员优势，通过协商确定每位成员的具体工作和责权。

3. 分析团队成员特质

分析现有团队成员的专业特长、相关经验等，了解每一位成员的优缺点。

4. 设计组织结构图

根据创业团队实际情况，设计组织结构图，在组织结构图中能够体现所有岗位、人数要求、现有成员的工作配置、空缺岗位情况等。

5. 招募空缺成员

通过合适的招募方式，采取科学的评价方法选择空缺团队成员。

(三) 创业团队的招募渠道

对于大学生来说，创业团队成员可以通过以下渠道招募：

1. 学校社团

学校里有很多社团，那里有很多有理想、有抱负、有特长、有技能的大学生，在那里可以找到志同道合的朋友，也可以找到兴趣爱好相同的伙伴。社团中的学生一般来说，内心都充满理想和追求，并且愿意付出更多努力来实现自己的目标。

2. 社交场合

社交场合对于大学生来说有很多。例如，参加各种学术和技能比赛、文艺会演、学术会议，还有其他一些公共活动。需要有意识地参加这些活动，并主动结交朋友。社交场合中的人一般都来自不同院校，具有不同的文化特质。

3. 众创空间

不管是高校设立的众创空间，还是企业或政府运营的不同规模众创空间，都聚集了很多怀揣着创业梦想或拥有技术能力，或具有创新思维的一群人，在这里寻求创业伙伴，可以在很大程度上解决很多创业初期的困难。

4. 他人推荐

人才资源很多时候来自他人推荐，这种推荐方式已经对创业伙伴进行了初步筛选，既节省了时间和精力，又节省了一定的资金成本。

5.公开招聘

可以通过一些互联网平台和微信朋友圈发布一些招聘信息，招聘需要的创业伙伴，并对招聘的创业伙伴进行筛选，最终获得创业成员。

四、创业团队的优势互补

创业者知识、能力、心理和教育、家庭环境等方面的差异，可能会对创业活动产生不利影响。创业团队的互补，就是指通过组建创业团队来发挥各个创业者优势，弥补彼此不足，从而形成一个知识、能力、性格、人际关系资源等全面具备的优秀创业团队。

（一）优势互补的意义

从人力资源管理角度来看，建立优势互补的创业团队是保持团队稳定的关键。研究表明，大多数创业团队在组建时，并没有考虑成员专业能力的多样性，大多是因为有相同的技术能力或兴趣，至于管理、营销、财务等能力则较为缺乏。因此，要使创业团队发挥其最大的能量，在组建时要重点考虑成员之间能力或技术互补性，包括功能性专长、管理风格、决策风格、经验、性格、个性、能力、技术以及未来的价值分配模式等特点的互补，以此来达到团队平衡。

创业团队由很多成员组成，那么这些成员在团队里究竟扮演什么角色，对团队完成既定任务起什么作用，团队缺少什么样的角色，候选人擅长什么，欠缺什么，什么样的人与团队现有成员的个人能力和经验是互补的，这些都是必须界定清楚的。这样，就可以利用角色理论挑选和配置成员，做到优势互补，用人之长。因为创业成功不仅是资源合理配置，更是各种资源调动、聚集、整合的过程。

（二）不同角色对团队的贡献

不同角色在团队中发挥着不同作用，因此，团队中不能缺少任何角色。一个创业团队要想紧密团结在一起，共同奋斗，努力实现团队的愿景和目标，各种角色的人才不可或缺。

1.创新者提出观点

没有创新者，思维就会受到局限，点子就会匮乏。创新是创业团队生产、发展的源泉。企业不仅开发要创新，管理也需要创新。

2.实干者实施计划

没有实干者的团队会显得比较乱，因为实干者计划性很强。"千里之行，始于足下"，有了好的创意还需要靠实际行动去实施。而且实干者在企业人力资源中应该占较大的比例，他们是企业发展的基石。没有执行就没有竞争力。只有通过实干者踏实努力地工作，美好的愿景才会变成现实，团队的目标才能实现。

3.凝聚者调节关系

没有凝聚者的团队人际关系会比较紧张，冲突的情形会更多一些，团队目标的完成将受到很大冲击，团队寿命也将缩短。

4.信息者提供支持

没有信息者的团队会比较封闭，因为不知道外界发生了什么事。当今社会，信息是企业发展必备的重要资源之一。世界是开放的系统，创业团队及时了解信息是至关重要的，没有外界的信息交流，企业就成了一个封闭小团体。所以，当代创业团队的成功离不开正确及时的信息。

5.协调者协调利益

没有协调者的团队领导力会削弱，因为协调者除了要有领导力以外，更要有个性的号召力来帮助领导树立个人影响力。从某个角度来说管理就是协调。各种背景的创业者聚集在一起，经常会出现各种分歧和争执，这就需要协调者来调节。

6.推进者促进实施

推进者是创业团队进一步发展的助推器。没有推进者效率就不高。

7.监督者鞭策落地

没有监督者的团队会大起大落，做得好就大起；做得不好也没有人去挑刺，这样就会大落。监督者是创业团队健康成长的鞭策者。

拓展视频：
学学《西游记》里的创业经验

8. 完美者成就品质

没有完美者的团队线条会显得比较粗，因为完美者更加注重品质和标准。但在创业初期，不能过于追求完美；在企业逐渐成长的过程中，完美者要迅速地发挥作用，弥补企业中的缺陷，为企业做大做强打下坚实的基础。现代管理界提出的"细节决定成败"，进一步说明完美者在企业管理和发展中的重要作用。

9. 智囊者助力发展

没有专家指导的企业业务无法向纵深发展，企业的发展也将受到限制。

在了解不同的角色对于团队的贡献以及各种角色的配合关系后，就可以有针对性地选择合适的人才，通过不同角色的组合来达到团队功能的最大化。由于团队中的每个角色都是优点和缺点相伴相生，领导者要学会用人之长、容人之短，充分尊重角色差异，发挥成员的个性特征，找到其与角色特征相契合的工作，使整个团队和谐，达到优势互补。优势互补是团队组建的根基。

在一个创业团队中，成员的知识结构越合理，创业的成功性就越大。纯粹由技术人员组成的公司容易形成以技术为主、产品为导向的情况，从而使产品的研发与市场脱节。全部是由市场和销售人员组成的创业团队缺乏对技术的领悟力和敏感性，也容易迷失方向。因此，在创业团队成员的选择上，必须充分注意人员的知识结构——技术、管理、市场、销售等，充分发挥个人的知识和经验优势。

▶ **任务实施**

此次任务可以通过如下途径实现：

（1）通过阅读"从《西游记》谈一个优秀团队的成员构成"，思考《西游记》中的唐僧师徒是什么样的创业团队？如何组建一个类似唐僧师徒这样的创业团队？

（2）通过文献检索法，查询与创业有关的案例，分析创业团队的类型，总结创业团队组建流程。

（3）通过小组协作，总结唐僧师徒优秀团队特征，借鉴其组建原理模拟组建创业团队，派出代表在课堂上进行汇报。

▶ **任务小结**

　　建立一支优秀的团队，是整个创业过程中都必须面对的重要问题。依据创业团队的组成者来划分，创业团队大体可以分为星状创业团队、网状创业团队和虚拟星状创业团队。创业团队组建需要具备"目标、人、定位、权限和计划"五个重要组成要素；遵循"目标一致清晰、知识技能互补、成员精简高效、团队动态开放、责权统一平衡、结构相对稳定"六项原则。人们可以按照一定程序去组建团队，提高团队组建效率。

任务三 设计组织结构与股权分配

▶ 任务导入

2014年3月26日李克强来到沈阳铁西区远大科技创业园考察，对企业自主研发的 $PM_{2.5}$ 过滤、脱硫脱硝设备非常关注，详细询问了技术推广实用以及成本投入情况。他鼓励企业在国家政策的支持下，尽快推广应用新技术，一方面治理雾霾天气，另一方面带动发展环保产业，一举两得。他对企业负责人说，企业要创新体制，才能引导科技人才发挥创新力量，为社会创造财富。企业发展关键靠人，知识不仅要装在头脑里，还要为社会做贡献。他不干涉他们的分配方式，但建议给科技人员股权。

请思考：创业团队的组织结构应当如何设置，股权如何分配？

资料来源：国务院

▶ 任务分析

创业团队组建只是开始，如何管理才是重点，而管理的真谛在"理"不在"管"。管理者的主要职责就是建立一个像"轮流分粥，分者后取"那样合理的游戏规则，让每个成员按照游戏规则自我管理。游戏规则要兼顾组织利益和个人利益，并且要让个人利益与组织整体利益统一起来。责任、权力和利益是管理平台的三根支柱，缺一不可。李克强总理曾说企业发展关键靠人，他建议给科技人员股权。作为未来中小企业创业与经营者要掌握创业团队组织结构设计和股权分配的基本原理和技能，才能使企业走得长远。

▶ 知识准备

一、创业团队管理

创业团队管理的重点是在维持团队稳定的前提下发挥团队的多样性优势。有效的团队管理能使各个本来分散的个体，具有不同能力、不同个性的人，组成一个有共同目标、相互协调的整体。团队管理就是要使团队具有不断改善、不断革新的精神，使每个人的才能不停留在原有水平，不断发展，不断提高，达到"1+1>2"的效果。进行创业团队管理，主要从以下几方面进行。

（一）打造团队精神

团队精神是各个成员的精神支柱，是创业成功的基石。和谐向上的团队精神能充分调动团队成员的团队意识，使其相互理解和支持，为实现团队的目标服务。打造团队精神可以通过以下方式实现：

1. 重视团队精神

一个没有团队精神的团队或企业，一切美好的想法和愿望都将成为零。没有团队意识的员工，无论学历有多高、技术有多精，对企业来讲都是零。只有具备团队精神的团队，才会形成一种无形的向心力、凝聚力和创造力。

2. 形成团队精神

（1）培养团队成员的敬业精神。敬业是积极向上的人生态度，而兢兢业业做好本职工作是敬业精神中最基本的一条。要做到敬业，就要求创业者具有"三心"，即耐心、恒心和决心。

（2）建设学习型团队。每个成员的学习、每次团队的讨论，就是团队成员思想不断交流、智慧火花不断碰撞的过程。如果团队中每个成员都能把自己掌握的新知识、新技术、新思想与其他团队成员分享，集体的智慧势必大增，团队的学习力就会大于个人的学习力，团队智商就会大大高于每个成员的智商，从而达到整体大于部分之和的效果。

（3）建设竞争型团队。竞争型团队必须具有竞争意识，敢于正视自己，敢于面对强手。竞争型团队要提高自身水平和技能，有效完成团队任务。在建立内部竞争机制时，要注意成员之间的关系是建立在理性基础上的竞争，而不是斗争。协作是团队的核心，要用争论来激活团队的气氛，激发成员的竞争意识；要以发展来吸引人，以事业来凝聚人，以工作来培养人，以业绩来考核人，用有情的鼓励和无情的鞭策让团队的每个成员都能以积极的心态工作，实现自我和超越自我，最大限度地发挥团队力量。

3. 塑造团队文化

高效的团队注重文化塑造，尤其是共同价值观的培养。团队文化是由团队价值观、团队使命、团队愿景和团队氛围等因素综合在一起而形成的。塑造团队文化的关键就是在团队形成与发展的过程中确立团队价值观、团队使命和团队愿景，并以此为基础逐渐形成相应的团队文化氛围。

（二）设置创业团队组织结构

设置创业团队的组织结构时，必须以团队的战略任务和经营目标为依据，具体要注意以下几点。

1. 权责分明

团队的任何一项工作都离不开其他人的配合，只有协作配合好，才能顺利完成管理工作。对于初创团队，人员分工一般都比较粗放，很多事情不分彼此，一起决策、共同实施。但一定要注意落实责任，权责分明，避免在出错或者失误后互相推诿，造成团队成员之间的矛盾。

2. 分工适当

分工并不是越细越好，分工过细会导致工作环节的增加，往往引起工作流程延长，会削弱分工带来的好处。解决扯皮的关键是整个团队或成员要在团队精神的指导下相互协调，以完成总体目标。

3. 适时联动

适时联动是为了完成特定任务，成立打破部门分工、跨越部门职能的专门工作小组。小组成员具有双重身份，既要向本部门主管汇报工作，又要对跨部门小组组长负责。

这种模式适用于已经具有一定规模的创业企业。创业团队初期由于没有专门的跨部门功能小组，各成员各司其职，在企业规模不是很大的情况下，运行状况还比较好。但是，随着企业规模的不断扩大，尤其在产品更新速度不断加快和一些比较重大的项目上，缺乏全盘的统筹和协调，会造成企业运转困难。因此，一个专门负责新项目或一些重大项目的组织协调工作的部门就显得尤为重要。

当有新项目时，组织各职能部门职员成立一个跨部门功能小组，小组成员在向本部门主管负责或报告的同时要向小组组长报告该项目所辖职能的进展状况，直到项目完成，小组解散。这样，跨部门功能小组在组长的协调下，就能充分发挥团队精神，提高工作效率。

（三）优化创业团队运作机制

1.做好决策权责分配

创业团队内部要妥善处理各种权力和利益关系，确定谁适合从事何种关键任务和谁对关键任务承担什么责任。在治理层面，主要解决剩余索取权和剩余控制权的问题。同时，还必须建立进入机制和退出机制，约定以后团队成员退出的条件和约束，以及股权的转让、增股等问题。而在管理层面，最基本的原则有三条：一是平等原则，制度面前人人平等；二是服从原则，下级服从上级，行动要听指挥；三是秩序原则，不能随意越级指导，也不能随意越级请示。如果大学生创业团队内部的管理界限没有那么明显，也一定得把决策权限厘清，做到有权有责。

2.制定员工激励办法

创业团队需要妥善处理创业团队内部的利益关系。大学生创业的资金筹措本来就是难题，分配就更应合理谨慎。团队的管理者要认真研究和设计整个团队的报酬体系，使之具有吸引力，并且使报酬水平不受贡献水平的变化和人员增加的限制，即能够保证按贡献付酬和不因人员增加而降低报酬水平。

3.建立业绩评估体系

业绩考核必须与个人能力、团队的发展、扮演的角色和取得的成绩结合起来。传统的绩效评估体系和绩效管理只关注个人绩效如何，而不去考虑个人绩效与团队绩效的结合。造成这种状况的原因多种多样，包括评估不及时、各方意见不能真实反映实际情况、评估含混不清、易掺入情感因素、忽略了被评估人的绩效给他人带来的影响等。成功的绩效管理不是只注重个人的绩效，而是更加注重整体表现。

> ▶ 练一练 ◀
> 利用市场调查方法调研当前创业公司的员工激励方案。

二、创业团队组织形式

创业团队可采用的组织形式主要有公司制、合伙制两种。

（一）公司制

采用公司制的优势：能有效集中资金进行投资活动；公司以自有资本进行投资有利于控制风险；对于投资收益，公司可以根据自身发展，做必要的扣除和提留后再进行分配；随着公司快速发展，可以申请对公司进行改制上市，使投资者股份可以公开转让而套现资金用于循环投资。一般非家族企业采用公司制的比较多。

（二）合伙制

合伙制是指依法在中国境内设立的由各合伙人订立合伙协议、共同出资、合伙经营、共享收益、共担风险，并对合伙企业债务承担无限连带责任的营利性经营组织。不同类型的合伙形式各有自身的优势和劣势。就家族合伙制来说，创业时期凭借创业者的血缘关系以及类似血缘关系，能够以较低的成本迅速网罗人才、团结奋斗，甚至不计报酬，从而使企业在短时间内获得竞争优势；而且由于内部信息沟通顺畅，对外部市场信息反馈及时，其总代理成本比其他类型的企业低。但这种类型的企业的缺点是难以得到优秀的人才，这在某种程度上会制约其迅速发展。

三、组织结构设计

（一）内涵

组织结构是指组织内部各构成部分及各部分之间确立的相互关系形式。从实现组织目标的过程来看，组织结构是组织将它的工作划分为具体的任务，并且在这些任务当中实现合作的方式。组织结构不仅静态地描述了组织的框架体系，而且动态地描述了这个框架体系是如何在分工与合作的过程中把个体和群体结合起来去完成工作任务的。

组织结构设计，是通过对组织资源的整合和优化，确立企业某一阶段的最合理的管控模式，实现组织资源价值最大化和组织绩效最大化。通俗地说，在人员有限的情况

微课视频：
企业的组织结构

下通过组织结构设计提高组织的执行力和战斗力。在企业的组织中，对构成企业组织的各要素进行排列、组合，明确管理层次，分清各部门、各岗位之间的职责和相互协作关系，并使其在企业的战略目标过程中，获得最佳的工作业绩。

（二）步骤

组织结构要根据企业环境、企业规模、企业战略目标等因素的实际情况和要求设计，其步骤主要如下：

（1）分析组织结构的影响因素，选择最佳的组织结构模式。如果企业面临的环境复杂多变，有较大的不确定性，就要求在划分权力时给中下层管理人员较多的经营决策权和随机处理权，以增强企业对环境变动的适应能力。

（2）根据所选的组织结构模式，将企业划分为不同的、相对独立的部门。

（3）为各个部门选择合适的部门结构，进行组织机构设置。

（4）将各个部门组合起来，形成特定的组织结构。

（5）根据环境的变化不断调整组织结构。

四、创业团队的股权设计

（一）内涵

股权设计是指如何将适当的股权分配给合适的创业者的规划。股权分配，又称所有权分配。科学合理地分配股权，建立利益分配机制，实现利益共享，是维护创业团队长期稳定的重要举措。通过分配股份，把成员的利益同团队的利益联系起来，以此激发各个成员的能动性，促使团队成员为团队的长期利益考虑，从而使每个成员的利益长期化，同时也避免和减少不必要的矛盾。

组建创业团队，最核心的还是利益分配。如何合理地分配股权是一个非常重要且需

微课视频：
怎么设计组织架构与股权分配

要认真思考的问题。若给其中一位创业者较低的股份，则其能动性就无法完全发挥，影响到全身心创业的过程。如给予股权太高，则其犯错误的成本就会很大，可能面临创业公司无法承担的风险。

从所有权的角度来说，股权意味着对企业财产的拥有量。公司法规定，按出资的比例分配股权，按出资比例行使表决权。在股东大会上表决，实行一股一票。

既然股权架构这么重要，那我们先来了解一下，一个科学合理的股权架构能给企业带来哪些好处。

（1）初创公司合伙人股权设计及分配能使我们明确合伙人之间的责、权、利。合伙创业讲究情怀，这本身没有错，因为大家共同开创事业，必然有共同的价值观、必然志同道合，但是大家最终也要实现各自的实际利益。这个实际利益体现在哪？就体现在公司股权、股比上。股权比例是合伙人在公司项目中作用和价值的体现。

（2）有助于创业公司的稳定，也许我们在创业的时候都是同学、兄弟、朋友、闺密，大家觉得什么股比不股比的，先做事，把事做成了再说。这种做法必然会出现问题。大家和和气气的时候都没定下来的规则，一旦出现分歧就更不能达成一致了。

（3）影响公司的控制权，中国的企业尤其在设立时必须有一个带头大哥，有一个领袖人物，这样才能可持续发展。

（4）方便融资，现在投资人跟你谈投资的时候，会关注你的产品、你的理念、你的情怀，也会关注你的股权架构合不合理，如果是一个比较差的股权架构，投资人肯定不会投资。

（5）是进入资本市场的必要条件，每个创业者都有一个公开上市的目标，希望自己的创业项目将来有一天能去主板或者海外敲钟，资本市场必然要求企业股权清晰、合理。

出资不仅包含货币出资，还包含实物、知识产权、土地使用权等可以用货币估价并可以依法转让的非货币财产作价的出资。在股东大会上，所有权、表决权、分红权是1:1:1的关系。股份大小代表你在公司中说话的分量，也代表着股东的分红量。在通常情况下，所有权和表决权是统一的。有些问题的决策是董事会的职权范围，在董事会进行表决时，不需要提交股东大会，实行一人一票制。小型创业团队，可以采用灵活的股权计划。有时在特殊情况下可以将所有权和表决权相分离。每个公司的情况都不同，创始人股权分配并不存在最优方案，没有标准答案。但是，其中有一个隐性标准，就是当股权分配尘埃落定时，每个联合创始人都对这个分配方案满意。

> ▶ 练一练 ◀
> 请举例说明当前代表性创业公司的股权结构和理由。

（二）股权设计重点

创业团队的股权设计需要重点关注以下问题。

1. 有可信可靠的创业团队领导

企业的股权架构设计核心是创业团队领导的股权设计。创业团队领导不清晰，企业股权就没法分配。新创企业，要么一开始就有清晰明确的创业团队领导，要么通过磨合产生出团队领导。很多公司的股权战争，源于创业团队领导的不清晰。

企业有清晰明确的团队领导，并不是代表着领导专制。华为、腾讯、小米等企业，都有清晰明确的团队领导。团队领导不控股时，这些企业都通过 AB 股计划、事业合伙人制等确保团队领导对公司的控制力。创业团队的决策机制，可以民主协商，但意见有分歧时必须集中决策，通过团队领导一锤定音。

2. 股份杜绝平均和拖延分配

创业团队的股权分配绝对不能搞平均主义。很多时候，创始人不愿意谈论股权分配问题，这个话题难以启齿，所以他们要么完全回避这个问题，要么只是说一些模棱两可的约定。创始人普遍会犯的错误是，没有在开始就把股份的分配问题谈清楚，并写下来。股权分配等得越久，就越难谈。随着时间的推移，每个人都会觉得自己是项目成功必不可少的功臣，关于股权分配的讨论就会变得越来越难以进行。因此，应尽早进行股

趣味动画：
股权分配

权分配的讨论并达成共识。

3. 股份绑定，分期兑现

仅仅达成股份比例的共识还不够。如果一个创始人拿了很多股份，但后来做事不给力怎么办？如果有人中途离开公司，股份如何处置？在美国，初创企业一般对创始股东的股票都有关于股权绑定的机制设置，公司股权按照创始人在公司工作的年数或月数逐步兑现。任何创始股东都必须在公司做够起码1年才可持有股份（包括创始人）。好的股份绑定计划一般按4-5年期执行，例如4年期股份绑定，第一年给25%，然后接下来每年兑现25%。"股权绑定"可以有效平衡合伙人之间可能出现的股份分配不公平情况。

4. 遵守契约精神

股权分配中最核心的原则是"契约精神"。对创业团队成员而言，股权比例一旦确定，也就意味着利益分配机制确定，在"契约精神"约束下，尽自己的最大努力是对创业团队成员的基本要求。事实上，对于所有早期创业者而言，尤为需要明晰的一个显而易见的道理：一旦创业获得成功，即使1%的股份也将获得优厚回报；创业失败，就是占有100%的股份也分文不值。

▶ 任务实施

此次任务可以通过如下途径实现：

（1）通过阅读李克强考察沈阳铁西区远大科技创业园案例，思考创业团队的组织结构应当如何设置，股权如何分配？

（2）通过文献检索法，查询和分析创业团队运作机制和股权设计方案。

（3）通过小组讨论分析，尝试设计本组创业团队的运行机制和股权结构，派出代表在课堂上进行汇报分析。

▶ 任务小结

创业团队管理的重点是在维持团队稳定的前提下发挥团队的多样性优势，从而达到"1+1>2"的效果。创业团队的组织形式主要分为公司制、合伙制。创业团队在进行组织结构设计时，要根据企业环境、企业规模、企业战略目标等因素的实际情况和要求进行设计，通过对组织资源的整合和优化，确立企业某一阶段的最合理的管控模式，实现组织资源价值最大化和组织绩效最大化。组建创业团队，最核心的还是利益分配，科学合理地分配股权，建立利益分配机制，实现利益共享，是维护创业团队长期稳定的重要举措。

技能提升训练 模拟组建与管理创业团队

▶ **训练目标**

模拟组建一支创业团队，设计合理股权体系，形成管理制度。

▶ **实施流程**

流程1 模拟组建创业团队

（1）明确创业目标；

（2）明确团队工作；

（3）明确成员职责；

（4）招募团队成员；

（5）设计股权体系。

流程2 模拟构建企业制度

（1）制定综合管理制度；

（2）制定人事管理制度；

（3）制定产品管理制度；

（4）制定客户管理制度；

（5）制定业务管理制度。

思考与练习

一、单选题

1. 迫于生活的压力，或是为了使自己的生活条件有所改善才决定创业的创业者是（　　）。

A. 谋生型创业者　　　　　　　　B. 投资型创业者

C. 事业型创业者　　　　　　　　D. 项目型创业者

2. 只有不断地用新的思想、新的产品、新的技术、新的制度和新的工作方法来改变原有的环境与做法，才能使企业在竞争中立于不败之地，这就需要创业者具备（　　）。

A. 机会识别能力　　　　　　　　B. 风险决策能力

C. 战略管理能力　　　　　　　　D. 创新能力

3. 根据创业项目确定哪些工作需要开展，哪些工作要具体、明确。这是属于创业团队组建的（　　）环节。

A. 确定团队具体工作　　　　　　B. 明确团队成员分工

C. 分析团队成员特质　　　　　　D. 设计组织结构

4. 创业企业进行组织结构设计，该遵循（　　）原则。

A. 责权利对等　　　　　　　　　B. 了解资源

C. 按人设岗　　　　　　　　　　D. 高度分权

二、判断题

1. 创业精神的本质是创新意识和自主精神。（　　）

2. 在创业过程中，创业者要做的是把商机转换为盈利模式。（　　）

3. 团队并不等同于一般意义的群体，团队是群体的特殊形态。（　　）

4. 团队和群体的差别在于，团队中成员之间的分工在很大程度上是互换的，而群体中成员所做的贡献是互补的。（　　）

5. 一个团队中，每位成员往往具有不同的优势和劣势，在团队中发挥的作用也不尽相同。（　　）

三、简答题

1. 创业团队组建要遵循哪些原则？

2. 如何形成创业团队精神？

项目五
设计商业好秘诀

▶ **学习目标**

（一）知识目标

1. 了解商业模式要素；

2. 了解商业模式内涵；

3. 熟悉市场营销基本策略；

4. 了解营销策略与盈利模式的关系。

（二）能力目标

1. 能制作项目的商业画布；

2. 能为项目设计合理的商业模式。

▶ **学习任务**

任务一　构建合理的商业模式；

任务二　选择合适的营销策略；

任务三　明确盈利模式。

任务一　构建合理的商业模式

华为在变革之路上迈出的重要第一步是决定通过一种经过验证的、贯穿一致的规范方法来管理产品开发工作，即引进了 IBM 的集成产品开发流程——IPD 流程，对华为产品研发模式进行了彻底变革。

这个以客户为中心、以市场为驱动的集成产品开发流程变革，启动了华为的第一次变革，实现了由"以技术为中心"向"以客户为中心"的研发模式的转变，并进一步实现了从产品向解决方案的转型。

IPD 流程框架包含了两个关键概念：一是产品开发要基于客户需求，形成市场需求的产品概念，即做正确的事；二是通过结构化的产品开发流程，一次性把产品做好，即正确地做事。

IPD 集成产品研发流程的核心是"以客户为中心"，从初期客户需求的收集和分析，到中期客户需求的实现和变更管理，再到后期产品上市，在产品的整个生命周期中，研发工作紧紧围绕市场和客户的闭环管理过程。

IPD 的全面施行，使华为的产品研发能力得到了实质性的提升，产品的差异化优势也越来越明显。随着产品种类的不断增加，客户对华为的要求也越来越高，产品开发模式进一步向变革的深水区前进，即从产品开发向解决方案开发转型。

请思考：

华为的商业模式特征是什么？中小企业设计商业模式需要考虑哪些因素？

资料来源：华为 IPD 流程指南第 3.0 版

商业模式是关系到企业生死存亡、兴衰成败的大事。企业要想获得成功，就必须从制定成功的商业模式开始，成熟的企业是这样，发展期的企业是这样，创业期的企业更是如此，商业模式是企业竞争制胜的关键。华为认为，为客户服务是华为存在的唯一理由，也是生存下去的唯一基础；华为一切工作的出发点就是客户，而最后的收益使华为获得生存。

▶ **知识准备**

一、商业模式概述

（一）定义

商业模式是一种包含了一系列要素及其关系的概念性工具，用以阐明某个特定实体的商业逻辑。它描述了公司所能为客户提供的价值以及公司的内部结构、合作伙伴网络和关系资本等借以实现（创造、推销和交付）这一价值并产生可持续盈利收入的要素。可以理解为：一个组织在何时（when）、何地（where）、为何（why）、如何（how）和多大程度（how much）地为谁（who）提供什么样（what）的产品和服务，即7W。较为直白的说法是：商业模式就是公司通过什么途径或方式来赚钱的。例如，百度让普通用户免费使用其搜索引擎，而通过定向广告从企业客户那里获得收益。每个企业都有各自的特点，其商业模式也不尽相同。商业模式的设计是创业机会开发环节的一个不断试错、修正和反复的过程，因为企业生存的外部环境时刻都在发生着变化。因此，要维持较为持久的盈利优势，就要在实践中不断修正和完善商业模式。

（二）类型

1. 运营性商业模式

运营性商业模式重点解决企业与环境的互动关系，包括与产业价值链环节的互动关系。运营性商业模式创造企业的核心优势、能力、关系和知识，主要包含以下几方面内容：

微课视频：
选择合适的商业模式

（1）产业价值链定位。企业处于什么样的产业链条中，在这个链条中处于何种地位，企业结合自身的资源条件和发展战略应如何定位。

（2）盈利模式设计（收入来源、收入分配）。企业从哪里获得收入，获得收入的形式有哪几种，这些收入以何种形式和比例在产业链中分配，企业是否对这种分配有话语权。

2. 策略性商业模式

策略性商业模式是对运营性商业模式加以扩展和利用，包括以下几种模式：

（1）业务模式。企业向客户提供什么样的价值和利益，包括品牌、产品等。

（2）渠道模式。企业如何向客户传递业务和价值，包括渠道倍增、渠道集中或压缩等。

（3）组织模式。企业如何建立先进的管理控制模型，比如建立面向客户的组织结构，通过企业信息系统构建数字化组织等。

（三）特征

成功的商业模式的特征如下：

1. 整体性

成功的商业模式是一个整体的、系统的概念，包括：收入模式（广告收入、会员费、服务费）、向客户提供的价值（在价格上竞争、在质量上竞争）、组织架构（自成体系的业务单元、整合的网络能力）等。

2. 关联性

成功的商业模式组成部分之间，必须有内在联系，这个内在联系把各组成部分有机地关联起来，使它们互相支持，共同作用，形成一个良性循环。

3. 独特性

趣味动画：
商业模式的类型

成功的商业模式要能提供独特价值。有时候这个独特价值可能是新的思想，而更多时候，它往往是产品和服务独特性组合。这种组合要么可以向客户提供额外价值，要么使客户用更低价格获得同样利益，或者同样价格获得更多利益。

4. 难模仿

商业模式难以模仿，企业通过确立自己的与众不同，如对客户悉心照顾、无与伦比的实施能力等来提高行业进入门槛，从而保证利润来源不受侵犯。比如直销模式人人都知道其如何运作，也都知道戴尔公司是直销标杆，但很难复制戴尔的模式，原因就在于直销背后，是一整套完整的、极难复制的资源和生产流程。

5. 落地性

成功的商业模式是脚踏实地的。企业要做到量入为出、收支平衡。这个看似不言而喻的道理，要年复一年、日复一日地做到，并不容易。

二、商业模式设计框架

商业模式是为实现客户价值最大化，把企业的内外要素整合起来，形成一个完整高效的具有核心竞争力的运行系统，并通过最优组合满足客户需求、实现客户价值最大化，同时使系统达成持续盈利目标的整体解决方案。其中"整合""高效""系统"是基础，"核心竞争力"是手段，"客户价值最大化"是主观目的，"持续盈利"是客观结果，也是检验商业模式是否成功的唯一外在标准。在设计商业模式时，要首先回答五个问题：为谁提供产品或服务？提供什么样的产品或服务？如何提供产品或服务？收益多少？成本多少？商业模式设计框架可以分为九个关键要素：

（一）客户细分

大众市场。大众市场中的渠道和客户关系全都聚集于一个大范围的客户群组，客户具有大致相同的需求和问题，比如"人人都要用手机"。

1. 利基市场

利基市场中的渠道和关系都针对某一特定市场的特定需求定制化，这种模式常可在供应商—采购商的关系中找到；价值主张、渠道和客户关系都针对某一利基市场的特定需求定制。市场利基者专门为规模较小的或大公司不感兴趣的细分市场提供产品或服务，服务一个细分市场，把一个产品集中力量做到最好。比如老人手机、儿童电话手表。

2. 区隔化市场

区隔化市场中的各细分群体之间客户需求略有不同，所提供的价值主张也略有不同。客户细分有很多相似之处，但又有不同的需求和困扰，即一款产品已无法将所有客户一网打尽。区隔化市场也体现在产品定位上，同样是豪华车，宝马定位在年轻、操控，奔驰定位在豪华、尊贵，沃尔沃定位在安全。

3. 多元化市场

多元化市场服务于两个或以上不同需求和困扰的客户细分群体。客户细分有很多相似之处，但又有不同的需求和困扰。

4. 多边平台或多边市场

多边平台或多边市场服务于两个或以上相互依存的客户细分群体。比如苹果公司，以电信公司为客户销售合约机，以软件公司为客户经营 AppStore 销售软件，以唱片公司为客户经营 iTunes 销售歌曲，于是苹果的用户得到了行业顶级的服务体验。

（二）价值主张

价值主张用来描绘为特定客户细分创造价值的系列产品和服务，主要回答以下问题：企业该向客户传递什么样的价值？正在帮助客户解决哪一类难题？正在满足哪些客户需求？正在提供给客户细分群体哪些系列产品和服务？价值主张简要要素如表 5.1-1 所示：

表 5.1-1　商业模式的价值主张简要要素

价值主张	价值主张分析
新颖	产品和服务满足客户从未感受和体验过的全新需求
性能	改善产品和服务性能是传统意义上创造价值的普遍方法
定制化	以满足个别客户或客户细分群体的特定需求来创造价值
把事情做好	可以通过帮助客户把某些事情做好而简单地创造价值
设计	产品因优秀的设计脱颖而出
品牌	客户可以通过使用和显示某一特定品牌而发现价值
价格	以更低的价格提供同质化的价值，满足价格敏感客户
成本削减	帮助客户削减成本是创造价值的重要方法
风险抑制	帮助客户抑制风险也可以创造客户价值
可达性	把产品和服务提供给以前接触不到的客户
便利性	使事情更方便或易于使用，可以创造可观的价值

（三）渠道

渠道用来描绘如何沟通接触客户细分群体来传递其价值主张，是企业用来接触消费者的途径，阐述了企业开拓市场的方法，涉及市场分销策略。渠道主要回答以下问题：通过哪些渠道可以接触客户细分群体，如何接触？渠道如何整合？哪些渠道最有效？哪些渠道成本效益最好？如何把渠道与客户例行程序进行整合？

（四）客户关系

客户关系用来描绘与特定客户细分群体建立的关系类型，即企业同客户群体之间建立的联系。企业的根本是如何建立良好的客户关系，诚信的客户关系是必需的。客户关系应注意思考：每个客户细分群体希望我们与其建立和保持何种关系？哪些关系已经建立？关系成本如何？如何把它们与商业模式的其他部分进行整合？如何在客户中提升产品和服务的认知？如何协助客户购买特定产品和服务？如何提供售后服务？客户关系有不同的形式，如表5.1-2所示。

表5.1-2　商业模式的客户关系形式

客户关系形式	客户服务内容
个人助理	基于人与人之间的互动，可以通过呼叫中心、电子邮件等个人助理手段进行
自助服务	为客户提供自助服务所需要的全部条件
专用个人助理	为单一客户安排专门的客户代表，通常是向高净值个人客户提供服务
自动化服务	整合更加精细的自动化过程，识别不同客户及特点，提供与客户订单或交易相关的服务
社区	利用用户社区与客户或潜在客户建立更为深入的联系
共同创作	与客户共同创造价值，鼓励客户参与到全新和创新产品的设计和创作中

（五）收入来源

收入来源用来描绘从每个客户群体中获取的净收入（需要从创收中扣除成本），主要回答以下问题：什么样的价值能让客户愿意付费？他们现在付费买什么？他们是如何支付费用的？他们更愿意如何支付费用？每项收入来源占总收入的比例是多少？一般来说，收入来源可分为7种类型：

（1）资产销售，销售实体产品的所有权；

（2）使用收费，通过特定的服务收费；

（3）订阅收费，销售重复使用的服务；

（4）租赁收费，暂时性排他使用权的授权；

（5）授权收费，知识产权授权使用；

（6）经济收费，提供中介服务，收取佣金；

（7）广告收费，提供广告宣传服务收入。

（六）核心资源

核心资源是用来描绘让商业模式有效运转所必需的重要因素，主要回答以下问题：企业的价值主张需要什么样的核心资源？分销渠道需要什么样的核心资源？客户关系需要什么样的核心资源？收入来源需要什么样的核心资源？核心资源类型如表5.1-3所示。

表5.1-3　商业模式的核心资源类型

核心资源类型	具体内容
实体资源	生产设施不动产、系统、销售网点和分销网络等
人力资源	在知识密集型产业和创意产业中，人力资源至关重要
知识资源	品牌、专有知识、专利和版权、合作关系和客户数据库
金融资源	金融资源或财务担保，如现金、信贷额度或股票期权池

（七）关键业务

关键业务用来描绘其商业模式是否可行，关键活动构成核心能力，主要回答：企业的价值主张需要哪些关键业务？渠道需要哪些关键业务？客户关系需要哪些关键业务？收入来源需要哪些关键业务？关键业务可以分为三种类型：

（1）制造产品。与设计、制造及发送产品有关，是企业商业模式的核心。

（2）平台/网络。网络服务、交易平台、软件甚至品牌都可以看成平台，与平台管理、服务提供和平台推广相关。

（3）问题解决。为客户提供新的解决方案，需要知识管理和持续培训等业务。

（八）重要伙伴

重要伙伴是公司同其他公司之间为有效地提供价值并实现其商业化而形成的合作关系网络，描述让商业模式有效运作所需的供应商与合作伙伴，主要回答以下问题：谁是企业的重要伙伴？谁是企业的重要供应商？企业正在从伙伴那里获取哪些核心资源？合作伙伴执行哪些关键业务？重要合作可以分为四种类型：

（1）在非竞争者之间的战略联盟关系；

（2）在竞争者之间的战略合作关系；

（3）为开发新业务而构建的合资关系；

（4）为确保可靠供应的购买方—供应商关系。

（九）成本结构

成本结构是初创企业所使用的工具和方法的货币描述，是运营一个商业模式所引发的所有成本，主要回答以下问题：什么是商业模式中最重要的固有成本？哪些核心资源花费最多？哪些关键业务花费最多？成本结构可以分为两种类型：

（1）成本驱动。创造和维持最经济的成本结构，采用低价的价值主张，最大限度自动化和广泛外包。

（2）价值驱动。专注于创造价值。增值型的价值主张和高度个性化服务通常以价值驱动型商业模式为特征。

设计商业模式一般少不了上述九个要素，不同的商业模式是这九个要素按不同逻辑的排列组合。每个创业者定位、兴趣点和视角不一样，向各个要素中添加的内容也就不一样，于是就有了不同的商业模式。当然商业模式是动态的，应当根据企业实际情况更新。

▶ 练一练 ◀

结合商业模式原理，分析拼多多的商业模式。

三、流程

商业模式的设计和商业逻辑的分析是企业运作的常规动作与必需行为。在市场激烈竞争的环境下，成功商业模式的快速复制迫使所有企业必须不断地进行商业模式创新以获得持续的竞争优势。中小企业初创时，更需要一个适合于自身且具有竞争力的商业模式进入市场。

（一）价值发现

价值发现包括发现核心价值、非核心价值以及衍生价值，即创业者希望通过自己未来的商业活动为目标客户提供价值。该价值可以具体化为创业者拟为客户提供的功能，即产品和服务的效能。

价值发现是对创业机会识别的延伸。通过科学的可行性分析，创业者所认定的创新型产品和服务只是创造新企业的手段。创业最终能否成功取决于它是否拥有客户，是否满足了客户需求，传递了自己的价值主张，实现了客户价值。

在价值发现阶段，最重要的是保持洞察力。敏锐的观察是创造性地发现价值的源泉。要把握人性的根本，了解顾客内心最真实的需求，不能单纯依靠调查问卷和访谈，关键是发现目标客户在未来及特定情境下的需求与行为。创业者还需要走进真实的情境，走近目标用户，真实地观察实际现象，发现问题、了解用户需求，然后进行深入的分析与研究。

在明确了价值发现后，就应该同时考虑针对目标客户去实现这个价值主张需要哪些核心资源，如何构建伙伴网络支持我们实现价值主张的核心业务。中小企业不可能拥有满足顾客需求的所有资源和能力，即使中小企业愿意亲自去打造和构建需要的所有能力，也常常面临着很大的成本和风险。因此，为在机会窗口内取得先发优势，并最大限度地控制风险，几乎所有的中小企业都要与其他企业形成合作关系，以便快速实现创业的第一阶段目标。为实现这个目标，还需制定具有竞争力的策略，保证价值发现后的产品与服务尽快成型，使价值发现得以在市场中固化。这就是价值创造的目标，也是中小企业初创阶段能够生存下来并获取竞争优势的关键。

（二）讨论研究

在价值发现以及围绕价值发现的系列思考后，就进入了讨论研究阶段。其任务就是验证前一阶段的合理性与可操作性。主要方法是头脑风暴。

音频：
如何制定优秀的商业模式

创业者及其团队应争取各类专业视角的人才参与到讨论研究中，并鼓励其表达与创业者直接相关的各类信息。人员的构成最好包括目标客户、合作伙伴、行业中专业人士、资本方代表、市场人员、研发人员等。首先，应激发参与者的积极性，检测第一阶段成果的逻辑性；其次，围绕价值发现在不偏离主题的情况下，在创意之间进行往复比较。在这个过程中，创业者往往扮演头脑风暴的主持人，保持大家积极参与研讨的良好氛围。仅仅做一两次头脑风暴是不够的，还需要在每次讨论后都形成一个初步的结果。而创业者及其团队，应带着这个结果再次走进真实的情境，走近更多目标用户，反复地观察实际现象，思考验证谈论结果对问题的解决效力和对用户需求的满足程度，然后进行下一轮的讨论研究，直至达成高度共识，基本确定商业模式中各个要素的主要内容。

（三）原型设计

通过讨论研究，基本确定了商业模式中各要素的主要内容。接下来，就要通过原型设计尽可能地使各个要素相对真实地呈现出来，形成具有可视化和可操作的商业模式。这就要求对各个要素都要进行原型的设计与验证。其中最主要就是产品与服务的原型，因为其体现了创业者的价值主张，要用其满足客户细分的需求，创造收入来源。

创业者及其团队应做一件仿真模拟的服务或产品并展示给团队内部和目标客户。成功的商业模式不可能是在办公室闭门造出来的。最好是将仿真模拟的产品或服务置于使用和消费的情境下，来看目标客户对其的真实反映。通过大量仿真模拟，使创新的观点得到展示、交流、检验和提高。通过与真实用户一起对原型的不断反馈与修正，来优化改进商业模式。

针对商业模式其他要素的原型设计，就是要求创业者要进行实地的探访与沟通，如分销渠道，就要了解拟建渠道的规则，与渠道商进行直接对话，实地感受渠道商的业务能力。更要注意洽谈合作的可行性以及合作共赢的关系。

（四）验证实施

验证实施阶段，最关键的是创业者及其团队能否在实现最终价值主张的过程中面对诸多不确定性。这就需要在执行计划中保持适度的灵活。针对中小企业，在按照商业模式设计执行机制与运营机制时，会遇到各种意料不到的问题。面临由于内外部的诸多不确定性带来的问题，这也是在考验创业者的心理素质与管理智慧。针对中小企业，往往是小团队、轻资产运作，这就决定了传统的管理工具以及规范企业的管理方法是不适用的。因此创业者及其团队应以面向市场为主，不断打磨与优化商业模式，在市场的打拼与验证中推动商业模式进行不断的创新。

四、商业模式的设计方法

（一）参照法

参照法是初创企业设计商业模式的有效方法，是以国内外商业模式作为参照，然后根据本企业的有关商业权变更因素，如环境、战略、技术、规模等不同特点进行调整，确定企业商业模式设计的方向。采用参照法进行商业模式设计时一定要根据企业自身的情况加以调整和改进，创新地摸索出符合本企业的商业模式。

> ▶ 练一练 ◀
>
> 找出几个你感兴趣的"互联网＋"商业模式。

（二）相关分析法

相关分析法是在分析某个问题或因素时，将与该问题或因素相关的其他问题或因素进行对比、分析其相互关系或相关程度的一种方法。利用相关分析的方法，可以找出相关因素之间规律性的联系，研究如何降低成本，达到价值创造的目的。如亚马逊通过分析传统书店，在网上开办电子书店。

（三）关键因素法

关键因素法是以关键因素为依据来确定商业模式设计的方法。商业模式中存在着多个变量影响设计目标的实现，其中若干个因素是关键的和主要的。通过对关键成功因素的识别，找出实现目标所需的关键因素集合，确定商业模式设计的优先次序。关键因素法主要有五个步骤：

拓展阅读：
华为公司的商业模式

1. 确定商业模式设计的目标；

2. 识别所有关键因素，分析影响商业模式各种因素及其子因素；

3. 确定商业模式设计中不同阶段的关键因素；

4. 明确各关键因素的性能指标和评估标准；

5. 制定商业模式的实施计划。

（四）价值创新法

对一些从未出现过的商业模式设计往往需要进行创新，即通过价值要素的构建、组合等设计出新的商业模式，这一点在互联网企业表现尤为明显，如盛大网络游戏全面实行免费模式，开创了网游行业盈利新模式——CSP。音乐公司通过网络原创音乐平台，将进行原创音乐的网民、网络音乐下载者、电信运营商、风险投资者、合作伙伴等进行了关联，从而设计出新的商业模式。

▶ **任务实施**

此次任务可以通过如下途径实现：

（1）通过阅读华为产品研发模式案例，思考华为的商业模式特征，说明中小企业设计商业模式需要考虑的因素有哪些。

（2）通过文献检索，了解商业模式设计方法，为自己的创业项目提供参考。

（3）通过案例分析法，掌握商业模式的关键要素。

（4）通过小组协作，总结中小企业商业模式如何设计，派出代表在课堂上进行汇报分享。

▶ **任务小结**

中小企业初创时，更需要一个适合于自身且具有竞争力的商业模式进入市场。商业模式包含客户细分、价值主张、渠道、客户关系、收入来源、核心资源、关键业务、重要伙伴以及成本结构九个关键要素。可以使用参照法、相关分析法、关键因素法和价值创新法四种方法设计商业模式。

任务二 选择合适的营销策略

▶ **任务导入**

《武媚娘传奇》电视剧播出后,天天P图软件迅速增加了新功能:武则天妆。只要用户在手机上自拍,就能秒变武媚娘。这种借势营销让天天P图在极短时间内就冲上了多个国家和地区的App榜单头名。

请思考:

天天P图采用的是什么样的营销策略?中小企业如何选择合适的营销策略?

资料来源:原创

▶ **任务分析**

天天P图通过策划、组织和利用具有新闻价值的《武媚娘传奇》,吸引媒体、社会团体和消费者的兴趣与关注,以提高企业或产品的知名度、美誉度,树立良好品牌形象,最终促成产品或服务的销售。"全民cos武媚娘"这种营销策略,为企业节约大量的宣传成本,是一种较为流行的公关传播与市场推广手段。

▶ **知识准备**

一、创业营销的概述

(一)内涵

所谓创业营销,是创业者凭借创业精神、创业团队、创业计划和创新成果,获取企业生存发展所必需的各种资源的过程。创业营销是一种崭新的创业模式,与传统的市场营销有很大的不同,创业营销是企业在市场变化、环境复杂、资源缺少情况下,通过积极地识别和开发市场机会,运用创新方法开发并维系潜在客户的一种创业导向营销。

（二）特征

同传统营销相比，创业营销有以下特征。

1. 机会导向

创业者在实施营销活动时，运用新方法赢得客户，根据创业机会的成长性制定营销战略。

2. 注重关系

初创企业刚开始时市场认同度低，缺少成功的营销经验，市场营销方案和措施对初创企业适应性较弱。在实际营销时，应注重创业团队成员的亲朋好友以企业层面的战略联盟，特别要着重引进具有良好社会关系的市场开拓人才，这样会使营销活动事半功倍。

3. 灵活多变

初创企业在进入一个新市场或市场环境多变时，创业者应注意调整营销策略，依据营销环境的变化而进行调整，不能固定不变，被动营销。

4. 注重营销反馈

初创企业在营销活动中，特别强调营销活动对企业经营的反馈作用。不仅要推销产品，还要在推销中反思经营及发展战略，并作为调整企业经营活动的依据。成功的营销过程能够有效带动企业建立竞争优势，促进企业发展。

（三）理念

为了更好地开拓市场，让企业新产品为顾客带来更多利益。初创企业需要不断地创新突破传统的思维模式，主要营销理念如下：

1. 机会营销理念

初创企业所拥有的资源较为匮乏，前期积累也有限，创业者在营销决策上不能局限

拓展阅读：
喜茶营销策略的独到之处

于企业当前所拥有的资源。机会营销理念意味着创业者在实施营销活动的过程中，要着眼于企业的未来发展机会，立足长远目标，评估各类机会的成长性，进而制定相应的营销策略。初创企业还需要积极地探索新方法，以创新性的手段，最大限度地调动外部资源。

2. 关系营销理念

关系营销理念的核心是建立并发展初创企业与消费者之间的良好关系，初创企业不仅要为顾客提供一定的物质利益，还要让顾客从企业形成的关系中获得情感的满足。比如，为顾客提供更贴心的服务，提供更多的附加利益，做好顾客维系工作。以关系为导向的营销理念有利于初创企业形成顾客忠诚度，并通过维系原有顾客争取更多的新顾客。

3. 合作营销理念

传统的营销理念过于强调竞争，而对于初创企业来讲，市场影响力有限，在竞争中不一定处于优势地位，所以更应该强调合作。以合作为导向的营销理念使初创企业与具有不同优势的企业之间展开合作，通过优势互补，共同创造更多的市场业绩，来实现"双赢"或"多赢"。弱化竞争，强化合作，初创企业通过与其他企业在资源或项目上的合作，可以增强市场竞争力。

4. 动态营销理念

由于初创企业面临的市场环境更为动荡，具有很大的不确定性。所以初创企业在市场营销活动过程中，应该不断调整自身的战略和战术，实施动态调整反应机制。无论什么企业都应该以市场为导向，初创企业更应该如此。如果一味固守原有的产品和营销模式，不根据市场环境的变化进行相应的调整，则无法在激烈的市场竞争中生存和发展。

5. 风险防范理念

初创企业在发展过程中不可避免地会遇到一些外部风险和内部风险，因此创业者需要将防范内部风险作为一项重要的职责。否则一旦内部风险发生，对于处于弱势地位的初创企业来说将是致命的。防范外部风险主要表现为，积极与信用度较高的经销商和客户建立长期、稳定、互相信任的合作关系，避免为了急功近利、拉拢客户资源，不对经销商进行信用调查。

二、营销组合策略

营销组合策略指创业者为了完成营销计划，综合考虑企业面临的环境、竞争、能力等情况，面对本企业的消费者制定的营销策略的合理组合。1960 年麦卡锡教授提出了著名的 4P 营销组合策略，并被现在绝大多数企业所用。具体而言，4P 营销组合策略主要包括产品策略（Product）、价格策略（Price）、促销策略（Promotion）和分销渠道策略（Place）。

其中，价格策略主要解决以什么样的成本生产产品，为消费者提供最优惠的价格。促销策略主要解决与消费者进行什么样的沟通，为消费者提供最及时、快捷的信息。分销渠道策略主要解决为消费者提供什么样的方便，让消费者可以最快捷、方便地得到产品和服务。

（一）产品策略

产品策略是企业为了在激烈的市场竞争中获得优势，在生产、销售产品时所运用的一系列措施和手段，包括产品定位、产品组合策略、产品差异化策略、新产品开发策略、品牌策略以及产品的生命周期运用策略。产品策略主要解决为消费者提供什么样的产品和服务，从而满足他们的需求。产品策略中品牌策略要注意以下问题：

1. 决策单品牌还是多品牌策略

创业者要决策是使用单一的品牌和商标，还是使用多品牌和商标。单一品牌和商标策略虽然极大地节省了创业者的费用，但是一旦产生问题，就会导致一荣俱荣、一损俱损。而如果使用多品牌和商标，就会避免一个品牌受损影响其他品牌的问题。

2. 决策商标的保护策略

注册商标的保护策略有两种：防御商标和联合商标。其中，防御商标指将同一商标在不同的商品和服务类别上分别注册，实行商标的超前占位。比如"全聚德"除了在"烤鸭"上注册了商标，还在"餐饮业杂项服务"里办理了注册，避免别人生产"全

微课视频：
选择合适的营销策略

聚德面饼""全聚德甜面酱"等易引起消费者混淆的商标。联合商标指将与商标类似的商品和服务类别上都注册商标，以防止竞争对手仿冒侵权。比如上海冠生园食品总厂的"大白兔"就同时注册了"白兔""小白兔""太白兔"等商标，防止竞争对手鱼目混珠。

（二）价格策略

价格策略指创业者通过对企业的成本、消费者的心理预期、竞争对手的价格等因素衡量比较后，选择一种有利于企业营销目标的价格体系。

1. 定价原理

一般来说，一个产品的定价最低不能低于企业成本，就会亏损。而一个产品的定价最高不能高于消费者心理对产品预期的最大价格，否则产品就会销售不出去。一般而言，创业者就是在成本和消费者的心理价格之间为产品进行价格设计。那么定价前需要调查哪些因素呢？

一是创业者需要学会计算自己产品的成本。

二是创业者需要调查消费者愿意为该产品支付的心理预期价格。

三是创业者需要调查主要竞争对手的价格体系。调查竞争对手的价格体系有很多方法，除了通过网络比价以外，还可以通过佯装购物者进行调查。

四是创业者还需要调查替代品的价格。比如经营猪肉的商户除了要了解其他猪肉的价格，还需要了解牛肉的价格、羊肉的价格和鸡肉的价格，因为一旦其他替代品的价格下降，消费者可能就会暂时减少对猪肉的消费数量。

五是如果创业者的产品有互补品的话，还需要了解互补品价格的变化。比如钢笔的经销商要了解墨水价格的变化，猪肉的经销商也需要了解猪饲料价格的变化。

2. 心理定价策略

（1）尾数定价。尾数定价又称零头定价，指创业者在定价时有意制定一个比整数少

微课视频：
京东的营销策略

一点的价格，从而使消费者在商品总价上产生量级估量偏差，增加购买欲望，刺激消费者的购买行为。在商业实践中，心理学家发现，5 元以下的产品，末尾数字是 9 的最受消费者欢迎；5 元以上的产品末尾数字是 95 的效果最佳；而百元以上的产品，末尾数字为 99、98 的效果最好。

（2）吉祥定价。吉祥定价也称吉祥数字定价，指创业者利用消费者对某些数字（比如 6、8）的发音联想和喜好制定价格，满足消费者的心理需求，提升消费者的满意度。同时创业者在制定价格的时候也要注意避免消费者不喜欢的数字，以避免影响产品的销售。

（3）声望定价。声望定价指创业者利用产品或者企业在消费者心目中的良好美誉度，制定比市场上同类商品价格高出很多的价格，让消费者通过高价对产品形成极大的信任度和荣誉感。因为消费者潜意识中具有"一分钱一分货"的认知，所以通过声望定价一般可以有效地消除消费者购买产品时的心理障碍，使消费者在购物和使用产品过程中得到良好的购物体验。声望定价往往采用整数定价的方式，加深消费者对产品"高大上"的印象，从而获得良好的精神享受。

（三）促销策略

促销策略的本质是创业者与消费者之间的双向信息和情感的沟通。促销策略一般由四种具体的促销方式构成：

1. 人员推销

人员推销指创业者雇用推销人员直接与消费者沟通、洽谈，说服消费者，以实现销售目标的活动。人员推销其实是一种最古老的促销方式。传统的人员推销是以推销产品为中心的，强调的是推销人员的现场展示和说服，不考虑消费者的需求和长远利益，因此容易招来消费者的反感。现代的人员推销则是以消费者的需求为中心的，根据消费者

趣味动画：
广告营销策略

的需求进行推销，强调的是推销人员和消费者的双向沟通。

2. 广告促销

广告一般分为两种：战略广告和战术广告。其中战略广告只宣传企业的形象或者企业的品牌，而不在广告中宣传企业的产品。战术广告则直接宣传企业的产品。增加消费者对于产品的消费欲望，促进消费者的直接购买行为。

3. 营业推广促销

营业推广促销指创业者为在特定的时间内（周末和节假日为多）强烈刺激消费者购买欲望，迅速增加特定产品销售数量而采取的特别促销手段。营业推广促销的方式有很多种，主要包括赠送产品的样品，赠送消费者礼品，实行产品特价包，实行产品酬谢包，给消费者优惠券，办理会员卡，办理贵宾卡，办理积分卡，实行有奖销售等内容。

4. 公共关系促销

公共关系促销指创业者不直接运用产品宣传的手段，而是着眼于改善和影响周边生产经营环境，通过建立公共事件，从而达到建立公司美誉度、促销公司产品目的的行为。一般创业者采用的公共关系促销通常有以下内容：编写新闻稿，召开新闻发布会，召开记者招待会，召开演讲报告会，召开研讨会，召开展览会，编制企业形象的宣传品，设置企业形象的宣传栏，组织社会公益活动，制造有价值的事件，对教育和体育事业实施赞助，与社会民众对话，向公众传递积极进取的社会理念等。

（四）分销渠道策略

按照商品在流通过程中经历的流通环节的数量，分销渠道可以划分为直接渠道和间接渠道。

1. 直接渠道

直接渠道也称零级分销渠道，或者直销，是一种创业者直接销售给消费者的渠道类型，没有中间环节的参与。直接渠道主要包括电视直销、网络直销、上门推销等形式，是最短小的渠道。直接渠道最大的好处是流通费用非常低，创业者掌握着价格的主动权。直接渠道最大的不足是创业者需要自己承担大量的销售费用，销售的实力也受到很大限制。

2. 间接渠道

间接渠道是一种创业者不直接面对消费者，而是通过中间商进行销售的渠道类型。间接渠道主要分为一层渠道、二层渠道、三层渠道和四层渠道。一层渠道指创业者只通过代理商或者零售商进行分销。二层渠道指创业者通过批发商再分销给零售商，或者通过代理商再分销给批发商的方式进行分销。三层渠道指创业者通过代理商分销给批发商再分销给零售商的方式进行分销。四层渠道指创业者通过出口商分销给进口商再分销给批发商和零售商的方式进行分销。间接渠道的最大好处是可以把销售费用逐层分销下去，节省了销售费用，还有多级分销渠道帮忙分销，壮大了分销的力量。但不足之处是创业者不能掌握价格的主动权，需要把利润给中间渠道分成。

▶ 练一练 ◀
请分析"洽洽"的分销渠道策略。

三、创业营销过程

创业营销过程包括创业机会深度分析、构建关系渠道、实施促销策略、产品价格设定、搞好各项服务。

（一）创业机会深度分析

创业机会深度分析是对中小企业机会核心特征的分析。创业机会分析是通过综合考虑企业的内外部环境，来认识创业机会特征。机会导向的创业营销模式是兼顾内外综合因素的营销模式，这是创业营销能否实现预期目标的关键。

（二）构建关系渠道

创业者关系渠道的构建是以人脉关系为核心的，有良好的人脉关系可以带来资金、技术、管理、信息等各种要素，这对企业未来营销扩展是至关重要的。

（三）实施促销策略

促销策略是创业者实施的具体营销策略，包括：广告、公共宣传、人员推销等策略。总之，要采取多种方式达到促销目的。

（四）产品价格设定

价格是影响营销效果的重要因素，价格设定是创业营销非常重要的环节。价格设定依赖创业机会的开发、竞争优势的构建、营销策划等环节。要防止仅靠价格实现目标的做法，因为这不利于企业核心竞争优势的形成和企业的良性发展，要运用科学的定价策略设定价格。

（五）搞好各项服务

服务质量决定营销效果。因此，必须把服务作为最重要的要素开发好。应把服务作为创业营销组合的重要内容并落实到位，让客户满意。根据客户提出的不同要求，做好反馈工作，适时调整，以促进销售量的增加，满足客户的需求。

四、九大营销策略

（一）情感营销策略

情感营销是指把消费者个人情感差异和需求作为企业品牌营销战略的核心，通过情感包装、情感促销、情感广告、情感口碑、情感设计等策略来实现企业的经营目标。在情感消费时代，消费者购买商品所看重的已不是商品数量的多少、质量的好坏以及价格的高低，而是为了一种感情上的满足，一种心理上的认同。情感营销从消费者的情感需要出发，唤起和激起消费者的情感需求。情感营销策略，适合数字营销策略，可增强用户黏度，比如之前在微博上火热的百事可乐"把乐带回家"的微电影，用情感抓住消费者，一般在节日推广时使用。

（二）体验营销策略

体验是指由对事件的直接观察或是参与造成的，不论事件是真实的，还是虚拟的。体验涉及顾客的感官、情感、情绪等感性因素，也包括知识、智力、思考等理性因素，同时包括身体的一些活动。体验的基本事实会清楚地反射到语言中，例如描述体验的动词：喜欢、赞赏、讨厌、憎恨等，形容词：可爱、诱人等。其原因在于消费者的情感需求比重在增加，消费需求的日趋差异化、个性化、多样化，消费者价值观与信念迅速转变，消费者关注点向情感性利益转变。

趣味动画：
口碑营销

（三）植入营销策略

植入营销是指将产品或品牌及其代表性的视觉符号甚至服务内容，策略性地植入电影、电视剧或其他电视节目之中，通过场景的再现，让观众在不知不觉中留下对产品及品牌的印象，继而达到营销产品的目的。我们经常在众多电影、电视剧中看到不同品牌的植入，然而在数学营销中一样可以借用。短视频的火爆使植入可以直接照搬到网络平台上，同时在各种主要为内容输出的平台上均可以实现。比如植入网络游戏、微博段子、长微博图文，甚至小说中。

（四）口碑营销策略

口碑营销是指企业努力使用户通过亲朋好友之间的交流将自己的产品信息、品牌传播开来。这种营销方式成功率高、可信度高。从企业营销的实践层面分析，口碑营销是企业运用各种有效的手段，引发企业的客户对其产品、服务以及企业整体形象的谈论和交流，并激励客户向其周边人群进行介绍和推荐的市场营销方式和过程。口碑营销策略基于社会化媒体平台，强调关系与兴趣，激发大家分享正向口碑的兴趣，为企业品牌正向引导助力。

（五）事件营销策略

事件营销是指企业通过策划、组织和利用具有名人效应、新闻价值以及社会影响的人物或事件，引起媒体、社会团体和消费者的兴趣与关注，以提高企业或产品的知名度、美誉度，树立良好品牌形象，并最终达成产品或服务销售的目的的营销方式。简单地说，事件营销就是通过把握新闻的规律，制造具有新闻价值的事件，并通过具体的操作，让这一新闻事件得以传播，从而达到广告的效果。我们常因为新品牌、新产品知名度不够高而苦恼，在新产品上市阶段，很多企业希望能有一个引爆的事件发生，将媒体、公众的目光吸引过来，这都是希望品牌迅速爆红的心理。

（六）比附营销策略

比附营销是一种比较有效的营销手段，能让目标受众迅速完成对营销标的物从认识到感兴趣甚至到购买的过程。其操作思路是想方设法将自己的产品或品牌与行业内的知名品牌发生某种联系（攀附知名品牌），并与其进行比较。

（七）饥饿营销策略

饥饿营销是指商品提供者有意调低产量，以达到调控供求关系、制造供不应求的假象，维持商品较高售价和利润率的目的的营销方式。饥饿营销是通过调节供求两端的量来影响终端的售价，达到加价的目的。表面上看，饥饿营销的操作很简单：定个叫好叫座的惊喜价，把潜在消费者吸引过来，然后限制供货量，造成供不应求的销售假象，从而提高售价，赚取更高的利润。但饥饿营销的终极作用还不是调节价格，而是让品牌产生附加值。这种策略在一些有竞争力的产品推出时可以尝试使用。

> ▶ 练一练 ◀
> 请分析"小米"手机的饥饿营销策略。

（八）恐吓营销策略

恐吓营销是指营销者通过广告、营销人员等，向目标客户告知某种现存的或者潜在的威胁、危害，以达到销售其自身产品的目的的一种营销方式。但当营销者提供的事实或者数据被夸大或者虚假时，这种行为一般不列入恐吓营销的讨论范畴。恐吓营销在逻辑上的表述为：分析产品→列举提出问题→渲染问题的严重性→从心理上恐吓→采取措施→潜在购买成为现实购买。这种策略适合一些对身体有益的健康类产品和服务、涉及人身安全的产品和服务，比如购买保险、空气净化器、安全座椅、保健品、药品、母婴用品、儿童教育……这些产品使用此策略效果很明显，但是不要夸大事实，更不能捏造谣言危害竞争产品。

拓展阅读：
大学生毕业返乡用心经营茶山

（九）会员营销策略

会员营销是指一种基于会员管理的营销方式，商家通过将普通顾客变为会员，分析会员的消费信息，挖掘客户的后续消费力，汲取终身消费价值，并通过客户介绍等方式，将一个客户的价值最大化。这种方式与传统营销方式在操作思路和理念上有众多不同。在数字化营销中，我们更愿意使用数字化手段对企业的会员进行分层分群分类，制定有针对性的营销策略，比如通过梳理一个电商企业的会员，从地域、年龄、性别、习惯购买品类、购买次数等多个维度进行分群，在促销时针对不同群体进行不同内容的传播。

▶ **任务实施**

此次任务可以通过如下途径实现：

（1）通过阅读天天P图案例，思考天天P图采用的是什么样的营销策略？中小企业如何选择合适的营销策略？

（2）阅读教材理解创业营销的内涵、制定过程和常用策略。

（3）通过案例分析法，分析最值得关注的九大营销策略的典型案例。

（4）通过小组讨论，总结中小企业选择合适的营销策略的方法，派出代表进行汇报分析。

▶ **任务小结**

创业营销与传统的市场营销有很大的不同，创业营销是企业在市场变化、环境复杂、资源缺少情况下，通过积极地识别和开发市场机会，运用创新方法开发并维系潜在客户的一种创业导向的营销。创业营销过程包括创业机会深度分析、构建关系渠道、实施促销策略、产品价格设定、搞好各项服务。营销组合策略指创业者为了完成营销计划，综合考虑企业面临的环境、竞争、能力等情况，面对本企业的消费者制定的营销策略的合理组合，包括了产品策略、价格策略、促销策略、分销渠道策略。

任务三　明确盈利模式

▶　**任务导入**

在思考小米的商业模式时，小米团队认为在这个智能设备时代，比拼的已不单是硬件性能、硬件配置，还要讲究软件的用户体验，包括软硬件结合的流畅配合，以及它后面的互联网模式和互联网服务等未来各种增值服务。

直到 2014 年，真正将"软件 + 硬件 + 互联网服务"融合好的也仅有苹果。小米力图学习苹果，将小米的商业模式简化为"软件 + 硬件 + 互联网服务"铁人三项。即从应用软件到系统层面再到最后的硬件，试图在一个大的安卓生态系统中构建一个由小米手机、MIUI、小米盒子、商城、云服务和开发者组成的生态圈。

然而，雷军认为，小米与苹果的不同之处在于，小米并非围绕硬件盈利进行运营布局，而是由硬件延展向软件、服务盈利，不追求依赖硬件利润。即采用"Free+Premium"的模式，先通过不赚钱或赚钱很少的硬件圈住大量用户，再通过提供收费软件、增值服务、配件等方式赚钱。

但想要仅凭软件盈利并非易事，生态系统的建立亦非朝夕之间。以拥有非常健康生态系统的苹果为例，其 2013 财年的软件服务和其他音乐相关产品及服务的收入只占该财年总营收的 9.4%，配件收入占 3.3%，剩下的 87.3% 都是由各种硬件设备贡献的。何况，相比苹果 ios，安卓平台上能赚钱的开发者甚少。小米想要凭借软件和互联网服务盈利，还尚待时日。

截至 2014 年，小米盈利的主要来源还是硬件。以小米手机 1 为例，最初定价是按照销售 30 万台来计算成本，在进行了费用摊销后，确实没有什么利润空间。然而，当销售超过 30 万台后，采购成本随之下降，费用摊销也已完成，这时基本可达到盈亏平衡。

此外，根据摩尔定律，元器件的成本在不断下降，手机定价时是成本价，经过一个季度降点价，再经过一个季度再降点价，企业就能获得一个合理的利润。何况，在新品问世初期，小米通常会采取饥饿营销策略，并不会大规模量产，而等到大规模用户能购买到产品时，元器件的成本比定价时又下降了不少。这种盈利模式关键在于拉长产品的生命周期，因为生命周期被拉长，摩尔定律开始发挥作用，企业才能因为边际成本的递减而拥有充足的调价空间，从而保证盈利。因此，小米能在保证正常利润的情况下，将手机的性价比保持在同等价位中的最高水平。

请思考：

小米的盈利模式是什么？假设你创业，你的创业项目盈利模式如何设计？

资料来源：知乎

▶ **任务分析**

"利小量大"贯穿了整个小米科技的商业模式。当小米靠性价比和口碑营销拥有海量粉丝之后，很快开始了产品线的全面扩张，通过投资入股或成立合资公司等方式，几年下来整合了 100 多家智能硬件产品在自家线上线下全渠道销售。这种全线扩张模式，也符合"利小量大"的原则，这里的"量"是产品线数量和总销量。

▶ **知识准备**

只有找到契合企业成长的盈利模式，并在此基础上保持创新活力，这样企业才能在变幻莫测的市场环境中立足，并且立于不败之地。

一、盈利模式概述

（一）定义

盈利模式就是企业探索收入来源、寻找利润机会的过程，盈利模式可以帮助企业在

微课视频：
明确盈利模式

经营过程中更好地获取收益。盈利模式是可以帮助企业创造价值、优化收入分配的一种企业组织框架。盈利模式是帮助企业创造价值并实现收益的一种方式。在企业日常生产和经营过程中，管理者应清楚地了解企业特质，结合企业内外部环境，整合企业各方资源，不断提高企业盈利能力。

（二）构成要素

盈利模式归结为"一个核心、五个基本点"。"一个核心"是指盈利模式的核心是价值创造问题，"五个基本点"指的是五个基本构成要素。这五个基本构成要素如下：

1. 利润点

利润点就是企业为用户提供的产品和服务，是企业发展的基础。在激烈的市场竞争环境下，企业都在寻求一个有核心竞争力的利润点，或全面发展多个利润点。利润点也是为客户提供价值，因此，企业要想提高自身的竞争力，就必须设计满足客户偏好的产品，这样才能拥有高质量的利润点。

2. 利润对象

利润对象是指企业为之提供产品和服务的消费群体，也就是用户。无论处于什么行业，在经营过程中都需要对目标消费群体进行准确的定位。在对利润对象的选择上，企业通常先对用户特征进行分析，如年龄层次、所处地区、消费偏好等诸多方面。通过细分市场，找出企业的主要以及潜在的目标用户，从而更精准地为目标用户群体提供差异化的产品和服务。

3. 利润来源

利润来源是指企业通过哪些途径获得利润，也就是企业收入的来源。利润来源是企业生存发展的关键所在，只有确保利润来源的稳定，中小企业才能实现健康持续发展。如果中小企业的利润来源单一，可能会为企业带来经营风险，造成财务状况的不稳定，因此应促进利润来源多元化。利润来源要想实现快速增长，与利润点和利润对象的积累与扩大息息相关。

4. 利润杠杆

利润杠杆是企业为了吸引利润对象产生消费行为而举办的相关活动和一系列经营投入。利润杠杆不仅可以吸引利润对象，增加利润来源，还可以使企业的销售流程更高效，改善产品质量并提高用户体验。优秀的利润杠杆可以有效连接各个要素，使其相互发挥作用，促进整个盈利模式的良好发展。企业要根据外部环境的变化随机应变，不断地调整经营活动，使企业逐渐具备强有力的盈利能力。

5. 利润屏障

利润屏障是保障企业在市场竞争中获得更多用户，防止外界进行利润抢夺的资源和能力，主要体现在企业的盈利能力以及盈利的持久性上。企业必须建立并不断强化核心竞争力，提高产品和服务的不可替代性，在行业中建立持久的竞争优势和手段。利润屏障就是企业的护城河，企业通过产品和服务的创新升级，为自己的行业屏障添砖加瓦，在激烈的市场竞争中占领属于自己的一席之地，延长企业的寿命。比如海底捞优质的服务态度，顺丰快递卓越的物流速度，就是各个企业对于竞争对手最坚固的利润屏障。

（三）分类

一般来说，盈利模式分为自发的盈利模式和自觉的盈利模式两种。

（1）自发的盈利模式是自发形成的，企业对如何盈利，未来能否盈利缺乏清醒的认识，企业虽然盈利，但盈利模式不明确不清晰，其盈利模式具有隐蔽性、模糊性、缺乏灵活性的特点。

（2）自觉的盈利模式，是企业通过对盈利实践的总结，对盈利模式加以自觉调整和设计而成的，它具有清晰性、针对性、相对稳定性、环境适应性和灵活性的特征。

在市场竞争的初期和企业成长的不成熟阶段，企业的盈利模式大多是自发的，随着市场竞争的加剧和企业的不断成熟，企业开始重视对市场竞争和自身盈利模式的研究，即便如此，也并不是所有企业都能找到盈利模式。

二、互联网盈利模式

在初期，互联网企业在市场上的竞争还不充分，发展得还不够成熟，自发的盈利模

趣味动画：
羊毛出在狗身上，猪来买单

式是当时的主流。随着互联网市场竞争越发激烈，许多企业也进入了自觉的盈利模式。企业预先设计好了适合自身的盈利模式，并随着市场需求进行调整，因此有着清晰、稳定、灵活、针对性强的特点。以下介绍五种较为常见自觉的互联网产品盈利模式：

（一）广告

广告是针对客户的需求，通过选定的媒介渠道，向其他人开放并广泛传递信息的宣传手段。由于呈现载体的不同，主要分为文字、图片、视频、多媒体等广告形式。互联网相对传统广播和电视媒体有所不同，具体表现在：一是受众面更广；二是它可以搭配更多元的宣传形式；三是准确性更强，具有更高的使用价值。因此，绝大部分的互联网企业都会采用广告这种盈利模式。

（二）佣金

所谓佣金，就是中介机构和平台作为第三方进行交易，在商业活动中以向他人提供服务为代价而获取的回报。互联网时代下对该模式的定义则是平台为企业出售消费品提供渠道并取得收入。常见的有电商类平台和团购类平台，如淘宝、拼多多、美团等，提供渠道吸引商家加入，以分享用户资源的方式获取分成。

（三）销售

销售模式的内容包括销售商品、数据、信息或服务，如天猫商城自营的各类商品、医疗健康咨询网站提供的线上有偿问诊服务等。

（四）授权开放接口

开放接口模式一般是具有技术支持或者平台优势的大型企业所有的业务模式。比如手机上的各类应用能使用地图的定位功能，如滴滴、大众点评等，其实是购买了百度或高德等地图产品的接口。又如在第三方网站上可以通过微信、微博等账号授权登录，这也是网站向这些企业购买了接口。所以，对于这些开放平台而言，可以通过授权来获利。

（五）增值服务

增值服务则是由客户自主选择，企业可以为其提供优于常规服务的特权服务。提到互联网中的增值服务模式就不得不提腾讯公司，其虚拟产品、QQ装扮、游戏装备等各式种类的会员都在增值服务的范畴里。

上面介绍的是常见的五种互联网产品盈利模式，值得注意的是，现实中可能多种盈利模式包含在一个产品里。以爱奇艺为例，进入应用后，出现某个品牌香水的推广（广告模式），现金可以购买观看 VIP 视频（销售模式），在购买会员后就能获得免费享受更具体验感服务的权力（增值服务）。当然，如今的互联网产品还有其他更具有创新性的盈利模式，因为互联网创新的重要组成部分就在于盈利模式的创新。

▶ **任务实施**

此次任务可以通过如下途径实现：

（1）通过阅读小米的案例，思考小米的盈利模式是什么？假设创业，自己创业项目的盈利模式如何设计？

（2）通过实践，掌握盈利模式设计和优化调整的方法。

（3）通过小组讨论，对比分析不同盈利模式的优劣和适用场景，派出代表在课堂上进行汇报。

▶ **任务小结**

盈利模式是可以帮助企业创造价值、优化收入分配的一种企业组织框架。其构成要素包括了"一个核心、五个基本点"，"一个核心"是指盈利模式的核心是价值创造问题，"五个基本点"指的利润点、利润对象、利润来源、利润杠杆和利润屏障。一般来说，盈利模式分为自发的盈利模式和自觉的盈利模式两种。自觉的互联网产品盈利模式有广告、佣金、销售、授权开放接口和增值服务五种。

技能提升训练　模拟制作商业画布

▶ **训练目标**

制作 1 份商业画布。

▶ **实施流程**

第 1 步：价值主张

回答以下问题：

项目该向客户传递什么样的价值？

项目正在帮助客户解决哪一类难题？

项目正在满足哪些客户需求？

项目正在提供给客户细分群体哪些系列的产品和服务？

第 2 步：客户细分

明确以下问题：

谁是项目最重要的客户？

项目正在为谁创造价值？

第 3 步：关键业务

梳理以下问题：

项目的价值主张需要哪些关键业务？

项目的渠道需要哪些关键业务？

项目的客户关系需要哪些关键业务？

收入来源是什么？

第 4 步：渠道

考虑以下问题：

项目如何接触客户？

通过哪些渠道可以接触客户细分群体？项目渠道如何整合？

哪些渠道最有效？哪些渠道成本效益最好？

如何把项目渠道与客户例行程序进行整合？

第5步：客户关系

确定以下问题：

如何建立客户关系？

客户希望项目与之建立和保持何种关系？哪些关系项目已经建立了？这些关系成本如何？如何把它们与商业模式的其余部分进行整合？

第6步：核心资源

重点考虑以下问题：

项目的价值主张需要什么样的核心资源？

项目的渠道需要什么样的核心资源？

项目的客户关系需要什么样的核心资源？

收入来源是什么？

第7步：重要伙伴

梳理以下问题：

谁是项目的重要伙伴？谁是项目的重要供应商？

项目正在从伙伴那里获取哪些核心资源？

合作伙伴都执行哪些关键业务？

第8步：成本结构

主要回答以下问题：

什么是项目商业模式中最重要的固有成本？

哪些核心资源花费最多？哪些关键业务花费最多？

第9步：收入来源

主要回答以下问题：

项目如何用商业模式赚钱？

什么样的价值能让客户愿意付费？他们是如何支付费用的？他们更愿意如何支付费用？

每项收入来源占总收入的比例是多少？

思考与练习

一、单选题

1.（　　　）不是商业模式的特点。

A. 脚踏实地　　　B. 独特价值　　C. 灵活变通　　D. 难以模仿

2. 策略性商业模式不包含（　　　）。

A. 业务模式　　　B. 渠道模式　　C. 组织模式　　D. 数字模式

3. 将品牌放入电影、电视剧或其他电视节目之中，通过场景的再现让观众不知不觉留下产品及品牌的印象；从而达到营销产品的目的，其采用的营销模式是（　　　）。

A. 情感营销策略　　　　　　　　B. 植入营销策略

C. 口碑营销策略　　　　　　　　D. 事件营销策略

4. 现在的可口可乐公司采取的是哪一种市场营销策略？（　　　）

A. 情感营销策略　　　　　　　　B. 体验营销策略

C. 口碑营销策略　　　　　　　　D. 事件营销策略

二、判断题

1. 个性化就是对客户进行一对一服务。（　　　）

2. 商业模式解决了企业跟客户之间的价值输出。（　　　）

3. 企业战略定位是商业模式的起点。（　　　）

4. 确定项目的价值主张要以客户的价值为中心。（　　　）

5. 商业模式需要在市场上实现。（　　　）

三、简答题

1. 商业模式的四个要素是什么？

2. 市场定位主要有哪些方式？

3. 市场营销战略的制定主要包括哪些内容？

项目六
管好经营创业绩

▶ **学习目标**

（一）知识目标

1. 了解财务报表的概念、种类、基本结构和编制要求；

2. 掌握资产负债表、利润表的基本结构和编制方法；

3. 了解财务预测程序、原则、步骤及方法。

（二）能力目标

1. 能正确编制财务报表；

2. 能正确编制资产负债表和利润表；

3. 能开展财务预测分析。

▶ **学习任务**

任务一　展现经营业绩；

任务二　认识财务报表；

任务三　开展财务预测。

任务一 展现经营业绩

▶ 任务导入

某家具生产公司 2019 年净利润 2443215.36 元，销售收入 15276324 元，平均资产总额 55661293.02 元，平均股东权益 53312836.12 元。2020 年净利润 2917654.32 元，销售收入 18362952 元，平均资产总额 58367104.64 元，平均股东权益 56230490.44 元。该公司 2019 年销售收益率 15.99%，总资产收益率 4.39%，净资产收益率 4.58%。2020 年销售收益率 15.89%，总资产收益率 5%，净资产收益率 5.19%。通过 2 年的数据分析，2020 年企业的盈利能力有所增强，竞争实力和发展能力都在增长，能够为股东带来的收益率也在增加，说明企业在保持稳定的发展。

请思考：

分析经营业绩对商业计划书的作用是什么？中小企业如何考核经营业绩？

资料来源：知乎

▶ 任务分析

经营业绩是直观反映由中小企业经营活动而带来的整体财务状况与经营成果，它以真实公允的会计报表作为主要依据，如对财务状况的判断直接以资产负债表、现金流量表及相关附注为基础。优秀的业绩评估能够将中小企业的各项财务报告行之有效地整合，能够让中小企业了解过去的经营状况，更加清楚自身的发展定位，准确地制定发展目标和实施计划。

▶ 知识准备

一、经营业绩定义

经营业绩是直观反映由中小企业经营活动而带来的整体财务状况与经营成果，它以真实公允的会计报表作为主要依据，如对财务状况的判断直接以资产负债表、现金流量表及相关附注为基础。经营成果则以利润表等损益类报表及其附注为基础。在业绩评价过程中它不考虑可控或不可控因素。经营业绩是针对公司状态的静态评价，客观反映事实，不应有主观色彩。

二、经营业绩判断标准

中小企业的经营业绩是企业行为的最终结果，也是检验中小企业制度建立工作是否成功的重要标志。判断经营业绩的标准有两个。

1. 中小企业的盈利能力

中小企业的盈利能力分析是财务分析中的一项重要内容。盈利能力是指中小企业获取利润的能力，中小企业的盈利能力越强，则其给予股东的回报越高，中小企业的价值越大。同时盈利能力越强，带来的现金流量越多，中小企业的偿债能力就越强。因此，中小企业的盈利能力分析十分重要。进行中小企业盈利能力分析的目的具体表现在两个方面：利用盈利能力的有关指标反映和衡量中小企业经营业绩；通过盈利能力分析发现经营管理中存在的问题。具体指标有三个：

（1）销售收益率

销售收益率是单位销售收入带来的利润。销售收益率指标揭示了中小企业在一定时期内的税后净利润与销售总额之间的关系。销售收益率的计算公式是：

$$销售收益率 = 净利润 / 销售收入 \times 100\%$$

不同行业的利润水平有所不同，这个指标越高越好。说明中小企业的盈利能力越强；反之，该指标越小，说明中小企业的盈利能力越弱。

微课视频：
经营业绩展现

（2）总资产收益率

总资产收益率是分析中小企业盈利能力又一个非常有用的比率。是另一个衡量中小企业收益能力的指标。总资产收益率的计算公式是：

$$总资产收益率 ＝（净利润／平均资产总额）×100\%$$

$$净利润 ＝ 利润总额 － 所得税费用$$

$$平均资产总额 ＝（年初资产总额 ＋ 年末资产总额）/2$$

在考核中小企业利润目标的完成情况时，投资者往往关注与投入资产相关的报酬完成效果，并经常结合每股收益及净资产收益率等指标来进行判断。总资产收益率的高低直接反映了中小企业的竞争实力和发展能力，也是决定中小企业是否应举债经营的重要依据。

（3）净资产收益率

净资产收益率，也叫净值报酬率或权益报酬率，是中小企业税后利润除以净资产得到的百分比，该指标反映股东权益的收益水平，用以衡量中小企业运用自有资本的效率。净资产收益率的计算公式是：

$$净资产收益率 ＝ 净利润／平均股东权益 ×100\%$$

净资产收益率可衡量中小企业对股东投入资本的利用效率。它弥补了每股税后利润指标的不足。指标值越高，说明投资带来的收益越高。该指标体现了自有资本获得净收益的能力。

盈利能力的分析是中小企业财务分析的重点，其根本目的是通过分析及时发现问题，改善中小企业财务结构，提高中小企业偿债能力和经营能力，最终提高中小企业的盈利能力，促进中小企业持续稳定地发展。

2. 中小企业的发展能力

发展能力是指中小企业扩大规模、壮大实力的潜在能力，又称成长能力。影响中小

趣味动画：
现金流量预测

企业发展能力的因素主要有销售收入、资产规模、净资产规模、资产使用效率、净收益、股利分配。中小企业发展能力的分析指标是中小企业通过自身的生产经营活动，不断扩大积累而形成的发展潜能。中小企业能否健康发展取决于多种因素，包括外部经营环境、内在素质及资源条件等。分析发展能力主要考察以下八项指标：

（1）营业收入增长率是中小企业当年营业收入增长额与上一年营业收入总额的比率，反映中小企业营业收入的增减变动情况。其计算公式为：

营业收入增长率 = 当年营业收入增长额 / 上一年营业收入总额 ×100%

其中：当年营业收入增长额 = 当年营业收入总额 − 上一年营业收入总额

营业收入增长率大于零，表明中小企业当年营业收入有所增长。该指标值越高，表明中小企业营业收入的增长速度越快，中小企业市场前景越好也越强大。

（2）资本保值增值率是中小企业扣除客观因素后的本年末所有者权益总额与年初所有者权益总额的比率，反映中小企业当年资本在中小企业自身努力下实际增减变动的情况。其计算公式为：

资本保值增值率 = 扣除客观因素后的本年末所有者权益总额 / 年初所有者权益总额 ×100%

一般认为，资本保值增值率越高，表明中小企业的资本保全状况越好，所有者权益增长越快，债权人的债务越有保障。该指标通常应当大于100%。

（3）资本积累率是中小企业当年所有者权益增长额与年初所有者权益的比率，反映中小企业当年资本的积累能力。其计算公式为：

资本积累率 = 当年所有者权益增长额 / 年初所有者权益 ×100%

资本积累率越高，表明中小企业的资本积累越多，应对风险、持续发展的能力越强。

（4）总资产增长率是中小企业当年总资产增长额同年初资产总额的比率，反映中小企业本期资产规模的增长情况。其计算公式为：

总资产增长率 = 当年总资产增长额 / 年初资产总额 ×100%

其中：当年总资产增长额 = 年末资产总额 − 年初资产总额

总资产增长率越高，表明中小企业一定时期内资产经营规模扩张的速度越快。但在分析时，需要关注资产规模扩张的质和量的关系，以及中小企业的后续发展能力，避免盲目扩张投资。

（5）营业利润增长率是中小企业当年营业利润增长额与上一年营业利润总额的比率，反映中小企业营业利润的增减变动情况。其计算公式为：

营业利润增长率 ＝ 当年营业利润增长额 / 上一年营业利润总额 ×100%

其中：当年营业利润增长额 ＝ 当年营业利润总额 － 上一年营业利润总额

（6）技术投入比率是中小企业当年科技支出（包括用于研究开发、技术改造、科技创新等方面的支出）合计与当年营业收入的比率，反映中小企业在科技进步方面的投入，在一定程度上可以体现中小企业的发展潜力。其计算公式为：

技术投入比率 ＝ 当年科技支出合计 / 当年营业收入 ×100%

（7）营业收入三年平均增长率表明中小企业营业收入连续三年的增长情况，反映中小企业的持续发展态势和市场扩张能力。

一般认为，营业收入三年平均增长率越高，表明中小企业持续增长势头越好，市场扩张能力越强。

（8）企业资本平均增长率连续三年的积累情况，在一定程度上反映了中小企业的持续发展水平和发展趋势。

三、经营业绩考核

业绩考核是中小企业不可或缺的管理工具。它是一种周期性检讨与评估员工工作表现的管理系统，是指主管或相关人员对员工的工作做系统的评价。有效的业绩考核，不仅能确定每位员工对中小企业的贡献多或不足，也可在整体上对人力资源的管理提供决定性的评估资料，从而可以改善中小企业的反馈机能，提高员工的工作业绩，也可激励士气，还可作为公平合理地奖赏员工的依据。它可以用于以下几个方面：

（1）设定目标——设定部门和个人的业绩目标。

（2）识别相互矛盾的目标和战略，例如，没有充足的资金同时开展客户服务培训和团队建设工作。

（3）制定优先级别。

（4）设定培训和发展需求，从而保证劳动力资源具备取得成功的知识、技能和能力；将培训和发展的目标聚焦于业务目标的实现。

▶ **任务实施**

此次任务可以通过如下途径实现：

（1）通过阅读某家具公司的业绩分析案例，思考分析经营业绩对商业计划书的作用，中小企业如何考核经营业绩。

（2）阅读文献，理解经营业绩的定义、判断标准和考核方法。

（3）通过实战任务，掌握用经营业绩分析企业的发展能力。

（4）通过小组讨论分析，模拟讨论假设创办公司，将会如何选择经营业绩的考核方法，并派小组代表开展交流。

▶ **任务小结**

经营业绩是直观反映由中小企业经营活动而带来的整体财务状况与经营成果，它以真实公允的会计报表作为主要依据，如对财务状况的判断直接以资产负债表、现金流量表及相关附注为基础。判断经营业绩的标准有两个：中小企业的盈利能力和中小企业的发展能力。经营业绩可用于考核设定目标、识别相互矛盾的目标和战略；制定优先级别和设定培训和发展需求，从而保证劳动力资源具备了取得成功的知识、技能和能力。

任务二　认识财务报表

▶ **任务导入**

以李四为例来说报表

李四是一家餐厅的员工，老板鉴于众多员工平时较为辛苦，于是拿出 500 元钱让李四筹备一次聚餐犒劳大家。但是李四需要考虑这么几个问题：一次聚餐需要花多少钱，钱不够了怎么筹备，这些钱都能买什么东西等。把这些问题统计起来，就是一份简单的"财务报表"。李四怕钱不够，于是向王五借了 200 元（这属于负债），加上自己本来有的 500 元（这属于所有者权益），于是李四一共有 700 元（这属于资产）。这些资金状况统计起来，就是"资产负债表"。但是由于员工太多，桌椅不够用，于是李四花费 20 元向附近的饭馆租借几套桌椅，又到集市买了许多蛋肉果菜等。后来老板怕钱不够用，又给了李四 300 元钱，多出来的算作辛苦费。于是李四心里盘算：除去材料、租金等费用，再还给王五 200 元钱，自己还可以有 80 元钱可赚。把这些钱列出一张账单，其实就是我们熟知的"利润表"。在聚餐过后，李四发现还剩一只鸭。那么这只鸭是退还给卖家换钱，还是再买几只鸭留着以后下蛋呢？不同的选择，会导致不同现金的流动，这些问题统计起来，就是"现金流量表"。以上三种表其实就是我们熟知的三大财务报表的基础模型，只不过随着经济的发展，企业的体制和资金形式在不断地变化，进而报表变得更加复杂化。而财务人员的产生，又使资金的管理更加专业化。

请思考：

财务报表包含哪些要素？三张表之间的关系如何？

资料来源：原创

微课视频：
财务报表结构

▶ **任务分析**

　　财务报表简称"财报"，是中小企业提供的反映中小企业在过去某段时间内经营和财务状况的会计表格。一套完整的财务报表至少应当包括资产负债表、利润表、现金流量表、所有者权益变动表以及财务报表附注。其中，最为主要的当数资产负债表、利润表和现金流量表。三表分别从不同角度展现了中小企业的经营状况，堪称财报界"三大天王"。

▶ **知识准备**

一、财务报表认知

　　财务报告是指中小企业对外提供的能反映中小企业某一特定日期财务状况和某一会计期间经营成果、现金流量等会计信息的文件。它是中小企业根据日常的会计核算资料归集、加工和汇总后形成的，是中小企业会计核算的最终成果。财务会计报告包括财务报表和其他应当在财务会计报告中披露的相关信息和资料。

（一）编制财务报表的意义

　　财务报表所揭示的会计信息，无论对于国家经济管理部门，还是中小企业的投资者和债权人，以及中小企业、行政、事业各单位都具有重要的意义。

1.有利于国家经济管理部门了解国民经济的运行情况

　　各地区、各部门通过汇总和分析各中小企业提供的财务报表，分析和考核国民经济总体的运行情况以及存在的问题，为国家制定和修订经济政策、编制国民经济计划、进行综合平衡、调控经济运行、优化资源配置提供可靠依据。

2.有利于经营者了解中小企业财务状况、经营成果和现金流量

　　经营管理者通过财务报告，可以检查、分析财务计划和有关方针政策的执行情况，及时发现经营活动中存在的问题，迅速做出决策并采取有效的措施，改善生产经营管理；而且可以为未来的经营计划和经营方针的制定提供准确的依据，使中小企业的经营计划和经营方针更为科学合理。

3. 有利于投资者和债权人进行投资和信贷决策

投资者和债权人一般不直接参与中小企业的生产经营活动，他们需要通过中小企业提供的财务报告进行分析，了解中小企业的生产经营状况，判断中小企业的偿债能力和盈利能力，为做出正确的投资决策或信贷决策提供依据。

4. 有利于财政、税务、工商、审计等部门实施监督管理

财政、税务等经济管理部门可以利用中小企业报送的财务报表，了解中小企业财务状况和经营成果，检查和监督各企业财经政策、法规、制度、纪律的执行情况；掌握中小企业利润、税金的计算和上缴情况，以及资金的使用情况和财务管理状况，确保税款及时定额入库。

（二）财务报表编制的基本要求

为了确保中小企业财务报表信息质量，应按以下基本要求来编制财务报表。

1. 遵循各项会计准则进行确认和计量

中小企业应当根据实际发生的交易或事项，按照《企业会计准则》的规定进行确认和计量，并在此基础上编制财务报表，除现金流量表按照收付实现制原则编制外，中小企业应当按照权责发生制原则编制财务报表。

2. 以持续经营为基础编制

财务报表的编制必须以中小企业的持续经营为前提。在编制报表过程中，应当评价中小企业的持续经营能力，对持续经营能力产生重大怀疑的，应当在附注中说明。

3. 至少按年编制财务报表

年度财务报表涵盖的期间短于一年的，应当披露原因以及报表数据不具可比性的事实。

4. 项目列报遵守重要性原则

重要性应当根据中小企业所处的具体环境，从项目的性质和金额两个方面予以判断。项目的性质是指项目是否属于中小企业日常活动等因素；项目金额大小的重要性应当通过单项金额占资产总额、负债总额、所有者权益总额、营业收入总额、营业成本总额、净利润等直接项目金额的比重加以确定。

5. 保持各个会计期间财务报表项目列报的一致性

财务报表项目的列报应当在各个会计期间保持一致，除会计准则要求改变财务报表

项目的列报或企业经营业务的性质发生重大变化后，变更财务报表项目的列报能够提供更可靠、更相关的会计信息外，不得随意变更。

6. 各项目之间的金额不得相互抵销

财务报表中的资产项目和负债项目的金额、收入项目和费用项目的金额、直接记入当期利润的利得项目和损失项目的金额不得相互抵销，但其他会计准则另有规定的除外。

7. 比较信息的列报

当期除外报表的列报，至少应当提供所有列报项目上可比会计期间的比较数据，以及与理解当期财务报表相关的说明，会计准则另有规定的除外。

8. 财务报表表首的列报要求

中小企业应当在财务报表的显著位置至少披露以下各项：编报企业的名称；资产负债表日或财务报表涵盖的会计期间；人民币金额单位；财务报表是合并财务报表的，应当予以标明。

(三) 财务报表的编制要求

财务报表的编制和报送是一项严肃的工作，应该在规定时间内严格遵循会计制度的规定进行，最大限度地满足各方面的需要，具体要求如下：

1. 可理解性

要求财务报表提供的会计信息应当清晰易懂，便于使用者理解。

2. 真实可靠

中小企业应当以实际发生的交易和事项为依据进行会计确认、计量和报告，如实反映符合确认和计量要求的各项会计要素及其他信息，并根据核实无误的账簿及相关资料编制财务会计报告，保证会计信息真实可靠。

拓展视频：
财务报表的主要内容及结构

3. 全面完整

中小企业对外提供的财务报表应当依次编订页数，加具封面，装订成册，加盖公章。封面上应当注明：企业名称、企业统一代码、组织形式、地址、报表所属年度或者月份、报出日期，并由企业负责人和主管会计工作的负责人、会计机构负责人（会计主管人）签名并盖章，设置总会计师的企业，还应当由总会计师签名并盖章。

4. 相关可比性

财务报表提供的会计信息必须与使用者的决策需要相关联并具有可比性。会计信息要满足使用者的需要，帮助使用者做出正确的决策，其提供的信息资料必须能够使使用者了解过去、现在或未来事项的影响及其变化趋势，满足信息可比性。

5. 编报及时

会计信息具有较强的时效性，高质量的会计信息不仅要求其真实可靠，而且必须保证时效，及时将信息提供给使用者。特别是在市场经济条件下，市场瞬息万变，中小企业竞争日趋激烈，各方面对会计信息的及时性要求越来越高。

二、资产负债表

（一）资产负债表的定义

它反映中小企业在某一特定日期（如月末、季末、年末）财务状况的财务报表，是静态报表，编制报表的理论依据是"资产＝负债＋所有者权益"会计恒等式。通过资产负债表可以反映某一日期的资产总额、负债总额以及结构，表明中小企业拥有和控制的资源及其分布情况；可以提供某一日期的负债总额及其结构表明中小企业未来需要用多少资产或劳务清偿以及清偿时间；可以反映所有者拥有的权益，据以判断资本保值增值的情况以及对负债的保障程度。

◀ 知识加油站 ▶

会计六要素

1. 资产，是指由企业过去的交易或者事项形成的，由企业拥有或者控制的，预期会给企业带来经济利益的资源。

2. 负债，是指由企业过去的交易或者事项形成的，预期会导致经济利益流出企业的现时义务。

3.所有者权益，是指企业资产扣除负债后，由所有者享有的剩余权益。

4.收入，是指点企业在日常活动中形成的、会导致所有者权益增加的、与所有者投入资本无关的经济利益的总流入。

5.费用，是指点企业在日常活动中发生的、会导致所有者权益减少的、与向所有者分配利润无关的经济利益的总流出。

6.利润，是指企业在一定会计期间的经营成果。

资料来源：刘晓燕，陈秀峰，杨维成.会计六要素内涵辨析[J].黑龙江财会，2003（04）：27-28.

（二）资产负债表的格式

资产负债表由表头、正表和补充资料三部分构成（见表6.2-1）。

1.表头

表头部分包括资产负债表的名称、编号、编制单位、编表时间和金额单位等内容。由于该表反映中小企业在某一时点总的财务状况，属于静态报表，因此，一定要注明是哪年哪月哪日的报表。

2.正表

正表是资产负债表的主体部分，主要反映资产负债表各项目的内容。资产负债表包括资产、负债和所有者权益三个会计要素。各要素按一定的标准进行分类，并按一定的顺序加以排列。资产项目列示在资产负债表的左边，按照其流动性的大小（变现能力的强弱）排列，流动性大的在先，流动性小的在后；负债项目列示在报表的右边，按照其到期日的远近排列，到期日近的在先，到期日远的在后；所有者权益项目列示在报表的右边，按其永久程度排列，永久程度高的在先，永久程度低的在后。报表的左边资产总额等于报表的右边负债类和所有者权益类总额，即"资产 = 负债 + 所有者权益"。

▶ 知识加油站 ◀

会计等式是揭示会计要素之间内在联系的数学表达式，又称会计方程式或会计恒等式。会计等式有："资产 = 负债 + 所有者权益""收入 - 费用 = 利润""资产 + 费用 = 负债 + 所有者权益 + 收入"。它是各会计主体设置账户进行复式记账和编制会计报表的理论依据。

3.补充资料

补充资料包括附注和附列资料等内容，填列一些不能直接列入资产负债表的项目。

如采用的主要会计处理方法、会计处理方法的变更情况、有关重要项目的明细资料等。

表 6.2-1　资产负债表常用格式

资产负债表

会企 01 表

编制单位：　　　　　　　　　　　　　　　年　　月　　日　　　　　　　　　　单位：元

资产	月初数	期末数	负债和所有者权益（或股东权益）	月初数	余额
流动资产			流动负债		
货币资金			短期借款		
交易性金融资产			交易性金融负债		
应收票据			应付票据		
应收账款			应付账款		
预付账款			预收账款		
应收利息			应付职工薪酬		
应收股利			应交税费		
其他应收款			应付利息		
存货			应付股利		
一年内到期的非流动资产			其他应付款		
其他流动资产			一年内到期的非流动负债		
流动资产合计			其他流动负债		
非流动资产			流动负债合计		
可供出售金融资产			非流动负债		
持有至到期投资			长期借款		
长期应收款			应付债券		
长期股权投资			长期应付款		
投资性房地产			专项应付款		
固定资产			预计负债		
在建工程			递延所得税负债		
工程物资			其他非流动负债		
固定资产清理			非流动负债合计		
生产性生物资产			负债合计		
油气资产			所有者权益（或股东权益）		
无形资产			实收资本（或股本）		
开发支出			资本公积		
商誉			减：库存股		
长期待摊费用			盈余公积		
递延所得税资产			未分配利润		
其他非流动资产			所有者权益（或股东权益）合计		
非流动资产合计					
资产总计			负债和所有者权益（或股东权益）总计		

（三）资产负债表的编制方法

资产负债表的各项均需填列"年初余额"和"期末余额"两栏。资产负债表的"年初余额"栏内各项数字，应根据上年末资产负债表的"期末余额"栏内所列数字填列。资产负债表的"期末余额"栏根据会计报表编报时间，可为月末、季末或年末的数字。"期末余额"主要根据会计期间各资产、负债、所有者权益账户的期末余额填列。下面介绍资产负债表项目计算与填列的方法。

1. 根据总账科目余额直接填列。例如，"短期借款""实收资本""资本公积""盈余公积"等科目。

2. 根据总账科目的余额分析计算后填列。资产负债表某一些项目需要根据若干个总账科目的期末余额计算填列，例如：（1）"货币资金"应根据"库存现金""银行存款"和"其他货币资金"科目的期末余额合计数填列。（2）"其他应付款"项目，应根据"应付利息""应付股利""其他应付款"科目的期末余额合计数填列。（3）"未分配利润"科目，反映企业尚未分配的利润。1—11月份应根据"本年利润"科目期末贷方余额，减去"利润分配"科目期末余额后的金额填列。年末，应据"利润分配"减去"未分配利润"明细科目期末余额填列。未弥补的亏损，在本项目中以"—"号填列。

3. 根据有关明细账科目的余额分析填列。"应收账款""预收账款""应付账款""预付款项"等科目应根据明细账余额资料分析计算填列。（1）"应收账款"科目，应根据"应收账款"和"预收账款"所属明细科目的期末借方余额合计数减去"坏账准备"科目中有关应收账款计提的坏账准备期末余额后的金额填列；（2）"预收账款"科目，应根据"应收账款"和"预收账款"所属明细科目的期末贷方余额合计数填列；（3）"应付账款"科目，应根据"应付账款"和"预付账款"所属明细科目的期末贷方余额合计数填列；（4）"预付款项"科目，应根据"应付账款"和"预付账款"所属明细科目的期末借方余额合计数减去"坏账准备"科目中有关预付款项计提的坏账准备期末余额后的金额填列。

4. 根据总账科目和明细科目余额分析计算填列。如"长期借款"科目，需要根据"长期借款"总账科目余额扣除"长期借款"所属的明细科目中将在一年内到期的长期借款后的金额计算填列。

5. 根据有关科目余额减去其备抵科目余额后的金额填列。例如，"固定资产""无形资产"等科目。（1）"固定资产"科目，应根据"固定资产"科目的期末余额，减去"累计折旧"科目和"固定资产减值准备"科目的期末余额后的金额，以及"固定资产清理"科目的期末余额填列。（2）"无形资产"科目，应根据"无形资产"科目的期末余额，减去"累计摊销""无形资产减值准备"科目期末余额后的金额填列。

6.综合运用上述填列方法分析填列。例如，"存货""其他应收款"等科目。"存货"科目，应根据"材料采购""在途物资""原材料""库存商品""发出商品""委托加工物资""周转材料""生产成本""材料成本差异"等科目的期末余额合计数减去"存货跌价准备"科目期末余额后的金额填列。

三、利润表

（一）利润表的定义

利润表又称损益表，是反映中小企业在一定会计期间经营成果的财务报表。它是依据"收入—费用＝利润"这一会计等式编制的，属于动态报表。通过利润表，可以反映中小企业在一定会计期间的收入、费用、利润（或亏损）的数额、构成情况，帮助财务报表使用者全面了解中小企业的经营成果，分析中小企业的盈利能力及盈利增长趋势，从而为其经济决策提供依据。

（二）利润表列报项目

在利润表中，中小企业应当对费用按照功能进行分类，将其划分为从事经营业务发生的成本、管理费用、营业费用和财务费用等。一般应单独列报以下项目：

1. 营业收入

营业收入是指从事主营业务或其他业务所取得的收入，是在一定时期内，中小企业销售商品或提供劳务所获得的货币收入。分为主营业务收入和其他业务收入。对不属于中小企业主营业务范围的兼营业务的收入，作为其他业务收入处理。其计算公式为：营业收入＝主营业务收入＋其他业务收入。

2. 营业成本

营业成本是指中小企业对外销售商品、提供劳务等主营业务活动和销售材料的成本、出租固定资产的折旧额、出租无形资产的摊销额、出租包装物的成本或摊销额等其他经营活动所发生的实际成本。对于制造业产品销售来说，它是由期初库存产品成本加上本期入库产品成本，再减去期末库存产品成本求得的。

3. 税金及附加

税金及附加是指反映中小企业经营主要业务应负担的消费税、城市维护建设税、城镇土地使用税、资源税和教育费附加等。填报此项指标时应注意，实行新税制后，会计上规定应交增值税不再记入"主营业务税金及附加"科目，无论是一般纳税企业还是小规模纳税企业均应在"应交增值税明细表"中单独反映。根据中小企业会计"利润表"中对应指标的本年累计数填列。城市维护建设税和教育费附加属于附加税，按中小企业当期实际缴纳的增值税、消费税这两税相加的税额的一定比例计算。

4. 管理费用

管理费用是指中小企业行政管理部门为组织和管理生产经营活动而发生的各种费用。包括的具体项目有：中小企业董事会和行政管理部门在中小企业经营管理中发生的，或者应当由中小企业统一负担的公司经费、工会经费、待业保险费、劳动保险费、董事会费、聘请中介机构费、咨询费、诉讼费、业务招待费、办公费、差旅费、邮电费、绿化费、管理人员工资及福利费等。

5. 营业费用

营业费用也称销售费用，是指中小企业销售商品和材料、提供劳务的过程中发生的各种费用。包括运输费、装卸费、包装费、保险费、展览费和广告费，以及为销售本企业商品而专设的销售机构的职工工资及福利费、类似工资性质的费用、业务费等经营费用。

6. 财务费用

财务费用是指中小企业为筹集生产经营所需资金等而发生的费用。具体项目有：利息净支出（利息支出减利息收入后的差额）、汇兑净损失（汇兑损失减汇兑收益的差额）、金融机构手续费以及筹集生产经营资金发生的其他费用等。

7. 投资损益

投资损益是指中小企业或个人对外投资所得的收入（所发生的损失为负数），如中小企业对外投资取得股利收入、债券利息收入以及与其他单位联营所分得的利润等。

8. 资产减值损失

资产减值损失是指因资产的可回收金额低于其账面价值而造成的损失。资产减值损失一经确认，在以后会计期间不得转回。但对以摊余成本计量的金融资产确认减值损失后，如有客观证据表明该金融资产价值已恢复，原确认的减值损失应当予以转回，计入当期损益。

9. 非流动资产处置损失

非流动资产处置损失是指中小企业在处置非流动资产时所发生的相关支出。主要包括固定资产处置损失和无形资产处置损失两个方面的内容。其中，固定资产处置损失包含处置固定资产的清理费用及相关税费等项目，而无形资产处置损失包含出售无形资产所发生的相关税费等项目。

10. 所得税费用

所得税费用是指中小企业经营利润应交纳的所得税。"所得税费用"，核算中小企业负担的所得税，是损益类科目；这一般不等于当期应交所得税，而是当期所得税和递延所得税之和，即为从当期利润总额中扣除的所得税费用。因为可能存在"暂时性差异"。

11. 净利润

净利润是指中小企业当期利润总额减去所得税后的金额，即中小企业的税后利润。是指在利润总额中按规定交纳了所得税后公司的利润留存，一般也称为税后利润或净收入。净利润的多寡取决于两个因素，一是利润总额，二是所得税费用，其计算公式为：净利润 = 利润总额－所得税费用。

利润表常用格式如表 6.2-2 所示。

表 6.2-2　利润表常用格式
利润表

编制单位：_____　　　　　_____年___月　　　单位：元

项目	本期金额	上期金额
一、营业收入		
减：营业成本		
营业税金及附加		
销售费用		
管理费用		
财务费用		
资产减值损失		
加：公允价值变动收益（损失以"－"号填列）		
投资收益（损失以"－"号填列）		
其中：对联营企业和合营企业的投资收益		
二、营业利润（亏损以"－"号填列）		
加：营业外收入		
减：营业外支出		
其中：非流动资产处置损失		
三、利润总额（亏损总额以"－"号填列）		

（续表）

项目	本期金额	上期金额
减：所得税费用		
四、净利润（净亏损以"－"号填列）		
五、每股收益：		
（一）基本每股收益		
（二）稀释每股收益		

（三）利润表编制方法

1."本期金额"栏和"上期金额"栏的填列方法

"本期金额"栏反映各项目本期实际发生额，各项金额一般应根据损益类账户的发生额分别填列。"上期金额"栏应根据上年该期间利润表"本期金额"栏相应数字填列。

2.利润表各项目"本期金额"栏的填列方法

根据相应账户的发生额分别填列，根据计算公式计算填列。

（1）营业收入 ＝"主营业务收入"＋"其他业务收入"账户发生额

（2）营业成本 ＝"主营业务成本"＋"其他业务成本"账户发生额

（3）营业税金及附加 ＝"营业税金及附加"账户发生额

（4）销售费用 ＝"销售费用"账户发生额

（5）管理费用 ＝"管理费用"账户发生额

（6）财务费用 ＝"财务费用"（收益以"—"号填列）账户发生额

（7）资产减值损失 ＝"资产减值损失"账户发生额

（8）公允价值变动净收益 ＝"公允价值变动损益"（净损失以"—"号填列）账户发生额

（9）投资净收益 ＝"投资净收益"（净损失以"—"号填列）账户发生额

（10）营业利润 ＝计算（亏损以"—"号填列）

（11）营业外收入 ＝"营业外收入"账户发生额

（12）营业外支出 ＝"营业外支出"账户发生额

（13）利润总额 ＝计算（亏损总额以"—"号填列）

（14）所得税费用 ＝"所得税费用"账户发生额

（15）净利润 ＝计算（净亏损以"—"号填列）

（16）每股净收益 = "归属于普通股股东的当期净利润" / "当期发行在外普通股的加权平均数"

（17）其他综合收益 = 未在损益中确认的各项利得和损失扣除所得税影响后的净额

（18）综合收益总额 = "净利润" + "其他综合收益"

▶ 资料卡 ◀

财务报表数据分析指标

1. 流动比率：流动比率 = 流动资产合计 / 流动负债合计 ×100%。流动比率表示企业流动资产中在短期债务到期时变现用于偿还流动负债的能力。

2. 速动比率：企业速动资产与流动负债的比率，它是衡量企业流动资产中可以立即变现用于偿还流动负债的能力。

3. 现金比率：现金比率 = （现金 + 有价证券）/ 流动负债 ×100%。能够反映企业即时付现能力。

4. 资产负债比率：企业负债总额与资产总额的比率，其计算公式如下：

资产负债比率 = 负债总额 / 资产总额 ×100%。这一比率可以反映债权的保障程度，如果这个比率过高，说明股东所提供的资本与企业借入的资本相比，所占比重较小，这样，企业的经营风险就主要由债权人负担。

四、现金流量表

（一）定义

现金流量表是指反映中小企业在一定会计期间现金和现金等价物的流出和流入的报表。现金是指中小企业库存现金以及可以随时用于支付的存款。现金等价物是指中小企业持有的期限短、流动性强、易于转换为已知金额现金、价值变动风险很小的投资。

（二）作用

编制现金流量表的主要目的是为财务报表使用者提供中小企业一定会计期间内现金和现金等价物流入和流出的信息，以便于财务报表使用者了解和评价企业获取现金和现金等价物的能力，并据以预测企业未来现金流量。

（三）结构

现金流量表由表头、正表和补充资料三部分组成。

1. 表头

现金流量表表头部分主要说明会计报表的名称、编制单位的名称和编制日期等信息。

2. 正表

现金流量表正表采用报告式的结构，分类反映中小企业经营活动产生的现金流量、投资活动产生的现金流量和筹资活动产生的现金流量，最后汇总反映中小企业现金及现金等价物净增加额。在有外币现金流量及境外子公司的现金流量折算为人民币的中小企业，正表中还应单设"汇率变动对现金的影响"项目。

3. 补充资料

补充资料包含三部分内容：

（1）将净利润调节为经营活动的现金流量；

（2）不涉及现金收支的投资和筹资活动；

（3）现金及现金等价物净增加情况。

五、所有者权益变动表

它反映本期中小企业所有者权益（股东权益）总量的增减变动情况及结构变动的情况，特别是反映直接记入所有者权益的利得和损失。在所有者权益变动表中，中小企业还应当单独列示反映下列信息：（1）所有者权益总量的增减变动。（2）所有者权益增减变动的重要结构性信息。（3）直接计入所有者权益的利得和损失。

六、财务报表附注

财务报表附注是为了帮助中小企业财务报表使用者深入了解基本财务报表的内容，对资产负债表、损益表（利润表）和现金流量表的有关内容及项目所作的说明和解释。财务报表附注包括：中小企业所采用的主要会计处理方法；会计处理方法的变更情况、变更的原因及对财务状况和经营业绩的影响；发生的非经常性项目；一些重要报表项目的明显情况；或有事项；期后事项；以及其他对理解和分析财务报表重要的信息等。

一般包括如下项目：

（1）企业的基本情况；

（2）财务报表编制基础；

（3）遵循企业会计准则的声明；

（4）重要会计政策和会计估计；

（5）会计政策和会计估计变更及差错更正的说明；

（6）重要报表项目的说明；

（7）其他需要说明的重要事项，含承诺事项、资产负债表日后非调整事项，关联方关系及其交易等。

财务报表全面系统地揭示了中小企业在一定时期内的经营成果，它对于投资者、经营者等了解中小企业的财务状况和经营业绩，评价中小企业的偿债能力和盈利能力，制定经济决策都有着显著的作用，但从实效性来看，财报中的数据属于中小企业过去经营活动的成果，而中小企业的未来更值得关注，所以不要仅仅盯住几个数字，而要透过财报看中小企业的未来。

▶ **任务实施**

此次任务可以通过如下途径实现：

（1）通过阅读《以李四为例来说报表》一文，思考财务报表包含哪些要素？三张表之间的关系如何？

（2）阅读文献，理解财务报表的概念、特征、基本结构和编制原则，熟悉财务报表的编制方法。

（3）通过小组讨论资产负债表、利润表和现金流量表之间的钩稽关系。

（4）通过小组协作，模拟编制资产负债表、利润表和现金流量表。

▶ **任务小结**

财务报告是指中小企业对外提供的能反映中小企业某一特定日期财务状况和某一会计期间经营成果、现金流量等会计信息的文件。一套完整的财务报表至少应当包括资产负债表、利润表、现金流量表、所有者权益变动表以及财务报表附注。财务报表中最主要的是资产负债表、利润表和现金流量表，它们分别从不同角度展现了中小企业的经营状况，是财报界"三大天王"。

任务三　开展财务预测

2017年，A公司为谋求企业更快发展，提高自身市场竞争力，曾决定与国内知名上市服装公司GT开展合作。在业务合作开展之前，A公司财务经理对搜集到的GT公司财务信息加以分析后，建议A公司高层放弃与GT公司的合作。财务经理张先生向董事会提供了以下财务分析。

GT公司是一家自上市后始终保持着良好经营业绩的企业，总资产规模从上市前的2.66亿元发展到2016年末的28.38亿元，增长了近10倍。上市后，企业财务业绩一直维持着较高水平，2014-2016年GT公司连续三年的净资产收益率、每股收益等指标均位于上市公司的前列。作为一家传统服装公司，GT公司能够取得如此骄人的业绩确实出乎意料。

进一步分析这个"业绩神话"对照同业平均水平即可发现，2016年GT公司流动资产占资产总额的15.1%，约为同业水平的1/3；存货占流动资产的54.8%，比同业平均值高出近3倍；固定资产占资产总额的68%，比同业平均值高出一倍多；另外，根据公司产品明细账，可以发现GT公司的在产品占存货百分比高于同业平均值一倍。GT公司的在产品占存货百分比和固定资产占资产总额的百分比都异常地高于同业平均水平。同时，GT公司有一个奇特的财务组合，其应收账款回收期明显低于同业平均水平，产品收入异常高于同业平均水平，而短期偿债能力在同类企业中却是最低的。从GT公司的资产结构来看，自2013年开始，资产规模迅速扩大，与之相对应的流动资产却逐年下降。这说明其整个资产规模是由固定资产来带动的。并且，相关银行已经停止对GT公司放贷，公司资金链断裂，引发更多问题浮出水面。

请思考：

1. A公司利用什么办法来决策自己的合作？

2. 创业公司应当如何做好财务预测？

资料来源：李文静，张宁.财务管理实务[M].北京：人民邮电出版社，2018.

▶ **任务分析**

　　A 公司利用财务预测方法来决策自己的合作。创业公司在进行财务预测时，应遵守财务预测的原则，首先明确预测对象和目标，其次制定预测计划，再次收集整理资料和确定预测方法，最后进行实际预测。

▶ **知识准备**

一、财务预测概述

（一）定义

　　财务预测是根据中小企业财务活动的历史资料，考虑现实的要求和条件，采用科学的方法，对中小企业未来一定时期的资金、成本、收入和盈利水平作出科学的预计和测算。财务预测是中小企业进行正确运行决策的前提条件。通过财务预测，测算收入、成本、现金流量等财务数据，为中小企业选择未来的筹资方案、投资方案、利润分配等提供必要的依据。财务预测有助于中小企业合理安排收支，从而提高资金使用效益。

（二）原则

1. 连续性原则

　　财务预测必须具有连续性，即预测必须以过去和现在的财务资料为依据来推断未来的财务状况。以一定的时间序列为基础，推测某些事物发展的趋势。这是因为经济变量往往遵循连续性发展的规律。同样，基于财务活动本身的连续性，财务预测从收集过去和现在的资料开始，如财务报表等，采用一定的方法对这些资料进行整理分析，然后推测出公司未来的财务状况、资金运动变化等。

微课视频：
财务预测分析

2.关键因素原则

进行财务预测时，应首先集中精力于主要项目，而不必拘泥于面面俱到，以节约时间和费用。

3.客观性原则

财务预测只有建立在客观性的基础上，并结合企业销售模式，才有可能得出正确的结论。

4.科学性原则

进行财务预测时，一方面要使用科学方法，另一方面要善于发现预测变量之间的相关性和相似性等规律，进行正确预测。

5.经济性原则

财务预测中要讲究经济性，是因为财务预测涉及成本和收益问题，所以要尽力做到使用最低的预测成本达到较为满意的预测质量。

二、财务预测执行

（一）内容

财务预测主要包括销售预测、成本预测、利润预测及资金需求量预测几个方面的内容。从目前现有资金需求量预测方法来看，都是基于已有经营业务或销售收入的中小企业，但对于创业初期的中小企业来说，没有这方面的资料，可以进行初步销售预测、成本预测，从而确定最初资金需求预测。

1.销售预测

财务预测的起点是进行销售预测。它有定量预测和定性预测两种方法：定量预测法（定量分析法），也称数量分析法，是指在预测对象有关资料完备的基础上，运用一定的数学方法，建立模型做出预测；定性预测法（定性分析法），也称非数量分析法，是指由专业人员根据实际经验，对预测对象的未来情况及发展趋势做出预测的一种分析方法。定性预测法有全面调查法、典型调查法和专家调查法等。鉴于初创中小企业资金有限、精力有限，选择典型调查法比较好。典型调查法就是对某种或某几种产品，有意识地选取少数具有代表性的方法单位进行深入细致的调查研究，借以认识同类事物的发展变化规律的一种非全面调查，以推算市场需求及发展趋势。其主要内容包括对产品的数

量需求、用户的购买力等进行调查。典型调查法的内容包括以下几个方面:

(1)产品生命周期分析法

产品生命周期分析法就是利用在不同生命周期阶段上的产品销售量的变化趋势,进行销售预测的一种定性分析方法。产品生命周期是指产品从投入市场到退出市场所经历的时间,一般要经过萌芽期、成长期、成熟期和衰退期4个阶段。判断产品所处的生命周期阶段,可根据销售增长率的指标进行。一般地,萌芽期增长率不稳定,成长期增长率最大,成熟期增长率相对稳定,衰退期增长率为负数。如果创业者进入的是一个新兴行业,那产品大多数处于萌芽期或成长期;如果创业者进入的是一个传统行业,大多数应该处于成熟期。对于创业者来说,了解你经营的产品处于哪个生命周期是很关键的,因为这决定了后面的营销策略等。

(2)消费者情况调查

这主要包括消费者的主要特征、经济条件、购买特点、风俗习惯及对产品的要求等因素,据此分析未来一定时期的市场情况。调查的目的主要是了解购买本企业产品或服务的团体或个人的情况,如民族、年龄、性别、文化、职业、地区等。购买行为调研法,是调研各阶层顾客的购买欲望、购买动机、兴趣爱好、购买习惯、购买时间、购买地点、购买数量、品牌偏好等情况,以及顾客对本企业产品和其他企业提供的同类产品的欢迎程度。该方法广泛应用家电、食品、饮料、化妆品、洗涤品、日用品等快速消费品和耐用消费品等行业。

(3)市场竞争情况调查

市场竞争调查的目的主要是支持中小企业营销的总体发展战略,做到知己知彼,发挥竞争优势。主要侧重于中小企业与竞争对手的比较研究,以识别中小企业的优势和劣势,判断出中小企业所具备的与竞争对手相抗衡的条件或可能性,确定中小企业的竞争策略,以达到以己之长,克彼之短的功效。其内容主要有:了解行业的竞争结构和变化趋势;了解竞争者的战略目标、核心能力、市场份额、产品策略、价格策略、销售渠道策略、促销策略等。

(4)营销渠道调查

当代企业的竞争,在很大程度上取决于整条营销渠道效率的竞争,我们要了解同类商品的生产厂家及其他进货渠道的分布状况,以及这些厂家所生产和经营商品的花色、品种、质量、包装、价格、运输等方面的情况，并确定各种渠道因素对销售量的影响。调查内容主要包括商品销售区域和销售网点的分布、潜在销售渠道分析、销售点服务品质、铺货调研、商品运输线路、商品库存策略。

将上述四个方面调查资料进行综合、整理、加工、计算，就可以对某种商品在未来一定时期内的销售情况进行预测。

2. 成本预测

对于新创企业来说，如果提供的产品，市场上已经广泛存在，则可以使用现有的统计数据；如果市场上有相似的产品，可以参考相似产品的成本统计数据；如果没有相近或相似的产品，则需要对构成产品成本的各种因素进行全面的分析，充分考虑产品每个部件的成本及相应的人工费、加工费、其他的制造费、营销推广费用等，同时还要考虑库存、产品不良率等诸多因素，这样就可以初步确定产品的变动成本，再结合固定成本的预测，从而可以确定总成本。

3. 利润预测

根据销售预测，可以对销售收入进行预测；结合成本预测，可以进行利润预测。预测后的数据整理汇总如图 6.3-1 所示：

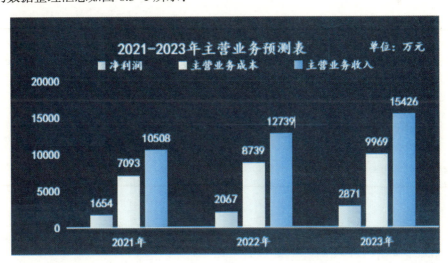

图 6.3-1　企业利润预测

为了验证利润是否合理，需要进行一个行业的比较。一般情况下，各个不同行业有一个平均的利润率。如果预测的结果是利润率高于行业的平均数，说明中小企业的市场行情是比较好的，需要将中小企业的战略规划落到实处；反之，则说明中小企业的利润率偏低，中小企业需要采取措施扩大市场份额，增加中小企业营业收入，或者减少成本费用。

4. 资金需求量预测

资金是中小企业进行生产经营活动的必要条件。中小企业的资金一般分为固定资金和流动资金。准确地进行资金需求预测，不仅能为中小企业生产经营活动的正常开展测定相应的资金需求量，而且能为经营决策、节约资金耗费、提高资金利用效果创造有效条件。

在销售预测、成本预测和利润预测的基础上，就可以对资金的需求进行预测。一般所讲的资金需求量指的是对外融资需求量，即根据中小企业的现实条件，确定中小企业的资金缺口，这个资金缺口就是资金需求量。但对于初期的创业者来说，在确定资金缺口之前，更重要的是对资金需求总量的预测。对于这个资金需求，中小企业的资金可以通过现有的负债（赊购原材料、借款等）、现有的自有资金及预计新增的收入来提供，如果现有的负债、自有资金及预计新增的收入不能满足资金需求总量时，要考虑新的借款或是吸收新的投资等。对外资金需求量＝资金需求总量—资金来源。

▶ 资料卡 ◀

财务预测与财务预算的区别

财务预测是根据财务活动的历史资料，考虑现实的要求和条件，对未来的财务活动和财务成果作出科学的预计和测算。财务预测的目的是，测算企业投资、筹资各项方案的经济效益，为财务决策提供依据，预计财务收支（现金流量）发展变化情况，为编制财务计划服务。

财务预算是集中反映未来一定期间（预算年度）现金收支、经营成果和财务状况的预算，是企业经营预算的重要组成部分。财务预算作为全面预算体系中的最后环节，可以从价值方面总体地反映经营期特种决策预算与业务预算的结果，使预算执行情况一目了然。

音频：
常见的企业财务报表分析方法

（二）方法

财务预测方法是指根据财务活动的历史资料，考虑现实的要求和条件，对中小企业未来的财务活动和财务成果作出科学的预计和测算的一种方法。其目的在于：（1）预测各项生产经营和投资方案的效益，为财务决策提供可靠的依据；（2）预测财务收支变化的情况，以确定经营目标；（3）预测各项收支定额和标准，为编制计划和分解计划服务。财务预测方法有定性预测法和定量预测法两种。

1. 定性预测法

定性预测法是通过判断事物所具有的各种因素、属性进行预测的方法。它是建立在经验判断、逻辑思维和逻辑推理基础之上的，主要特点是利用直观的材料，依靠个人经验的综合分析，对事物未来状况进行预测。经常采用的定性预测方法有专家会议法、菲尔调查、访问、现场观察、座谈等。

2. 定量预测法

定量预测法是通过分析事物各项因素、属性的数量关系进行预测的方法。它的主要特点是根据历史数据找出其内在规律，运用连贯性原则和类推性原则，通过数学运算对事物未来状况进行数量预测。定量预测的方法有很多，应用比较广泛的有时间序列预测法（算术平均法、加权平均法、移动平均法、指数平滑法和最小二乘法等）、相关因素预测法（一元线性回归法、多元线性回归法等）、概率预测法（马尔柯夫预测法等）等。定性预测法和定量预测法各有优缺点，在实际工作中可把两者结合起来应用，既进行定性分析，又进行定量分析。

要想知道中小企业未来的经营成果和财务状况如何，首先要进行销售的预测，其次是进行成本、费用的估计以及对中小企业各资产、权益具体内容趋势走向的预计。预测总是相当困难的，尤其是对未来的预测。一种简单而有效的方法是将资产负债表中大量的数据与未来的销售联系起来，这就是销售百分比法。销售百分比法是假设收入、费用、资产、负债与销售收入存在稳定的百分比关系，根据预计销售额和相应的百分比预计资产、负债和所有者权益，然后利用会计等式确定需要融资的数额。

销售百分比法预测的运用：

（1）根据销售总额确定融资需求。

确定销售百分比，计算预计销售额下的资产和负债，预计留存收益增加额〔留存收益增加＝预计销售额 × 计划销售净利率 ×（1－股利率）]，计算外部融资需求（外部融资需求＝预计总资产－预计总负债－预计股东权益）。

（2）根据销售增加量确定融资需求。

融资需求＝资产增加－负债自然增加－留存收益增加＝（资产销售百分比 × 新增销售额）－（负债销售百分比 × 新增销售额）－[计划销售净利率 × 计划销售额 ×（1－股利支付率）]

销售百分比法预测的基本步骤：

第1步，对历史数据进行审核以判定哪些财务报表项目与销售是成比例变化的。这可以使预测者能够判定哪些项目作为一个销售比例的估计是有把握的，哪些是必须根据其他信息来预测的。

第2步，根据趋势或需要估算出与销售收入成比例变化的各项目的比例，如测算出未来现金余额将是未来销售额的6%。

第3步，预测销售额。如果根据预测的销售额完成了模拟财务报表，最好是对销售预测的合理变动进行敏感性检验。

第4步，借助最新估计的销售额推断出历史模式，用来估计单个财务报表项目的金额。例如，历史库存为销售额的20%，预计下一年度的销售额为1000万元，则可以推断下一年度的库存为200万元。其他与销售相关的项目也可以据此进行测算。

第5步，根据模拟资产负债表和利润表项目的计算，估算出预计的外部资金需求量。

（三）程序

（1）明确预测对象和目标：首先要明确预测对象和目标，其次才能根据预测的目标、内容和要求确定预测的范围和时间。

（2）制定预测计划：预测计划包括预测工作的组织领导、人事安排、工作进度、经费预算等。

（3）收集整理资料：资料收集是预测的基础，中小企业应根据预测的对象和目的，明确收集资料的内容、方式和途径，然后进行收集，对收集到的资料要检查其可靠性、完整性和典型性，分析其可用程度及偶然事件的影响，做到去伪存真、去粗取精，并根据需要对资料进行归类和汇总。

4. 确定预测方法：财务预测工作必须通过一定的科学方法才能完成。中小企业应根据预测的目的以及取得信息资料的特点，选择适当的预测方。

5. 进行实际预测：运用所选择的科学预测方法进行财务预测，并得出初步的预测结果，预测结果可用文字、表格或图示等形式表示。如图 6.3-2 所示：

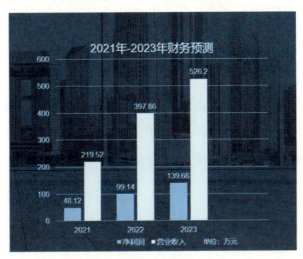

图 6.3-2 财务预测

预测数据要从日常收入、支出等基础数据入手，然后往上统计各季度、年度的财务数据，哪怕是预测，也可以很清楚这些数据为什么产生，为什么有这么多，基础搞清楚了，整体数据自然能够合理、客观。

6. 评价与修正预测结果：预测毕竟是对未来财务活动的设想和推断，难免出现预测误差，因而，对于预测结果，要经过经济分析评价之后，才能予以采用。分析评价的重点是影响未来发展的内外因素的新变化，若误差较大，就应该进行修正或重新预测，以确定最佳预测值。

▶ **任务实施**

此次任务可以通过如下途径实现：

（1）通过阅读 A 公司的合作决策案例，思考 A 公司利用什么办法来决策自己的合作？创业公司应当如何做好财务预测？

（2）阅读教材理解财务预测的概念、原则、程序、内容和方法。

（3）通过实战任务，掌握财务预测的方法和流程，开展财务预测。

▶ **任务小结**

　　财务预测是根据中小企业财务活动的历史资料，考虑现实的要求和条件，采用科学的方法，对中小企业未来一定时期的资金、成本、收入和盈利水平作出科学的预计和测算。财务预测的程序包括明确预测对象和目标、制定预测计划、收集整理资料、确定预测方法、进行实际预测和评价与修正预测结果。财务预测的原则有连续性原则、关键因素原则、客观性原则、科学性原则和经济性原则。财务预测主要包括销售预测、成本预测、利润预测和资金需求量预测几个方面的内容。财务预测方法有定性预测法和定量预测法两种。

技能提升训练　模拟分析财务报告

▶ **训练目标**

通过实战任务训练，能对资产负债表和利润表的基本信息进行解读，能够进行资产负债表和利润表的编制。

▶ **实施流程**

海华公司 2019 年 12 月 31 日有关账户余额资料如表 6.4-1 所示：

表 6.4-1　科目汇总表

2019 年 12 月 01 日至 31 日　　　　　　　　　　　　　　　　金额单位：元

会计科目	期初余额		本期发生额		期末余额	
	借方	贷方	借方	贷方	借方	贷方
库存现金	2800.00	−	5200.00	3475.00	4525.00	−
银行存款	209000.00	−	339000.00	242526.20	305473.80	−
交易性金融资产	60000.00	−	−	−	60000.00	−
应收账款	103500.00	−	−	−	103500.00	−
其他应收账款	2000.00	−	2500.00	2500.00	2000.00	−
坏账准备	−	5000.00	−	−	−	5000.00
原材料	401000.00	−	255100.00	323500.00	332600.00	−
库存商品	369000.00	−	466980.00	207000.00	628980.00	−
预付账款	1300.00	−	1496.00	1300.00	1496.00	−
固定资产	3635000.00	−	60000.00	−	3695000.00	−
累计折旧	−	160000.00	−	3200.00	−	163200.00
应付账款	−	22000.00	16000.00	286907.00	−	292907.00
应交税费	−	60000.00	91360.00	60097.96	−	28737.96
应付职工薪酬	−	−	158600.00	158600.00	−	−
预收账款	−	2860.00	−	−	−	2860.00
短期借款	−	40000.00	−	−	−	40000.00
应付利息	−	1000.00	−	200.00	−	1200.00
应付股利	−	−	−	230078.95	−	230078.95
实收资本	−	3000000.00	−	60000.00	−	3060000.00
资本公积	−	91600.00	−	−	−	91600.00
盈余公积	−	50000.00	−	76692.98	−	126692.98

（续表）

会计科目	期初余额		本期发生额		期末余额	
	借方	贷方	借方	贷方	借方	贷方
本年利润	–	720000.00	1021200.00	301200.00	–	–
利润分配	–	631140.00	613543.86	1073701.77	–	1091297.91
制造费用	–	–	44980.00	44980.00	–	–
生产成本	–	–	466980.00	466980.00	–	–
财务费用	–	–	200.00	200.00	–	–
管理费用	–	–	27431.00	27431.00	–	–
销售费用	–	–	3500.00	3500.00	–	–
主营业务收入	–	–	300000.00	300000.00	–	–
主营业务成本	–	–	207000.00	207000.00	–	–
营业外收入	–	–	1200.00	1200.00	–	–
税金及附加	–	–	495.88	495.88	–	–
所得税费用	–	–	15643.28	15643.28	–	–
合计	4783600.00	4783600.00	4098410.02	4098410.02	5133574.80	5133574.80

1. 根据上述资料编制海华公司 2019 年 12 月 31 日的资产负债表。

资产负债表

会企 01 表

编制单位：　　　　　　　　　　2019 年 12 月 31 日　　　　　　　　单位：元

资产	月初数	期末数	负债和所有者权益（或股东权益）	月初数	金额
流动资产：			流动负债：		
货币资金			短期借款		
交易性金融资产			交易性金融负债		
应收票据			应付票据		
应收账款			应付账款		
预付账款			预收账款		
应收利息			应付职工薪酬		
应收股利			应交税费		
其他应收款			应付利息		
存货			应付股利		
一年内到期的非流动资产			其他应付款		
其他流动资产			一年内到期的非流动负债		
流动资产合计			其他流动负债		
非流动资产：			流动负债合计		
可供出售金融资产			非流动负债：		
持有至到期投资			长期借款		

（续表）

资产	月初数	期末数	负债和所有者权益 （或股东权益）	月初数	金额
长期应收款			应付债券		
长期股权投资			长期应付款		
投资性房地产			专项应付款		
固定资产			预计负债		
在建工程			递延所得税负债		
工程物资			其他非流动负债		
固定资产清理			非流动负债合计		
生产性生物资产			负债合计		
油气资产			所有者权益（或股东权益）：		
无形资产			实收资本（或股本）		
开发支出			资本公积		
商誉			减：库存股		
长期待摊费用			盈余公积		
递延所得税资产			未分配利润		
其他非流动资产			所有者权益（或股东权益） 合计		
非流动资产合计					
资产总计			负债和所有者权益 （或股东权益）总计		

2. 根据上述资料编制海华公司 2019 年 12 月的利润表。

利润表

编制单位：　　　　　　　　　　　　　　2019 年 12 月　　单位：元

项目	本期金额	上期金额
一、营业收入		
减：营业成本		
营业税金及附加		
销售费用		
管理费用		
财务费用		
资产减值损失		
加：公允价值变动收益（损失以"-"号填列）		
投资收益（损失以"-"号填列）		
其中：对联营企业和合营企业的投资收益		
二、营业利润（亏损以"-"号填列）		
加：营业外收入		
减：营业外支出		
其中：非流动资产处置损失		
三、利润总额（亏损总额以"-"号填列）		

（续表）

项目	本期金额	上期金额
减：所得税费用		
四、净利润（净亏损以"-"号填列）		
五、每股收益：		
（一）基本每股收益		
（二）稀释每股收益		

思考与练习

一、单选题

1.资产负债表是反映企业在（　　　）财务状况的财务报表。

A. 某一特定时期　　　　　　　　　B. 某一特定会计期间

C. 某一特定时间　　　　　　　　　D. 某一特定日期

2.反映企业在一定会计期间经营成果的财务报表是（　　　）。

A. 资产负债表　　　　　　　　　　B. 所有者权益变动表

C. 现金流量表　　　　　　　　　　D. 利润表

3.资产负债表的附表是（　　　）。

A. 利润分配表　　　　　　　　　　B. 分部报表

C. 财务报表附注　　　　　　　　　D. 应交增值税明细表

二、多选题

1.资产负债表的基本要素有（　　　）。

A. 资产　　　　　B. 负债　　　　　C. 收入　　　　　D. 费用

E. 所有者权益

2.利润表的基本要素有（　　　）。

A. 资产　　　　　B. 负债　　　　　C. 收入　　　　　D. 费用

E. 利润

3.下列项目中，影响营业利润的因素有（　　　）。

A. 营业收入　　　　　　　　　　　B. 营业成本

C. 营业外收入　　　　　　　　　　D. 投资收益

4.财务报表按其编写时间的不同，可分为（　　　）。

A. 利润表　　　　　　　　　　　　B. 年度会计报表

C. 资产负债表　　　　　　　　　　D. 中期会计报表

E. 现金流量表

三、简答题

1. 利润表计算公式是什么？

2. 财务报表附注一般包括什么项目？

项目七
规避创业风险有绝招

▶ **学习目标**

（一）知识目标

1. 了解创业风险的相关知识；

2. 理解如何防控创业风险；

3. 掌握常见的创业风险的类别；

4. 掌握规避创业风险的方法。

（二）能力目标

1. 能识别项目创业风险；

2. 能正确采取创业风险防控措施。

▶ **学习任务**

任务一　树立风控意识；

任务二　常见的创业风险；

任务三　创业风险的防控。

任务一 树立风控意识

▶ **任务导入**

D国某汽车制造厂，其产品原料部分从A国进口。由于进口数量很大，A国共有5家汽车配件公司向其供货。在合作初期，每家公司每年的出口额在200万美元左右。到2020年，已经达到700万–800万美元的规模，而所有供货都是采用D/A60（进口商在60天内付款）。这5家公司虽然也对这类赊销心存疑虑，但考虑规模和效益，尤其是前几年该厂没有欠款现象，就没有在意。2021年4月，这5家公司突然接到D国法院发来的关于这家汽车制造厂的破产通知书。这时，几家公司合计有3000多万美元的账款还没有收回。

经紧急磋商，A国5家汽车配件公司很快组成了工作小组，奔赴D国参加破产企业财产清算。此时A国5家汽车配件公司才了解到该汽车制造厂破产的原因。原来，这家汽车制造厂将自己的大量产品赊销给它的客户，导致流动资金短缺。同时，由于大幅度增加企业规模，该企业向银行申请了巨额的银行贷款。在D国，如果企业在接到银行发出的催款通知后一段时间内不能按期偿付本息，银行就有权向法院申请欠款企业破产。最后，A国的这5家汽车配件公司在债务人偿付了部分费用后，核算下来每家企业的损失都在50%以上，损失惨重。

请思考：

1.A国5家汽车配件公司遇到的是什么风险？

2.假设你想要创业，可能面临的风险有哪些？

3.你应该如何应对风险？

资料来源：原创

▶ **任务分析**

造成A国5家汽车配件公司损失的原因主要是缺乏风险意识和自我保护意识。创业环境的不确定性，创业机会与创业企业的复杂性，创业者、创业团队与创业投资者的能力与实力的有限性，是创业风险的根本来源。

▶ **知识准备**

一、风险的定义

风险，就是指某种特定的危险事件（事故或意外事件）发生的可能性与其产生的后果的组合。通过风险的定义可以看出，风险是由两个因素共同作用组合而成的，一是该危险发生的可能性，即危险概率；二是该危险事件发生后所产生的后果。

风险基本的核心含义是"未来结果的不确定性或损失"，也有人进一步定义为"个人和群体在未来遇到伤害的可能性以及对这种可能性的判断与认知"。从不同角度出发，风险有不同的意义。对风险的理解也应该是相对的，因为其既可以是一个正面的概念，也可以是一个负面的概念，一方面与机会、概率、不测事件和随机性相结合，另一方面与危险、损失和破坏相结合。同时，结合风险演变的历史，可以将风险概括为：风险是由于个体认知能力的有限性和未来事件发展的不确定性，基于个体的主观评估对预期结果与实际结果的偏离程度及可能性进行的估计。

二、风险的构成要素

（一）风险因素

风险因素是指促使某一特定风险事故发生或增加其发生的可能性或扩大其损失程度的原因或条件。它是风险事故发生的潜在原因，是造成损失的内在或间接原因。例如：对于建筑物而言，风险因素是指其所使用的建筑材料的质量、建筑结构的稳定性等；对于人而言，则是指健康状况和年龄等。根据性质不同，风险因素可分为有形风险因素与无形风险因素两种类型。

1. 有形风险因素

有形风险因素也称实质风险因素，是指某一标的本身所具有的足以引起风险事故发生或增加损失机会或加重损失程度的因素。如某一建筑物所处的地理位置、所用的建筑材料的性质等，地壳的异常变化、恶劣的气候、疾病传染等都属于实质风险因素。

2. 无形风险因素

无形风险因素是与人的心理或行为有关的风险因素，通常包括道德风险因素和心理风险因素。其中，道德风险因素是指与人的品德修养有关的无形因素，即由于人们不诚实、不正直或有不轨企图，故意促使风险事故发生，以致引起财产损失和人身伤亡因素。如投保人或被保险人的欺诈、纵火行为等都属于道德风险因素。心理风险因素是与人的心理状态有关的无形因素，即由于人们疏忽或过失以及主观上不注意、不关心、心存侥幸以致增加风险事故发生的机会和加大损失的严重性的因素。由于道德风险因素与心理风险因素均与人密切相关，因此，这两类风险因素合称为人为风险因素。

（二）风险事故

风险事故也称风险事件，是指造成人身伤害或财产损失的偶发事件，是造成损失的直接的或外在的原因，是损失的媒介物，即风险只有通过风险事故的发生才能导致损失。就某一事件来说，如果它是造成损失的直接原因，那么它就是风险事故；而在其他条件下，如果它是造成损失的间接原因，它便成为风险因素。下暴雨路滑发生车祸，造成人员伤亡，暴雨就是风险因素。因为暴雨导致发生车祸造成人员伤亡这个事件，就是风险事故。

（三）损失

在风险管理中，损失是指非故意的、非预期的、非计划的经济价值的减少。损失分为两种形态，即直接损失和间接损失。直接损失是指风险事故导致的财产本身损失和人身伤害，这类损失又称为实质损失；间接损失则是指由直接损失引起的其他损失，包括额外费用损失、收入损失和责任损失。在风险管理中，通常将损失分为四类：实质损失、额外费用损失、收入损失和责任损失。

风险是由风险因素、风险事故和损失三者构成的统一体，三者之间的关系是：风险因素引起或增加风险事故；风险事故发生可能造成损失。

微课视频：
树立风控意识

▶ 活学活用 ◀
根据风险的构成要素分析造成 OFO 现状的原因。

三、树立风险意识

风险无处不在，是挑战更是机遇。面对风险，需合理地规避风险，树立风险意识。风险意识本质上是一种"底线思维"，是指企业对风险的感受、认识企业利益与风险之间的关系而产生的对技术创新风险的态度。人们对风险观念的把握就是风险意识。风险意识包括两个方面的内容：一是人们对风险现象所持有的理解与态度；二是人们对风险现象的理论认识与把握。

这两个方面既相互区别又相互联系。就区别而言，前者是对风险低层次的非系统的把握，主要属于社会心理的方面，在人类社会形成伊始它就出现了；后者则是对风险的系统化理论化的反映和把握，它是社会生活的风险发展到一定阶段上才出现的理论观念。企业实行全面风险管理，把风险意识融入自己的企业文化中是根本途径。就我国企业来说，增强风险意识，应该重点把握以下几点：

1.正确认识风险本质。风险是与人类活动共存的，企业风险与企业发展是同时出现、不可分割的；企业风险是不断变化的；企业风险与企业发展诉求是成正比的。

2.积极面对企业风险。既然风险是伴随企业共存的，在选择机遇的同时也就选择了风险，那么企业风险不仅是可以规避的，而且是可以选择和利用的。

3.融入企业文化建设。要大力培育和塑造良好的风险管理文化，树立正确的风险管理理念，增强员工风险管理意识，将风险管理意识转化为员工的共同认识和自觉行动，促进企业风险管理目标的实现。

4.增强风险管控意识。结合公司的实际，采取多种途径和形式，不断灌输风险管理理念、知识、流程、管控机制和内容，抓紧培养风险管理的专门人才。

▶ 练一练 ◀
利用互联网等途径搜集创业失败案例，总结风控经验。

四、大学生如何培养风险意识

创业初期，大学生如果不能良好地处理创业风险，企业将会经受毁灭性打击。树立创业风险意识对于大学生创业有着举足轻重的作用。那么，大学生应该如何培养创业风险意识呢？下面给大学生提几点建议：

（一）加强资金筹集管理能力

资金是企业的"命脉"，较强的资金筹集管理能力需要广泛的人脉、专业的财务管理知识予以支持。大学生可充分学习相关知识、掌握其运作原理，逐步在实际运作过程中获知实践经验，最终提升资金筹集管理能力。

（二）对待项目管理实事求是

大学生创业者应制定长远企业规划，坚持市场调研，以选定项目。大学生创业者应端正态度、明确目标、脚踏实地，根据实际情况实事求是开展各项项目和计划，冷静理智，坚决杜绝"拍脑袋"决策。

（三）加强必备知识技能学习

随着创业进程推进，大学生创业者会发现其在知识、技能方面的欠缺。在较为专业的领域，创业者无须做到"样样精通"，但是基本了解却必不可少。因此，大学生创业者应坚持时时学习，了解越多，才站得越高，看得更远。

（四）锻炼心理承受能力

创业初期，大学生创业者由于缺乏社会的磨炼，心理承受能力相对较弱，需要进行自主锻炼来增强。同时，大学生创业者还应培养如注重细节、知人善任等创业素养。

拓展阅读：
加勒比海盗

▶ **任务实施**

此次任务可以通过如下途径实现：

（1）阅读相关创业案例，思考这几家公司遇到的是什么风险？假设你想要创业，可能面临的风险有哪些？你应该如何应对风险？

（2）小组讨论分析，这几家公司所遇风险的防控措施。

（3）通过角色扮演，分享一名创业者如何应对不同的创业风险，派出代表进行汇报。

▶ **任务小结**

风险是由两个因素共同作用组合而成的，一是该危险发生的可能性，即危险概率；二是该危险事件发生后所产生的后果。风险基本的核心含义是"未来结果的不确定性或损失"。人们对风险的观念把握就是风险意识。大学生可以通过加强资金筹集管理能力、对待项目管理实事求是、加强必备知识技能学习、锻炼心理承受能力四个途径培养风险意识。

任务二　常见的创业风险

▶ **任务导入**

A 先生到香港出差，看到路边都设了停车计费咪表，他觉得这可能是商机，于是与朋友成立团队，投入资金，研制停车计费咪表。尽管他很快研制出技术先进的咪表，但是公司却没有订单，最后无力承担债务，两年后倒闭。其实咪表计费行业属于陷阱行业，单单深圳就先后有 70 余家咪表研制企业先后倒闭。

请思考：

1.A 先生在上述案例中犯了什么错误？

2. 创业过程中会遇到哪些风险？

资料来源：原创

▶ **任务分析**

如果没有市场意识，仅凭着某些个别现象去制定自己的创业策略，就容易带来很大的盲目性，甚至导致创业失败，以上案例中的 A 先生就是对所选行业未来发展趋势不了解，盲目投资从而导致创业失败。

▶ **知识准备**

不管进入哪一行业进行创业，都必须对该行业的未来发展趋势作出正确判断，如果把握不准，宁肯不进入，否则会给创业带来许多不必要的风险。

一、创业风险的来源

可以说，创业环境的不确定性，创业机会的复杂性，创业者、创业团队及创业投资者实力的有限性等，是创业风险的根本来源。有研究说明，由于创业过程往往是将某一设想或技术转化为具体的产品或服务的过程，这个过程中存在着几个根本的、相互联系的缺口，它们是上述不确定性、复杂性和有限性的主要来源，也就是说，创业风险在给定的宏观条件下，往往就直接来源于这些缺口。

（一）融资缺口

融资缺口存在于学术支持和商业支持之间，是研究基金和投资基金之间存在的断层。其中，研究基金通常既支持概念的创立，还支持概念可行性的最初证实；投资基金将概念转化为有市场的产品原型（这种产品原型有令人满意的性能，对其生产成本有足够的了解并且能够识别其是否有足够的市场）。创业者可以证明其设想的可行性，但往往没有足够的资金将其实现商品化，从而给创业带来一定的风险。通常，只有极少数基金愿意鼓励创业者跨越这个缺口，如专门进行早期工程风险投资的个人，以及政府资助方案等。

（二）研究缺口

研究缺口主要存在于仅凭个人兴趣所做的研究判断和基于市场潜力的商业判断之间。当一个创业者最初证明一个特定的科学突破或技术突破可能成为商业产品时，他仅仅停留在自己满意的论证程度上。然而，这种程度的论证后来不可行了，在将预想的产品真正转化为商业化产品的过程中，并且能从市场竞争中生存下来的过程中，需要大量复杂而且可能耗资巨大的研究工作，从而形成创业风险。

（三）信息和信任缺口

信息和信任缺口存在于技术专家和管理者（投资者）之间。也就是说，在创业中，存在两种不同类型的人：一是技术专家；二是管理者（投资者）。这两种人接受不同的教育，对创业有不同的预期，信息来源和表达方式也不同。技术专家知道哪些内容在科学上是有趣的，哪些内容在技术层上是可行的，哪些内容根本就是无法实现的。在失败

微课视频：
常见的创业风险

类案例中，技术专家要承担的风险一般表现为在学术上、声誉上受到影响，以及没有金钱上的回报。管理者（投资者）通常比较了解将新产品引进市场的程序，但当涉及具体工程的技术局部时，他们不得不相信技术专家。如果技术专家和管理者（投资者）不能充分信任对方，或者不能进行有效的交流，那么将带来更大的风险。

（四）资源缺口

资源与创业者之间的关系就如颜料和画笔与艺术家之间的关系。没有颜料和画笔，艺术家即使有构思也无从实现。创业也是如此。没有所需的资源，创业者将一筹莫展，创业也就无从谈起。在大多数情况下，创业者不一定也不可能拥有所需的全部资源，这就形成了资源缺口。

（五）管理缺口

管理缺口是指创业者并不一定是出色的企业家，也不一定具备出色的管理才能。进行创业活动主要有两种：一是创业者利用某一新技术进行创业，他可能是技术方面的专业人才，但却不一定具备专业的管理才能，从而形成管理缺口；二是创业者往往有某种"奇思妙想"，可能是新的商业点子，但在战略规划上不具备出色的才能，或不擅长管理具体的事务，从而形成管理缺口。

二、创业风险的分类

（一）按风险来源的主客观性划分

按风险来源的主客观性划分，可分为主观创业风险和客观创业风险。主观创业风险，是指在创业阶段，由于创业者的身体与心理素质等主观方面的因素导致创业失败的可能性。客观创业风险，是指在创业阶段，由于客观因素导致创业失败的可能性，如市场的变动、政策的变化、竞争对手的出现、创业资金的缺乏等。

趣味动画：
企业的流动性风险

（二）按创业风险的内容划分

按创业风险的内容划分，可分为技术风险、市场风险、政治风险、管理风险、生产风险和经济风险。技术风险，是指由于技术方面的因素及其变化的不确定性而导致创业失败的可能性。市场风险，是指由于市场情况的不确定性导致创业者或创业企业损失的可能性。政治风险，是指由于战争、国际关系变化或有关国家政权更迭、政策改变而导致创业者或企业蒙受损失的可能性。管理风险，是指因创业企业管理不善产生的风险。生产风险，是指创业企业提供的产品或服务从小批试制到大批生产的风险。经济风险，是指由于宏观经济环境发生大幅度波动或调整而使创业者或创业投资者蒙受损失的风险。

（三）按风险对创业投资的影响程度划分

按风险对所投入资金即创业投资的影响程度划分，可分为安全性风险、收益性风险和流动性风险。创业投资的投资方包括专业投资者与投入自身财产的创业者。安全性风险，是指从创业投资的安全性角度来看，不仅预期实际收益有损失的可能，而且专业投资者与创业者自身投入的其他财产也可能蒙受损失，即投资方财产的安全存在风险。收益性风险，是指创业投资的投资方的资本和其他财产不会蒙受损失，但预期实际收益有损失的可能性。流动性风险，是指投资方的资本、其他财产以及预期实际收益不会蒙受损失，但资金有可能不能按期转移或支付，造成资金运营的停滞，使投资方蒙受损失的可能性。

（四）按创业过程划分

按创业过程划分，可分为新创企业管理机会的识别与评估风险、准备与撰写创业计划风险、确定并获取创业资源风险和新创企业管理风险。创业活动须经历一定的过程，新创企业管理机会的识别与评估风险，指在机会的识别与评估过程中，由于各种主客观

趣味动画：
创业风险的类型

因素，如信息获取量不足，把握不准确或推理偏误等使创业一开始就面临方向错误的风险。另外，机会风险的存在，即由于创业而放弃了原有的职业所面临的机会成本风险，也是该阶段存在的风险之一。准备与撰写创业计划风险，指创业计划的准备与撰写过程带来的风险。创业计划往往是创业投资者决定是否投资的依据，因此创业计划是否合适将对具体的创业产生影响。创业计划制订过程中各种不确定性因素与制定者自身能力的限制，也会给创业活动带来风险。确定并获取创业资源风险，指由于存在资源缺口，无法获得所需的关键资源，或即使可获得，但获得的成本较高，从而给创业活动带来一定的风险。新创企业管理风险，主要包括管理方式，企业文化的选取与创建，发展战略的制定、组织、技术、营销等方面存在的风险。

三、常见的大学生创业风险

大学生创业活动近年来得到了国家和社会的高度支持与重视，教育部大力推进高等院校创新创业教育和大学生自主创业。政府有关部门出台了一系列政策，为大学生自主创业活动提供资金技术支持，但创业过程充满风险。对此，分析大学生的创业风险，并对其进行有效的预防，可降低大学生创业活动失败率。

（一）创业意识风险

创业意识风险是大学生创业过程中最内在的风险。这种风险来自无形，却有强大的毁灭力。表现在：

1. 创业的风险评估能力偏差

大学生由于自身社会阅历少、对现实情况认知不足，因此，在创业机会的把握以及在创业项目的选择方面，没能充分认知到项目潜在的风险，导致当创业中出现新情境时，往往不能做出准确的风险评估，这给创业带来了很多的不确定性。

拓展阅读：
大学生返乡创业，谱写青春赞歌

2. 创业的风险决策能力偏弱

从高校刚毕业的创业新手，创业动因大多是源于中外创业成功的案例、学校的创业教育、各种创业比赛的激励以及媒体的炒作而燃起的创业热情，他们自身并没有对创业能力进行全面的评估，很多人的内心并没有真正地了解自己为什么创业，创业的意识并不是很强烈，加之没有任何创业经验，所以，他们的创业面临风险，需要决策的时候，会产生一些不理性与不全面的决策行为，给创业带来了很大的不确定性。

（二）市场风险

市场风险是指新产品批量生产后不能打开市场、销售不出去而导致企业经营失败的可能性。大学生创业者为了避免市场风险，往往会选择市场比较成熟的行业和运营模式，但成熟的市场竞争却是异常激烈的。对初创企业而言，创业之初，极有可能受到同行的强烈排挤，是否能竞争得过同行，就要看创业者的能力和策略。大部分大学生创业者由于对市场的认知不足和决策能力偏弱，往往不能正确地评估市场的风险，这给创业增加了更多的风险。

（三）项目风险

项目风险是指在实现项目目标的活动中具有的不确定性和可能发生的危险。由于大学生创业者的创业风险评估意识较弱、创业知识和经验欠缺，因此，在进行创业项目的选择方面，往往会凭个人的喜好或一时的热情决定投资方向，没有认真去开展市场调研，在不了解市场行情的基础上草率选择创业项目。这就很容易造成了项目选择不准、市场把握不清、项目进度安排不合理等一系列问题，极有可能导致项目中途失败，甚至血本无归。

（四）财务风险

财务风险是指由于多种因素的作用使企业不能实现预期的财务效果，从而产生经济

微课视频：
从 OFO 之败，看创业失败的原因

损失的可能性，使企业面临风险的威胁。一方面，非财务管理专业的大多数大学生创业者，往往缺乏财务管理知识和经验；另一方面，大学生创业者新创的企业规模也比较小，不可能在财务制度建设方面投入太大的精力。所以，财务一般都由老板单线控制，由于没有建立系统有效的财务控制体系，如果老板又缺乏财务管理的知识，那么，新创企业的财务管理将面临失控的风险，企业将面临重大风险。

（五）团队风险

创业团队是指在创业初期，由一群才能互补、责任共担、愿意为共同的创业目标而奋斗的人所组成的特殊群体。由于大学生的创业动因各有不同，团队成员的选择与组合具有很大的随意性和偶然性，他们初始的创业目标并不十分清晰，有的只是一个朦胧的发展方向，因此，当创业面临外部环境变化需要做出决策时，如果团队成员之间的意见不能达成一致，就很容易发生解散的风险。

▶ 任务实施

此次任务可以通过如下途径实现：

（1）通过阅读 A 先生创业失败案例，思考 A 先生所犯错误的原因，创业过程中会遇到哪些风险？

（2）通过查询近几年创新创业比赛的参赛项目，思考新时代的创业项目都具有哪些风险？哪些风险是项目的共性？

（3）阅读文献，了解创业风险的来源、分类以及常见的大学生创业风险。

（4）通过小组讨论，确定创业项目，经过市场调研分析后，确定创业项目可能面临的风险和原因，派出代表在课堂上进行汇报。

▶ 任务小结

环境的不确定性，创业机会的复杂性，创业者、创业团队、创业投资人实力的局限性等，是创业风险的主要来源。创业风险按照不同标准可分为多种类型，按风险来源的主客观性划分，可分为主观创业风险和客观创业风险；按创业风险的内容划分，可分为技术风险、市场风险、政治风险、管理风险、生产风险和经济风险；按风险对创业投资的影响程度划分，可分为安全性风险、收益性风险和流动性风险；按创业过程划分，可分为新创企业管理机会的识别与评估风险、准备与撰写创业计划风险、确定并获取创业资源风险和新创企业管理风险。大学生的创业风险主要有创业意识风险、市场风险、项目风险、财务风险、团队风险。

任务三　创业风险的防控

▶ **任务导入**

　　一家做人工智能的大学生创业企业，在天使轮的时候通过各种方式，最后联系到了老家的一位投资"大佬"。这位"大佬"显然从来没有投资过这么前沿的科技行业，但只简单聊了聊就同意出资，投资条款也非常宽松。整个融资过程速度之快、效率之高以及条件之优惠，让大学生创始团队简直不敢相信。然而，投资协议签订之后，却迟迟等不到"大佬"公司的打款，每次去找人的时候这家公司就以各种理由推托，翻来覆去的答复都是说"大佬"很看好你们，一定会投资，但是现在资金有困难。时间一长，团队都以为这笔投资"凉了"，学生们只能在非常艰难的情况下开始创业之旅，做出了产品原型，最终得到了一家大 VC 的青睐。结果就在投资谈判之前，"大佬"公司的投资款突然到账了。最终这家学生企业还是吃了投资协议的亏，没有对融资时间条款作出详细准确的规定，只能任凭"大佬"赚了一笔横财。当然他们足够优秀，否则很有可能因为这样的"黑天鹅"事件的发生导致后续股东拒绝投资。VC 圈有一句俗话叫"成三败七"，说的是风投投资的企业七成左右会失败，最后成功的只有三成。

　　请思考：

　　1. 上述创业团队遭遇了什么创业风险？

　　2. 大学生如何进行有效的创业风控？

　　资料来源：陈姚. 谈初创企业创业融资的风险防范 [N]. 青年时讯，2019-07-26.

▶ **任务分析**

　　财务失败是导致初创企业失败的最主要诱因，大学生创业很容易遭受财务失败，这些失败的主要原因是大学生在财务方面的风控能力弱。上述大学生遭遇的就是和融资有关的创业风险，没有做好防控措施。大学生创业者在涉及投资和公司财务这些核心业务时要慎之又慎、细之又细，面对关键时刻和关键问题切不可意气用事、心血来潮，要随时请教专家、律师和老师，有听取批评意见的勇气和胸怀。

▶　**知识准备**

一、风险控制的定义

风险控制是指风险管理者采取各种措施和方法，消灭或减少风险事件发生的各种可能性，或是降低风险事件发生所造成的损失。良好的风险控制有利于保障创业企业的生存与发展。对创业过程中的风险进行有效的识别、分类、汇总，并采取行之有效的措施，以杜绝危害企业健康发展的因素产生，使企业在运行发展过程中可以最大限度地降低各种风险所带来的损失，提高企业自身的盈利能力和抗风险能力，从而实现企业的持续健康发展。创业企业由于自身规模较小，容易导致自身的资产结构不够合理，固定成本在销售收入中占据很大的比重，使创业企业在面对风险时，无法给予强大资金支撑，极易导致破产。

二、风险控制的措施

风险控制的措施包括：风险回避、损失控制、风险转移和风险保留。

（一）风险回避

风险回避是投资主体有意识地放弃风险行为，完全避免特定的损失风险。

（二）损失控制

损失控制不是放弃风险，而是制订计划和采取措施降低损失的可能性或者是减少实际损失。

微课视频：
创业风险防控

（三）风险转移

风险转移是指通过契约将让渡人的风险转移给受让人承担的行为。风险转移过程有时可大大降低经济主体的风险程度。风险转移的主要形式是合同和保险。

（四）风险保留

风险保留即风险承担。也就是说，如果损失发生，经济主体将以当时可利用的任何资金进行支付。风险保留包括无计划自留、有计划自我保险。

三、风险防控的措施

（一）健全创业认知体系，提高创业风险意识

创业是一项高风险的投资行为。大学毕业生作为创业新人，在创业前，不仅要建立自我感知体系，包括创业初期、创业中期、创业后期，每个时期都要有明确的创业认知体系，健全市场认知、管理认知、社会认知、人际交往认知等相关体系的内容，加强专业理论知识学习，提高对信息资料的收集、衡量、评估、判断、把控能力，提高自我的创业风险意识；还应该使企业所有管理人员在经营过程中，自觉注意风险的防范，及时发现风险，化解风险、规避风险。

（二）谨慎选择创业市场

寻找"蓝海"是创业的良好开端。因此，大学生必须深入市场进行调研，结合自身的资源和市场环境条件，善于挖掘、发现创业的"蓝海"市场。发现市场机会可从定期进行产品目标市场测试入手。通过产品目标市场测试可以发现同类产品中存在的市场机会，并以此形成产品的概念与特征，从而选择与自身资源和市场环境条件相适合的目标市场进入，以此规避盲目进入市场带来的风险。

（三）充分论证创业项目

如果缺乏前期市场调研和论证，只凭个人兴趣和想象来决定创业项目，那只会使创业的风险增大。作为一个创业新人，在初步选定创业项目后，要对项目进行严格的、科学的审查和论证，不能盲目运作。一般情况下，大学生创业者资金实力较弱，在项目选择方面，应立足于技术项目，尽量选择技术含量高、自主知识产权明确的项目，并在技术创新的基础上做好产品市场化工作。切忌盲目跟风，最好是做熟不做生，选择自己最熟悉、最擅长、最有经验、资源最丰富的项目开始创业。

（四）建立健全企业财务风险防范机制

企业财务风险具有"牵一发而动全身"的效应。因此，大学生创业者必须按照科学规范、职责分明、监督制约、财务核对、安全谨慎和经济有序的原则建立严密的财务审计控制制度；要建立财务预算模型，选择预测风险的方法，对各种情况下可能发生的财务风险及其所带来的影响进行测试，对测试出的风险采取预防措施，如通过保险、合同、担保、租赁等方式，把风险转嫁给保险公司、购销对象、担保人和租赁人等。

（五）重视团队建设

创业团队是企业诞生或成长过程中最主要的人才资本。创业团队的力量越大，其所产生的风险就越大。一旦创业团队的核心成员在某些问题上产生意见分歧不能达到统一时，极有可能对企业造成强烈的冲击。因此，在组建创业团队时，要对成员加入团队的目的进行深入分析，了解成员是否具有创业所需要的品质，并形成以市场、技术、财务三大必备人才为基础的团队知识结构体系，以规避创业团队的人力资源风险；在企业发展过程中必须建立一整套有效的激励机制，对员工的忠诚、负责、积极性、主动性、创造性予以奖励、提升；对员工的错误予以教育，让员工敢于自我批评，勇于自我批评，激浊扬清，不断完善自我；同时还要学会知人善用，主动发现和任用各类人才，为他们提供和创造发挥才能的广阔空间，充分发挥团队成员的主动性、创造性，将团队风险降到最低。

▶ **任务实施**

此次任务可以通过如下途径实现：

（1）通过阅读投资资本相关案例，思考大学生创业团队遭遇了什么创业风险？大学

拓展视频：
大学生创业风险防范

生如何进行有效的创业风险防控？

（2）通过公众号、中国知网、各大搜索引擎，查找与大学生创业风险有关的案例，总结各案例的经验和教训。

（3）通过阅读教材理解创业风险控制的定义、方法、措施。

（4）通过小组讨论分析，将小组项目可能面临的风险列出，并针对这些问题提出解决办法，最后派出代表在课堂上进行汇报。

▶ **任务小结**

风险控制是指风险管理者采取各种措施和方法，消灭或减少风险事件发生的各种可能性，或是降低风险事件发生所造成的损失。风险控制的措施包括风险回避、损失控制、风险转移和风险保留。创业者风险防控的措施包括健全创业认知体系，提高创业风险意识；谨慎选择创业市场；充分论证创业项目；建立健全企业财务风险防范机制；重视团队建设。

技能提升训练 模拟分析创业风险

▶ **训练目标**

能分析判断出案例存在的风险，并提出相应的规避风险方案。

▶ **实施流程**

流程1 阅读以下案例

案例1：陈先生在农产品市场租了一个摊位做菌类生意，开始有稳定低价的货源，市场销路很好。不久，为其供货的菌农，自己也在批发市场租了一个摊位，供货渠道中断，经营陷入了困境。

案例2：张先生与经营计算机远程控制全色护栏灯的朋友合作，注册了一家公司，拟进行产品的推广。刚刚做出样机，就有客户找上门来，看到计算机模拟演示效果后，便签订了一个很大的工程订单，由于工期较紧，便直接开始大批量生产，投入工程安装。由于抗扰性能不过关，导致客户退货，造成了巨大的经济损失。

案例3：王先生研制出一种矿泉水直饮机，水质好，使用方便且成本低，并自建销售渠道。由于没有一个好的营销策略，又缺乏营销渠道的建设经验及资金，市场始终没有打开，勉强坚持了两年，最终企业倒闭了。

流程2 分析案例存在的风险，提出如何规避这些创业风险。

思考与练习

一、单选题

1. 创业风险按创业过程划分为新创企业管理机会的识别与评估风险、准备与撰写创业计划风险、确定并获取创业资源风险和（　　　）。

A. 创业管理风险　　　　　　　　　　B. 创业市场风险

C. 创业财务风险　　　　　　　　　　D. 新创企业管理风险

2. 企业通过选择合适的技术创新项目，进行组合开发新项目，使整体风险得到降低为（　　　）。

A. 企业技术创新风险的控制　　　　　B. 企业技术创新风险的转移

C. 企业技术创新风险的分散　　　　　D. 企业技术创新风险的回避

3. 识别创业风险，应该由粗及细，就是说（　　　）。

A. 从宏观的角度去思考创业　　　　　B. 从细节的角度去思考创业

C. 用粗略的评估去识别风险　　　　　D. 用细节的评估去识别风险

4. 团队成员的（　　　）会带来创业风险。

A. 团结　　　　　B. 争吵　　　　　C. 增加　　　　　D. 流失

二、判断题

1. 投资公司可以当成高回报储蓄存款。（　　　）

2. 建立健全企业财务风险防范机制，需按照科学规范、职责分明、监督制约、财务核对、安全谨慎和经济有序的原则建立严密的财务审计控制制度。（　　　）

3. 创业项目的融资缺口存在于学术支持和商业支持之间，是研究基金和投资基金之间存在的断层。（　　　）

4. 风险越大损失越大。（　　　）

5. 创业团队成员与企业经营理念不一致，容易造成团队风险。（　　　）

三、简答题

1. 创业风险有哪些？

2. 大学生如何规避创业风险？

项目八
分析竞争对手

► **学习目标**

(一) 知识目标

1.了解竞争对手分析的流程;

2.了解竞争对手分析的内容;

3.熟悉竞争分析时的注意事项;

4.理解竞争对手对创业的作用。

(二) 能力目标

1.能科学分析某个项目的竞争对手;

2.能对某个项目提供合理的竞争对手分析策略。

► **学习任务**

任务一　梳理竞争对手分析流程;

任务二　设计竞争对手分析内容;

任务三　开展竞争对手分析。

任务一　梳理竞争对手分析流程

▶ **任务导入**

在用户群体方面，荔枝微课的用户群体倾向于在各种生活场景下需要自我提升的用户，喜马拉雅 FM 的用户是各类音频、听书、知识用户，目的性不强；蜻蜓 FM 则热衷于各类电台的用户，三者没有过多重叠。

在产品定位方面，荔枝微课的产品定位为一所线上的社会大学的大众分享，决定了其内容上的产出质量也会参差不齐；喜马拉雅 FM 的产品定位则是做专业的音频平台；蜻蜓 FM 的产品定位是最好的网络收音机。

三个 App 看上去都是知识付费平台，但是又有着各自的特色。

请思考：

1. 以上三个 App 之间为何是竞品？

2. 竞争对手分析应该遵循什么流程？

资料来源：原创

▶ **任务分析**

在创业过程中，竞争关系比比皆是，蜻蜓 FM、喜马拉雅 FM、荔枝微课三者提供的功能类似，但是目标群体和内容存在差异。作为未来中小企业创业与经营者，必须清楚谁是真正的竞争对手，同时要时刻关注竞争对手的动态，估计竞争对手对本公司的竞争性行动以及可能采取的战略和反应，从而有效地制定企业的战略方向及战略措施。

▶ **知识准备**

在一望无际的非洲大草原上，狮子若要活命，就必须捕捉到足够的羚羊作为食物；羚羊若要活命，就必须跑得比狮子更快。市场竞争就像羚羊与狮子的赛跑，弱肉强食，优胜劣汰。竞争是残酷的，然而正是这种没有退路的竞争，把狮子造就成了最强壮凶悍的食肉动物，把羚羊造就成了最敏捷善跑的食草动物。适者生存的自然法则淘汰的不是羚羊或狮子，而是羚羊和狮子中不能适应竞争环境的弱者。

一、识别竞争对手

（一）从行业角度划分竞争对手

1. 现有厂商

现有厂商是指本行业内现有的与企业生产同样产品的其他厂家，这些厂家是企业的直接竞争对手。这是最大众化意义上的竞争对手，常说的同业竞争就是这个意思，也是狭义的竞争对手。

2. 潜在加入者

潜在加入者是指当某一行业前景乐观、有利可图时，会引来新的竞争企业，使该行业增加新的生产能力，并要求重新瓜分市场份额和主要资源。潜在进入者对本行业的威胁取决于本行业的进入壁垒以及进入新行业后原有企业反应的强烈程度。例如，长虹、海尔两家都力图成为整个中国家电业的领先企业，长虹在加强彩电生产的同时，开始生产空调等白色家电，而海尔也开始从白色家电领域向黑色家电渗透。长虹和海尔两家企业在中国家电市场上的竞争将不可避免，同时，它们互为潜在竞争对手。

3. 替代品厂商

替代品厂商是指与某一产品具有相同功能、能满足同一需求的不同性质的其他产品，属于替代品。随着科学技术的发展，替代品将越来越多，某一行业的所有企业都将面临与生产替代品的其他行业的企业进行竞争。

两个处于不同行业中的企业，也可能会由于所生产的产品互为替代品，从而在它们

微课视频：
竞争对手的分析流程

趣味动画：
谷歌的竞争对手——亚马逊

之间产生相互竞争的行为，这种源自替代品的竞争会以各种形式影响行业中现有企业的竞争战略。

（二）从市场方面划分竞争对手

1. 品牌竞争对手

品牌竞争对手是指品牌不同，但满足需要的功能、形式相同的产品之间的竞争。如轿车中"奔驰""宝马"以及"别克"等品牌之间的竞争，这是企业最直接而明显的竞争对手。有关企业通过在消费者和用户中培植品牌偏好，而展开市场竞争。

2. 行业竞争对手

行业竞争对手也称产品形式竞争对手，是指生产同种产品，但提供不同规格、型号、款式的竞争对手。由于属于同种类型，但形式不同的产品对同一种需要的具体满足上存在着差异，购买者有所偏好和选择，因此这些产品的生产经营者之间便形成了竞争关系，互为产品形式竞争者。如家用空调与中央空调的厂家、生产高档汽车与生产中档汽车的厂家之间的关系。

3. 需要竞争对手

提供不同种类的产品，但满足和实现消费者同种需要的企业称为需要竞争者。如航空公司、铁路客运、长途客运汽车公司都可以满足消费者外出旅行的需要，当火车票价上涨时，乘飞机、坐汽车的旅客就可能增加，这属于相互之间争相满足消费者的同一需要。

4. 消费竞争对手

提供不同产品，满足消费者的不同愿望，但目标消费者相同的企业称为消费竞争对手。如很多消费者收入水平提高后，可以把钱用于旅游，也可以用于购买汽车，或购置房产，因而这些企业间存在相互争夺消费者购买力的竞争关系，消费支出结构的变化，对企业的竞争有很大影响。

二、辨认竞争对手的目标和战略

（一）辨认竞争对手的目标

所有竞争对手最终目标都是努力追求利润最大化，但不同竞争对手对短期利润和长期利润的侧重点不同。而且每个竞争对手都有侧重点不同的目标组合，如注重获利能力、市场占有率、现金流量、技术领先、低成本领先和服务领先等。企业只有了解了竞争对手的重点目标，才能正确判断它们对不同竞争行为将做出什么反应。此外，有人认为最难打垮的竞争对手往往是业务单一且在全球经营的竞争对手。因此，企业也必须密切关注竞争对手的扩张计划。

（二）辨别竞争对手的战略

企业最直接的竞争对手是那些为相同目标市场推行相同战略的企业。因此，竞争对手的企业之间的营销战略越相似，它们之间的竞争就越激烈。当企业决定进入某一战略群体时，要明确自己的主要竞争对手，识别战略竞对手需要认识以下三个问题：

1. 不同战略群体的进入与流动障碍不同

比如，某公司在产品质量、声誉和纵向一体化方面缺乏优势，则进入低价格、中等成本的战略群体较为容易，而进入高价格、高质量、低成本的战略群体较为困难。

2. 同一战略群体内的竞争最为激烈

处于同一战略群体的公司在目标市场、产品类型、功能、价格、分销渠道和促销战略等方面几乎无差别，任一公司的竞争战略都会受到其他公司的高度关注并在必要时做出强烈反应。

3. 不同战略群体之间存在现实或潜在的竞争

①不同战略群体的顾客会有交叉。比如实行不同营销战略的复读机制造商都会向学习英语的中学生和大学生销售产品。②每个战略群体都试图扩大自己的市场，涉足其他战略群体的领地，当企业实力相当和流动障碍小时尤其如此。

企业必须不断地观察竞争对手的战略而调整自己的战略。

▶ 练一练 ◀
利用上述知识辨认荔枝微课的竞争目标和战略。

三、评估竞争对手的优势和劣势

企业在目标市场中的竞争地位根据其所拥有的竞争优势和劣势确立，对竞争优势和劣势进行衡量和评价后，企业可以根据评价结果测定自己在市场中的竞争地位。对竞争对手的优劣势分析，主要从以下几个方面进行。

（一）产品

竞争企业产品在市场上的地位，产品的适销性，以及产品系列的宽度与深度。

（二）销售渠道

竞争企业销售渠道的广度与深度，销售渠道的效率与实力，销售渠道的服务能力。

（三）市场营销

竞争企业市场营销组合的水平，市场调研与新产品开发的能力，销售队伍的培训与技能。

（四）生产与经营

竞争企业的生产规模与生产成本水平，设施与设备的技术先进性与灵活性，专利与专有技术，生产能力的扩展，质量控制与成本控制，区位优势，员工状况，原材料的来源与成本；纵向整合程度。

（五）研发能力

竞争企业内部在产品、工艺、基础研究、仿制等方面所具有的研究与开发能力，研究与开发人员的创造性、可靠性、简化能力等方面的素质与技能。

（六）资金实力

竞争企业的资金结构，筹资能力，现金流量，资信度，财务比率，财务管理能力。

（七）组织

竞争企业组织成员价值观的一致性与目标的明确性，组织结构与企业策略的一致性，组织结构与信息传递的有效性，组织对环境因素变化的适应性与反应程度，组织成员的素质。

（八）管理能力

竞争企业管理者的领导素质与激励能力，协调能力，管理者的专业知识，管理决策的灵活性、适应性、前瞻性。

▶ 练一练 ◀

分析荔枝微课、喜马拉雅 FM、蜻蜓 FM 的竞争优势和劣势。

四、预测竞争对手的反应模式

竞争对手的反应模式取决于竞争对手对其目前地位的满意程度。那些对目前地位满意的竞争对手，往往对行业或外部环境变化的反应比较迟钝，不热衷于改变已取得的业绩，不愿冒险去开发新产品，一般会采取保守的反应模式；而对当前地位不满或竞争意识强烈的竞争对手，当其竞争目标或主要目标市场遭受威胁时，其反应会很强烈，常常采取寸土必争的反应模式。理论上认为，竞争对手在竞争中常见的反应类型如下：

（一）从容不迫的竞争对手

它们对某一特定竞争对手的行动没有迅速反应或者反应不激烈。其原因可能是：认为自己产品的顾客忠诚度高，或者敏感度不高，没有发现对手新举措，也有可能是缺乏资金，等等。

（二）选择型竞争对手

它们对竞争对手某些方面的进攻做出反应，而对其他方面的进攻不加理会。

（三）强烈型竞争对手

它们对竞争对手任何进攻都会做出迅速而强烈的反应。

（四）随机型竞争对手

它们不会表现出预知的反应行为，反应模式难以捉摸。

通过上述分析，企业就能选定较适应本企业的市场竞争方针和手段，争取处于比较有利的竞争地位，获得竞争优势。竞争对手分析是为了准确判断竞争对手的战略定位和发展方向，并在此基础上预测竞争对手未来的战略，估计竞争对手在实现可持续竞争优势方面的能力。只有充分了解竞争对手，企业才能扬其所长、避其所短、抓住机遇、规避风险。

▶ **任务实施**

此次任务可以通过如下途径实现：

（1）阅读知识付费 App 相关数据资料，思考：蜻蜓 FM、喜马拉雅 FM、荔枝微课之间为何是竞品？竞争对手分析应该遵循什么流程？

（2）通过文献检索法查询相关数据，总结专家、投资者等群体对知识付费 App 之间相互竞争的观点。

（3）通过小组讨论，按照竞争对手分析流程，分析当下蜻蜓 FM、喜马拉雅 FM、荔枝微课的目标和战略以及竞争优势和劣势，派出代表在课堂上进行汇报。

▶ **任务小结**

　　竞争对手分析是指企业通过某种分析方法识别出竞争对手，并对它们的目标、资源、市场力量和当前战略等要素进行评价。竞争对手分析的主要目的在于估计竞争对手对本公司的竞争性行动以及可能采取的战略和反应，从而有效地制定企业的战略方向及战略措施。竞争对手分析一般有以下几个流程：识别竞争对手、辨认竞争对手的目标和战略、评估竞争对手的优势和劣势、预测竞争对手的反应模式。只有充分了解竞争对手，企业才能扬其所长、避其所短、抓住机遇、规避风险。

任务二　设计竞争对手分析内容

▶ **任务导入**

在快节奏的今天，越来越多的人选择在线就诊。春雨和平安好医生就是在这样的需求下产生的 App。

即时在线问诊是它们共同的主打特色功能。在线问诊功能，能够使得医生和患者在线沟通和交流，患者不必每次都去医院，医生可以在线初步诊断和简单随诊。当然这种问诊并不适用于所有患者，更倾向于体检报告阅读、健康养生、日常感冒、怀孕和育儿等一般性问题，以及妇科、皮肤、美容、性病等的简单咨询。

在资源配置上它们的医生各有特色。春雨医生均是合作制的，它们没有组建全职医生团队。平安好医生一方面自聘全职医生团队，作为核心服务内圈，另一方面签约 5 万名社会医生作为服务外圈。

请思考：

1. 上述竞品分析是否完整？

2. 还可以从哪些方面进行分析？

资料来源：原创

▶ **任务分析**

市场竞争无处不在，只有知己知彼、顺应潮流，才能让企业走得更远。上述材料表明春雨和平安好医生在医生资源配置上各有特色，但是没有完整分析两款产品的优势和劣势。作为未来中小企业创业与经营者，要学会进行市场调查，时刻掌握市场上竞争对手的动态，了解应该从哪些方面合理分析和评估竞争对手。

▶ **知识准备**

　　企业常胜不败之道在于知己知彼和顺应潮流。好的创业者，必须时时了解市场上的竞争对手，知道他们是谁，他们在干什么，他们是怎么干的。在撰写商业计划书时常见的现象之一是许多创业者往往低估市场现有的竞争对手，他们缺少对竞争对手的了解，甚至认为没有竞争对手。而有经验的投资者看到这种商业计划书之后，会认为创业者没有真正地开展市场调查。一般情况下从以下几个方面设计竞争对手的分析内容：

一、市场占有率

　　企业的销售绩效并未反映出相对于其竞争企业的经营状况如何。如果企业销售额增加了，可能是由于企业所处的整个经济环境的发展，也可能是因为其市场营销工作较之其竞争对手相对改善。市场占有率正是剔除了一般环境影响来考察企业本身经营工作状况。竞争对手市场占有率分析目的是明确竞争对手及本企业在市场上所处的位置。如果企业市场占有率升高，表明它较其竞争对手情况更好；如果下降，则说明相对于其竞争对手绩效较差。

　　分析市场占有率时不但要分析本行业内竞争对手和本企业总体的市场占有率的状况，还要分析细分市场中竞争对手占有率的状况。

（一）全部市场占有率

　　全部市场占有率：以企业的销售额占全行业销售额的百分比来表示。使用这种测量方法必须作两项决策：一是要以单位销售量或以销售额来表示市场占有率。二是正确认定行业的范围，即明确本行业所应包括的产品、市场等。

微课视频：
竞争对手分析的内容

(二) 可达市场占有率

可达市场占有率：以企业的销售额所服务市场的百分比来表示。可达市场是指企业产品最适合的市场和企业市场营销努力所及的市场。企业可能有近100%的可达市场占有率，却只有相对较小百分比的全部市场占有率。

(三) 相对市场占有率

相对市场占有率是企业销售额与主要竞争对手销售业绩的对比。用以说明企业分销渠道是否比竞争对手的更有效率。企业常用两个指标来计算相对市场占有率。即企业销售额与相对最大的三个竞争对手的销售额总和的百分比；以及企业销售额相对市场领袖型竞争者销售额的百分比。如果这个相对市场占有率超过100%，则表明该企业本身就是市场领袖；如果相对市场占有率等于100%，则表明企业与所考虑的竞争对手同为市场领袖。相对市场占有率具体计算公式如下：相对市场占有率 =（本企业某种产品销售额 – 该产品行业在市场上处于领先地位的前三名竞争对手销售额总和）× 100%；相对市场占有率 =（企业销售额 – 市场领袖型竞争者销售额）× 100%。

二、财务状况

财务状况分析要清楚竞争对手公司所应用的会计准则及核算标准，这个一般会在年报中体现，主要关注竞争对手与本企业在会计准则以及核算标准方面存在差异的地方。例如坏账计提的标准、收入及成本确认的原则、存货发出的原则等，这些会直接影响财务报表的数据，对后续的财务指标计算产生较大的影响。财务状况分析主要就是盈利状况分析、偿债能力分析、营运能力分析、成长性分析等，这些都是财务管理中最基础的财务指标，需要注意的是，在计算指标之前，需要进行数据修正。竞争对手财务状况分析主要包括盈利能力分析、成长性分析、运营能力分析和偿债能力分析等。

(一) 盈利能力分析

盈利能力通常采用的指标是利润率。比较竞争对手与本企业的利润率指标，并与行业的平均利润率比较，判断本企业的盈利水平处在什么样的位置上。同时要对利润率的构成进行分析，主要分析主营业务成本率、营业费用率、管理费用率以及财务费用率。看哪个指标是优于竞争对手的，哪个指标比竞争对手高，从而采取相应的措施提高本企业的盈利水平。

（二）成长性分析

成长性分析主要分析的指标是产销量增长率、利润增长率。同时对产销量的增长率和利润的增长率做出比较分析，看两者的增长关系。是利润的增长率快于产销量的增长率，还是产销量的增长率快于利润的增长率。一般说来利润的增长率快于产销量的增长率，说明企业有较好的成长性。但在目前的市场状况下，企业的产销量增长，大部分并不是来自自然的增长，而主要是通过收购兼并的方式实现。所以经常也会出现产销量的增长率远大于利润的增长率的情况。所以在做企业成长性分析的时候，要进行具体的分析，剔除收购兼并因素的影响。

（三）运营能力分析

运营能力分析就是要通过对反映企业资产营运效率与效益的指标进行计算与分析，评价企业的营运能力，为企业提高经济效益指明方向。

（四）偿债能力分析

企业偿债能力是反映企业财务状况和经营能力的重要标志。偿债能力是企业偿还到期债务的承受能力或保证程度，包括偿还短期债务和长期债务的能力。偿债能力分析主要可以关注资产负债率、流动比率、速动比率等，主要的问题是需要进行资产质量的修正。例如竞争对手公司坏账计提率是3%，但本企业是5%，那么需要将竞争对手公司的坏账计提率修正为5%，调整资产负债表相应的数据，尽量剔除不良资产，增加数据质量和可比性，方便后续的对比分析。

三、产能利用率

产能利用率，也称为设备利用率，是工业总产出与生产设备的比率，也就是说，有多少实际生产能力正在运行并发挥生产作用。统计数据时，范围包括八个项目，如制造业、采矿业、公用事业、耐久商品、非耐久商品、基础金属工业、汽车工业和汽油。

当产能利用率超过95%时，意味着设备利用率接近全部，通货膨胀压力将迅速上升，产能无法应对。当市场预期利率上升时，这将对该国货币有利。相反，如果产能利用率低于90%并持续下降，则意味着设备闲置过多，经济陷入衰退，当市场预期利率下降时，这对国家货币不利。

产能利用率是一个很重要的指标，尤其是对于制造企业来说，它直接关系到企业生产成本的高低。产能利用率是指企业发挥生产能力的程度，很显然，企业的产能利用率高，则单位产品的固定成本就相对低。所以要对竞争对手的产能利用率情况进行分析。

分析目的是找出与竞争对手在产能利用率方面的差距，并分析造成这种差距的原因，有针对性地改进本企业的业务流程，提高本企业的产能利用率，降低企业的生产成本。

产能利用率低，浪费人员和生产设备闲置成本；此外，产能利用率还可以评估产能扩张的需求程度。如果产能利用率过高，可能表明产能扩张的必要性，以便制订扩张计划，避免受到固定产能的限制，影响交货期。

四、创新能力

目前企业所处的市场环境是一个超竞争的环境。所谓超竞争环境是指企业的生存环境在不断变化着。在这样的市场环境下，很难说什么是企业的核心竞争力。企业只有不断学习和创新，才能适应不断变化的市场环境。所以学习和创新成了企业的主要核心竞争力。对竞争对手学习和创新能力的分析，可以根据其推出新产品的速度、科研经费与销售收入的百分比、销售渠道的创新这三个指标进行。推出新产品的速度，这是检验企业科研能力的一个重要指标。科研经费占销售收入的百分比，这体现出企业对技术创新的重视程度。销售渠道的创新，主要看竞争对手对销售渠道的整合程度。销售渠道是企业盈利的主要通道，加强对销售渠道的管理和创新，更好地管控销售渠道，企业才可能在整个价值链中（包括供应商和经销商）分得更多的利润。此外，管理创新也是重要的考察因素。在这样激烈竞争的市场环境下，企业只有不断提高自身的管理水平，进行管理的创新，才能不被激烈的市场竞争所淘汰。

通过对竞争对手学习与创新能力的分析，找出本企业在学习和创新方面存在的差距，提高本企业的学习和创新能力。只有通过不断学习和创新，才能打造企业的差异化战略，提高企业的竞争水平，以获取高于行业平均利润的超额利润。

拓展知识：
竞争对手分析的思路

五、竞争对手的领导者分析

领导者的风格往往决定企业的文化和价值观，是企业成功的关键因素之一。一个敢于冒险、勇于创新的领导者，会对企业做大刀阔斧的改革，会不断为企业寻求新的增长机会；一个性格稳重的领导者，会注重企业内涵增长，注重挖掘企业内部潜力。所以研究竞争对手的领导者，对于掌握企业战略动向和工作重点有很大的帮助。

对竞争对手领导者的分析包括：姓名、年龄、性别、教育背景、主要的经历、培训的经历、过去的业绩等。通过对这些方面的分析，全面了解竞争对手领导者的个人素质，分析他的这种素质会给他所在的企业带来什么样的变化和机会。当然这里还包括竞争对手主要的领导者的变更情况，分析领导者更换对企业的发展带来的影响。

在市场竞争中，既不要害怕竞争对手，也不要轻视竞争对手。在分析竞争对手情况时一定要头脑冷静，不能带有个人感情因素。客观评价竞争对手可以更好地了解本企业的产品或服务，还可以给投资者留下好印象，让他们看到创业者经营企业的实力，还有助于创业者在竞争中让顾客看到自己与竞争对手的区别。

▶ 任务实施

此次任务可以通过如下途径实现：

（1）阅读春雨和平安好医生的对比案例，思考竞品分析的完整内容包含哪些方面？

（2）通过文献检索法搜集专家、学者、创业者、投资者等群体对在线问诊的观点。

（3）通过小组讨论，从五个方面调研分析春雨和平安好医生的竞争内容，并派出代表在课堂上进行汇报。

▶ 任务小结

作为一个优秀的创业者，必须时时了解和评估市场上的竞争对手。对竞争对手的分析一般从市场占有率、财务状况、产能利用率、创新能力、领导者五个方面入手。客观评价竞争对手可以更好地了解本企业的产品或服务，还可以给投资者留下好印象，让他们看到创业者经营企业的实力，还有助于创业者在竞争中让顾客看到自己与竞争对手的区别。

任务三　开展竞争对手分析

　任务导入

拼多多成立于 2015 年 9 月，上线仅 4 个月，单日成交量就突破 1000 万元，仅一年时间，月成交量就达到 10 亿元。这是一种什么样的概念？相当于特卖网站唯品会成立三四年后的成交量，而拼多多只用一年就走完了唯品会好几年的路。

拼多多的创始人兼 CEO 黄峥在接受媒体采访时曾表示，拼多多发展之所以如此迅速，在于其独特的社交电商模式，所谓的社交电商，简单可以理解为将关注、分享、讨论、互动等社交方式引入电商交易的形式，与传统交易型电商先有需求再进行购物不同，社交电商是通过社交的方式主动刺激需求，从而发生购物行为。黄峥对《投资者报》的记者表示，"拼是正确的一小步，乍一看，拼多多和唯品会、聚划算有很多相似的地方，甚至有人说像以前的团购，但是从当前的发展结果来讲，如果和原来一样为什么会涨这么快？这是没有道理的。如果一定要比的话，聚划算是'闪购'，唯品会做品牌限时特卖，而拼多多是一个常态购物 App，没有过了这个村就没这个店的感觉"。

发展迅猛的拼多多也出现了不少问题，如其他电商平台一样，拼多多也因为产品质量差、商家虚假发货、拒绝退款、售后服务较差等遭到了消费者的投诉。

请思考：

结合拼多多的发展策略，思考竞争分析要注意哪些事项？

资料来源：《投资者报》

▶　**任务分析**

创业市场竞争激烈，想要在相关行业领域占有一席之地，一定要做好充足的准备。拼多多的成功就在于它能够分析淘宝和京东的特点，走出一条不一样的道路。作为未来中小企业创业与经营者，必须学会深入且正确地分析竞争对手，掌握分析竞争对手过程中的注意事项。

▶ **知识准备**

当下想要创业成功，需要付出超常的努力。市场竞争激烈，对竞争对手深入的、正确的分析尤为重要，需要牢牢把握。分析竞争对手有以下需要注意的事项：

一、建立竞争情报系统，做好基础数据收集

竞争情报与企业竞争力密切相关，企业的竞争实际上是企业各方面力量汇聚而成的企业竞争实力大小的较量。企业面对的竞争环境复杂多变，竞争对手的分布范围也十分广泛，竞争战略的制定和调整更是面临着巨大的不确定性，机遇与挑战并存。如何在强手如林、变幻莫测的市场竞争中站稳脚跟，缩小与竞争对手的差距，已经成为企业管理者特别是决策者关注的焦点话题。

对竞争对手分析必须有一个基础做保障，这个基础就是竞争情报系统和竞争对手基础数据库。竞争情报系统包括：竞争情报工作的组织保障、人员配备，以及相应的系统软件支持、竞争情报等方面的内容。它的主要功能是为组织成员评估行业关键发展趋势，把握行业结构的进化，跟踪正在出现的连续性与非连续性变化，以及分析现有和潜在竞争对手的能力和方向，从而协助企业保持和发展可持续性的竞争优势（只有建立了竞争情报系统，才会将竞争对手监测和分析，变成一项日常工作，才可能及时地掌握竞争对手动态，为企业决策提供及时的信息。同时竞争对手基础数据库的建设非常的重要。现代企业的决策，强调科学性和准确性，更强调基于事实和数据的决策。只有建立了完善的竞争对手的数据库，对于竞争对手的分析才不会成为空中楼阁，才可能落到实处）。

微课视频：
做竞争分析时需要注意的事项

图片：
竞争对手模型

二、建立符合行业特点的竞争对手分析模型

不同的行业有不同的特点，比如有的行业关注投资回报率，有的行业更关注市场占有率。同时行业所处的阶段不同，关注的焦点也会不一样。所以企业有必要建立符合自身行业特点的竞争对手分析模型，绝对不能照搬照抄。当我们谈到竞争对手分析模型时，很难忽视迈克尔·波特提出的五力模型。它们分别是：供应商议价能力、购买者议价能力、新进入者的威胁、替代品的威胁以及同业竞争对手的竞争程度。这些力量将会决定行业的盈利潜力以及企业的竞争地位。

（一）供应商的议价能力

供方主要通过提高投入要素价格与降低单位价值质量的能力，来影响行业中现有企业的盈利能力与产品竞争力。供方力量强弱主要取决于其所提供给买主的是什么投入要素，当供方所提供的投入要素的价值构成了买主产品总成本的较大比例，对买主产品生产过程非常重要或者严重影响买主产品的质量时，供方对于买主的潜在讨价还价力量就大大增强。一般来说，满足如下条件的供方会具有比较强大的讨价还价力量：

1. 供方行业为一些具有比较稳固市场地位而不受市场激烈竞争困扰的企业所控制，其产品的买主很多，以至每一个买主都不可能成为供方的重要客户。

2. 供方各企业产品各具一定特色，以至买主难以转换或转换成本太高，或者很难找到可与供方企业产品相竞争的替代品。

3. 供方能够方便地实行前向联合或一体化，而买主难以进行后向联合或一体化。

（二）购买者议价能力

购买者主要通过压价与要求提供较高质量的产品或服务的能力，来影响行业中现有企业的盈利能力。其购买者议价能力影响主要有以下原因：购买者的总数较少，而每个购买者的购买量较大，占了供方销售量的很大比例。供方行业由大量相对来说规模较小的企业所组成。购买者所购买的基本上是一种标准化产品，同时向多个供方购买产品在经济上也完全可行。购买者有能力实现后向联合或一体化，而供方不可能前向联合或一体化。

（三）新进入者的威胁

新进入者在给行业带来新生产能力、新资源的同时，将希望寄予在已被现有企业瓜分完毕的市场中赢得一席之地，这就有可能会与现有企业发生原材料与市场份额的竞

争，最终导致行业中现有企业盈利水平降低，严重的话还有可能危及这些企业的生存。竞争性进入威胁的严重程度取决于两个方面的因素，这就是进入新领域的障碍大小与预期现有企业对于进入者的反应情况。

进入障碍主要包括规模经济、产品差异、资本需要、转换成本、销售渠道开拓、政府行为与政策、不受规模支配的成本劣势、自然资源、地理环境等方面，其中有些障碍是很难借助复制或仿造的方式来突破的。预期现有企业对于进入者的反应情况，主要是采取报复行动的可能性大小，主要取决于有关厂商的财力情况、报复记录、固定资产规模、行业增长速度等。总之，新进入者进入一个行业的可能性大小，取决于进入者主观估计进入所能带来的潜在利益、所需花费的代价与所要承担的风险这三者的相对大小情况。

（四）替代品的威胁

两个处于不同行业中的企业，可能会由于所生产的产品互为替代品，从而在它们之间产生相互竞争行为，这种源自替代品的竞争会以各种形式影响行业中现有企业的竞争战略。

1. 现有企业产品售价和获利潜力的提高，会因为能被用户方便接受的替代品而受到限制。

2. 由于替代品生产者的侵入，使现有企业必须提高产品质量，或者通过降低成本来降低售价，或者使其产品具有特色，否则其销量与利润增长的目标就有可能受挫。

3. 源自替代品生产者竞争强度，受产品买主转换成本高低影响。

总之，替代品价格越低、质量越好、用户转换成本越低，其所能产生的竞争压力就越强；而这种来自替代品生产者的竞争压力的强度，可以具体通过考察替代品销售增长率、替代品厂家生产能力与盈利扩张情况来加以描述。

（五）同业竞争对手的竞争程度

大部分行业中的企业，相互之间的利益都是紧密联系在一起的，作为企业整体战略一部分的各企业竞争战略，其目标都在于使得自己的企业获得相对于竞争对手的优势，所以，在实施中就必然会产生冲突与对抗，这些冲突与对抗构成了现有企业之间的竞争。现有企业之间的竞争常常表现在价格、广告、产品介绍、售后服务等方面，其竞争强度与许多因素有关。

一般来说，出现下述情况将意味着行业中现有企业之间竞争的加剧，这就是行业进入障碍较低，势均力敌的竞争对手较多，竞争参与者范围广泛；市场趋于成熟，产品需求增长缓慢；竞争者企图采用降价等手段促销；竞争者提供几乎相同的产品或服务，用户转换成本很低；一个战略行动如果取得成功，其收入相当可观；行业外部实力强大的企业在接收了行业中实力薄弱的企业后，发起进攻性行动，结果使得刚被接收的企业成为市场的主要竞争对手；退出障碍较高，即退出竞争要比继续参与竞争代价更高。在这里，退出障碍主要受经济、战略、感情以及社会政治关系等方面的影响，具体包括：资产的专用性、退出的固定费用、战略上的相互牵制、情感上的难以接受、政府和社会的各种限制等。

> ▶ 活学活用 ◀
> 运用波特五力模型分析拼多多的竞争现状。

三、加强竞争对手分析的针对性

对竞争对手的分析，每一项都应该有其针对性。有的企业在对竞争对手进行分析的时候，往往把所能掌握的竞争对手的信息都罗列出来，但之后便没有了下文。所以这里要明确对竞争对手分析的目的是什么。按照战略管理的观点对竞争对手进行分析是为了找出本企业与竞争对手相比存在的优势和劣势，以及竞争对手给本企业带来的机遇和威胁，从而为本企业制定战略提供依据。所以对于竞争对手的信息也有一个遴选的过程，要善于剔除无用的信息，避免工作的盲目性和无效率。

四、善于筛选竞争对手

创业者竞争对手会很多，在撰写商业计划书时要集中在本企业的目标市场范围内，只分析那些与本企业有相同目标市场的竞争对手。在分析竞争对手时，要集中在以下几个方面：一是谁是主要竞争对手？二是竞争内容是什么？三是本企业与竞争对手之间的区别在哪里？四是谁是企业将来的竞争对手？五是新的竞争对手进入市场的障碍是什么？

▶ **任务实施**

此次任务可以通过如下途径实现：

（1）阅读拼多多的案例，思考竞争分析有哪些注意事项？

（2）查阅相关电商平台竞争的案例与分析现状。

（3）通过小组讨论，明确拼多多的竞争现状、竞争分析的注意事项，派出代表在课堂上进行汇报。

▶ **任务小结**

企业面对的竞争环境复杂多变，竞争对手的分布范围也十分广泛，竞争战略的制定和调整更是面临着巨大的不确定性，机遇与挑战并存。想要在强手如林、变幻莫测的市场竞争中站稳脚跟，缩小与竞争对手的差距，必须掌握分析竞争对手过程中的注意事项。首先要建立竞争情报系统，做好基础数据收集；其次要建立符合行业特点的竞争对手分析模型，可以以波特五力模型作为依据；再次要加强竞争对手分析的针对性；最后要善于筛选竞争对手，只分析那些有相同目标市场的竞争对手。学会合理有效分析竞争对手，可以帮助创业者把握正确的方向，从而使本企业在竞争中处于有利的地位。

技能提升训练　模拟竞争分析

▶ **训练目标**

会使用波特五力分析模型撰写相应企业竞争对手分析报告。

▶ **实施流程**

流程1　选取快速消费品中的一个企业；

流程2　拟订竞争对手分析计划；

流程3　确定竞争对手；

流程4　开展竞争调研，收集数据；

流程5　建立竞争对手基础数据库；

流程6　根据波特五力分析模型撰写竞争对手分析报告。

思考与练习

一、单选题

1. 一般情况下相对市场占有率高于（　　　）即被认为是强势的。

A. 33%　　　　　　　　　B. 25%　　　　　　　　　C. 68%　　　　　　　　　D. 90%

2. 近年来，金融行业的工资率不断攀升。在此期间，甲公司分析其竞争对手乙公司发现，乙公司的成本费用非常少，乙公司不断精简公司部门结构，在保持公司活力的同时节省公司费用。甲公司对乙公司进行的上述分析属于（　　　）。

A. 成长能力分析　　　　　　　　　　　　B. 快速反应能力分析

C. 适应变化能力分析　　　　　　　　　　D. 持久力分析

3. 生产铅笔、钢笔、电子计算机的公司均可成为打字机制造商的竞争者，这种分析竞争者的观念是（　　　）。

A. 产品竞争观念　　　　　　　　　　　　B. 产业竞争观念

C. 行业竞争观念　　　　　　　　　　　　D. 市场竞争观念

二、判断题

1. 企业最直接的竞争对手是那些同一行业、同一战略群体的企业。（　　　）

2. 企业产能利用率越高越好。（　　　）

3. 一个勇敢的领导者，会不断地为企业寻求新的增长机会。（　　　）

4. 竞争对手很多，撰写商业计划书时都分析一遍，才能了解行业情况。（　　　）

5. 企业偿债能力是反映企业财务状况和经营能力的重要标志。（　　　）

三、简答题

1. 简述波特五力分析模型。

2. 分析竞争对手的内容有哪些？

3. 分析竞争对手的流程是什么？

项目九
规划项目发展战略与融资

▶ **学习目标**

（一）知识目标

1.了解战略、战略管理的概念及意义；

2.理解企业层、业务层、职能层三个层面的战略；

3.了解创业常用的融资方式和渠道特点；

4.了解创业企业融资程序。

（二）能力目标

1.能对中小企业进行分层分类战略管理；

2.能分析企业合适的融资渠道；

3.能与投资人进行融资洽谈；

4.能设计融资退出机制。

▶ **学习任务**

任务一　制定战略规划；

任务二　选择融资渠道；

任务三　吸引与选择风险投资；

任务四　设计退出机制。

任务一　制定战略规划

▶ **任务导入**

小米在发展过程中一方面先把软件研发作为公司重心，把硬件相关的生产工作全部外包，大大降低了工厂建造和硬件生产的成本。另一方面，充分利用网络构建营销和销售渠道，这与传统手机适用实体经销商销售相比，大大减少了营销成本和经销商加价。这两种方式使得小米的成本低于竞争对手，当然小米也没有在降低成本的同时，放弃软件和硬件的质量。

请思考：

小米采用的战略属于什么类型，中小企业如何制定战略规划？

资料来源：原创

▶ **任务分析**

战略管理能够给企业指明方向，合理配置资源，能够促进管理者增强战略意识，帮助企业扬长避短，取得竞争优势。注重企业战略管理能够助力企业可持续发展。企业战略类型较多，小米是成本领先战略的典型代表，作为未来中小企业创业与经营者要掌握战略管理的基本原理，学会如何制定战略规划。

▶ **知识准备**

一、企业战略的定义

迈克尔·波特被誉为"竞争战略之父"，是现代最伟大的管理思想家之一，是当今世界上竞争战略和竞争力方面公认的权威。他认为战略是公司为之奋斗的终点与公司为达到终点目标而寻求的途径的结合物。波特的定义概括了20世纪60年代和70年代对企业战略的普遍认识，他强调企业战略的一个方面的属性——计划性、全局性和整体性。

我国学术界对于企业战略的定义比较有代表性的是：企业战略是指根据企业外部环境及企业内部资源和能力状况，为建立持续竞争优势、求得企业持续发展，对企业发展目标、达到目标的途径和手段的总体规划。

二、战略管理的意义

近年来，国内外一些有名的大公司倒闭的消息时有所闻，究其原因，大多数并非由于公司内部管理的混乱，而是战略的失误造成的。例如百年公司柯达，主要因为转型战略失败，最终导致破产。除了长期竞争需要制定战略并进行战略管理外，涉及长远发展、全局部署的管理活动也需要制定战略。除了这些原因，战略管理在企业发展过程中具有重要意义：

（一）有利于企业明确方向

战略为企业指明了总方向，对企业今后一段时间的蓝图进行规划，使企业在发展过程中具有明确的目标，同时战略也对企业发展过程中的行为进行严格的约束和规范。

（二）有利于企业资源的合理配置

战略管理是为了实现企业的总目标对所要采取的行动方针和资源使用方向的一种总体规划，使企业资源在其经营业务之间协调运用，从而取得更好的经营效果。

（三）有利于企业管理者增强战略意识

随着市场经济、全球经济一体化时代的到来，管理者面临的企业环境更加复杂多变，过去在高度集中的计划体制下的管理模式必将被淘汰，新的环境要求当代管理者必须具备敏锐的战略眼光与意识，国际市场的竞争也要求企业必须很好地进行战略管理。

微课视频：
制定合理的发展战略规划

（四）有利于企业扬长避短，取得竞争优势

企业要想在市场中生存和发展，就需要采取措施取得竞争优势，趋利避害以便在竞争中获胜是企业战略管理的指导思想，同时也是企业实施战略的目的。战略选择是建立在对企业及其环境进行系统分析的基础上进行的，有利于企业在竞争过程中发挥自身优势。

（五）有利于人力资源管理

战略管理是企业资源有效配置的手段。人员也是企业一种非常重要的资源，所以战略管理有利于人力资源的分配。战略管理使每一位员工明确企业在可预见的未来应该完成的任务，激励员工的积极性。

▶ 练一练 ◀

列举战略管理助力中小企业健康发展的例子。

三、战略的层次和类型

一般来说，一个现代企业的战略可以划分为三个层次：公司层战略、业务层战略、职能层战略。高层管理者通常负责公司层战略，中层管理者负责业务层战略，基层管理者负责职能层战略。企业每一层的战略都构成了下一层次的战略环境。同时，下一级战略又为上一级战略的实现提供保障和支持。企业战略层次如下图 9.1-1。

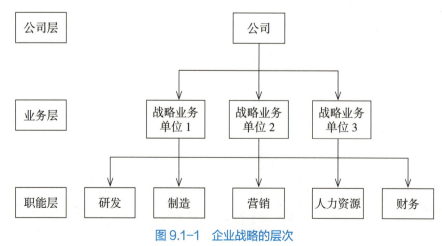

图 9.1-1　企业战略的层次

(一) 公司层战略

公司层战略又称企业总体战略，是最高层次的战略，是企业最高管理者指导和控制企业的一切行为的最高行动纲领，决定企业从事或想从事什么业务以及它想如何从事这些业务的战略。其主要强调两个方面的问题，一是"我们应该做什么业务"，即确定企业的使命、产品与市场领域；二是"我们怎样去管理这些业务"，即在企业不同的战略之间如何分配资源以及采取何种成长方向等。公司层战略分为成长型战略，稳定型战略，紧缩型战略。

1. 成长型战略

成长型战略指的是企业通过现有业务或新业务来扩大它所服务的市场数量或提供的产品数量。由于自己的成长战略，一个企业可能会提高收入、员工数量或市场份额。成长型战略是寻求扩大组织经营规模战略。它可分为集中化战略、一体化战略、多元化战略、密集型成长战略。

（1）集中化战略。集中化战略是指企业聚焦于自己的主营业务，并在这些领域中增加所提供的产品数量或所服务的市场数量，并以快于过去的增长速度来增加销售额、利润额或市场占有率。

（2）一体化战略。一体化战略是指通过资产纽带或契约方式，企业试图获得对输入（后向一体化）、输出（前向一体化）的控制，或者与同一产业的企业进行联合（横向一体化），以达到降低交易费用及其他成本、提高经济效益目的的战略。它可分为横向一体化和纵向一体化。

（3）多元化战略。多元化战略是指一个企业同时在两个或更多行业从事经营活动的战略，即可以是相关行业多元化，也可以是非相关行业多元化。相关行业多元化，是指公司增加新的且与原有业务相关的产品或服务。它可以通过自己直接投资来实现，也可以通过兼并或收购相关产业不同业务的公司来实现。非相关行业多元化，是指公司增加新的且与原有业务不相关的产品或服务。它同样可以通过自己直接投资来实现，也可以通过收购和兼并不相关产业不同业务的公司来实现。

> ▶ 练一练 ◀
>
> 小米的生态链模式是多元化战略吗？为什么？

（4）密集型成长战略

密集型成长战略，也称为加强型成长战略，是指企业充分利用现有产品或服务的潜力，强化现有产品或服务竞争地位的战略。密集型成长战略主要包括三种类型：市场渗透战略、市场开发战略和产品开发战略。

市场渗透战略，是指企业通过更大的市场营销力度，努力提高现有产品或服务在现有市场份额的战略。该战略可以通过扩大规模、提高生产能力、增加产品功能、改进产品用途、拓宽销售渠道、开发新市场、降低产品成本、集中资源优势等单一策略或组合策略来开展，其战略核心体现在两个方面：利用现有产品开辟新市场实现渗透、向现有市场提供新产品实现渗透。

市场开发战略，是指将现有产品或服务打入新市场的战略。市场开发战略的成本和风险也相对较低。实施市场开发战略的主要途径包括开辟其他区域市场和其他细分市场。

产品开发战略，是通过改进或改变产品或服务以增加产品销售量的战略。它的实施途径包括开发新的产品性能、型号、规格和质量差异。实施产品开发战略通常需要大量的研究和开发费用。

2. 稳定型战略

稳定型战略是指企业继续从事当前各种业务，在一定时期内不进行重大变革的战略。这种战略的实施通常有这么一些做法，具体如下：通过提供同样的产品和服务持续不断地服务于同样的客户，保持市场份额，维持企业的投资回报率。稳定型战略使企业决定追求既定的或与过去相似的经营目标，保持稳定状态。一种情况是当他们对企业的绩效感到满意，同时环境是稳定的和安全的，他们认为可以安于现状，不必进行重大的变革的时候，如果采取这种战略，企业一般不会成长，但也不会退步。另外一种情况就是有些企业经营者不思进取，当企业发展到一定程度的时候，原地踏步，实施稳定型战略。当然，这一种情况达不到稳定的目的。

美国的一些管理学家认为稳定型战略可分为不变战略、近利战略、暂停战略、谨慎前进战略。不变战略就是维持现状的战略。近利战略，也称维持利润战略，是一种牺牲企业未来发展来维持目前利润的战略。暂停战略是企业内部休整的临时战略，是指在一段时期内降低企业目标水平，放慢快速成长步伐、巩固现有资源的临时战略。谨慎前进战略是当企业外部环境中某些重要因素发生显著变化，而企业对环境变化带来的不确定性因素把握不了时选择的战略。当企业外部环境不明朗时，或自己对某个发展思路把握不足时，宜实施谨慎前进战略。

总的来说，稳定型战略较适宜在短期内运用，长期实施则存在较大风险。稳定型战略的成功实施要求战略期内外部环境不发生重大变化，竞争格局和市场需求都基本保持稳定。稳定型战略的长期实施容易导致企业缺乏应对挑战和风险的能力。

3. 紧缩型战略

紧缩型战略是一种处理组织劣势的公司层战略。当企业面临绩效困境时，实施紧缩型战略往往奏效，它有助于企业稳定经营，激活组织的资源和重新恢复竞争力。

与稳定型战略和成长型战略相比，紧缩型战略是一种消极的发展战略。一般企业实施紧缩型战略只是短期的，其根本目的是使企业渡过危机后转向其他的战略选择。有时只有采取收缩和撤退的措施，才能抵御竞争对手的进攻，避开环境的威胁，迅速地实行自身资源的最优配置。可以说，紧缩型战略是一种以退为进的战略。例如万科公司从"多元化"走向"专业化"采用了紧缩型战略，转让了"扬声器厂""怡宝蒸馏水"产品，走地产专业化道路。

根据不同分类依据，紧缩型战略可分为不同类型，具体如下表 9.1-1。

表 9.1-1　紧缩型战略的类型

分类依据	类型
实施紧缩型战略的基本途径	抽资转向战略
	调整性战略
	放弃战略
	清算战略
采用紧缩型战略的原因	适应性紧缩战略
	失败性紧缩战略
	调整性紧缩战略

（二）业务层战略

业务层战略，又称事业层战略、经营单位战略等。它是大型企业，特别是集团为了提高协同作用，加强战略实施与控制，企业从组织上把具有共同战略因素的若干事业部或其中某些部分组合成一个经营单位，每个战略经营单位一般都有着自己独立的产品和细分市场，这属于企业战略的第二个层次。因此，业务层战略就是战略经营单位、事业部或子公司的战略。业务层战略是在公司层战略的制约下，指导和管理具体经营单位的计划和行动，为企业的整体目标服务。

业务层战略主要针对不断变化的外部环境，在各自的经营领域有效地进行竞争。为了保证企业的整体竞争优势，各经营单位要有效地控制资源的分配和使用。同时，经营单位战略还要协调各职能层的战略，使之成为一个统一的整体。对于单一业务的小型企业和没有实行多元化的大型企业，业务层战略通常与公司战略相重叠。但对于有多事业部的企业，每一个分部都应该有自己的战略。这些战略定义了这部分的顾客以及应该提供的产品和服务。每一个分部都基于自身战略资源和核心能力进行独特方式竞争。当一家企业有多种不同业务，每一种业务又相对独立和有自己的战略时，通常称这样的部门为战略事业单位。

业务层战略和公司层战略的区别是：公司层战略是有关企业全局发展的、整体性的、长期的战略计划，对整个企业的长期发展产生深远的影响；而业务层战略着眼于企业中有关事业部或子公司的具体产品和市场，只能在一定程度上影响公司战略的实现。公司层战略形成的主要参与者是企业的高层管理者，而业务层战略形成的参与者主要是各具体事业部或子公司的经理等中层管理者。

企业有三个一般竞争战略，即成本领先战略、差异化战略和重点集中战略。企业究竟选择哪一种战略，取决于企业的优势和核心能力以及它的竞争对手劣势。

趣味动画：
成本领先战略

1. 成本领先战略

又称低成本战略，是指企业的全部成本低于竞争对手的成本，甚至是行业中最低的成本。按照波特的思想，成本领先战略应该体现为相对于竞争对手而言的低成本，但这并不意味着仅仅获得短期成本优势或仅仅是削减成本，而是一个"可持续成本领先"的概念，企业可通过低成本地位来获得持久的竞争优势。

企业采用成本领先战略主要有以下优势：

（1）形成和提高产品的进入障碍，企业的经营成本低，便为行业的潜在进入者设置了较高的进入障碍。那些生产技术不熟练、在经营上缺乏经验的企业，或缺乏规模经济的企业都很难进入此行业。

（2）增加讨价还价的能力，企业的低成本能对抗强有力的购买者。因为购买者的讨价还价只能使产品的价格下降，当价格降到与竞争对手相同水平时，企业的低成本优势使其仍能获得高于竞争对手的利润。

（3）降低替代品的威胁，企业的成本低，在与替代品竞争时，仍可以凭借其低成本的产品或服务吸引大量顾客，降低或缓解替代品的威胁，使自己处于有利的竞争地位。

（4）保持领先的竞争地位，当企业与行业内的竞争对手进行价格战时，由于企业的成本低，可以在其对手毫无利润的低价格的水平上保持盈利，从而扩大市场份额，使自己处于有利的竞争地位。

2. 差异化战略

差异化战略是指将企业提供的产品或服务实现特色化，使企业的产品和企业提供的服务与竞争对手有明显区别，形成与众不同的特点而采取的一种战略。差异化战略建立起本企业在行业中独有的一些东西，通过提供与众不同的产品或服务，满足顾客的特殊需求，从而达到吸引顾客的目的，最终形成企业的竞争优势。差异化战略可分为产品差

趣味动画：
差异化战略

异化战略、服务差异化战略、人事差异化战略、形象差异化战略。企业采用差异化战略主要有以下优势：

（1）形成进入障碍，差异化的产品或服务是针对某些特殊顾客的特殊需要，而这些具有特色的产品或服务是其他企业不能提供的。这就形成了顾客对该企业产品或服务的信赖和忠诚，从而形成了强有力的进入障碍。如果行业内有新的竞争者加入，它必须克服原产品的独特性对顾客的影响及扭转顾客对原产品的信赖和忠诚，这便增加了新加入者的进入难度。

（2）给企业带来超额收益，因为差异化的产品或服务很好地满足了某些顾客的特殊需求。因此这些顾客往往愿意支付更高的价格，甚至在某些情况下，这些顾客没有别的选择，不得不支付更高的价格。这种较高价格不仅可以弥补企业为了达到差异化而增加的成本，甚至还可以带来额外的收益。超额收益的多少和企业产品或服务的差异化的程度有关，差异化程度越大，竞争对手越难以模仿和替代，顾客就越愿意为这些特色化的产品支付较高的价格。

（3）降低顾客的价格敏感程度，由于产品或服务的差异化，顾客对该产品或服务具有较高的忠诚度。当这种产品的价格发生变化时，顾客对价格的反应往往并不敏感，因为顾客看重的是本产品的独特之处，往往并不在乎价格的高低。另外，因为产品或服务是独特的，有时甚至是独一无二的，顾客很难找到价格比较的对象。生产该产品的企业便可以运用产品差异化战略，在行业的竞争中形成一个隔离带，避免竞争者的进攻，同时也提高了企业的讨价还价能力。

（4）防止替代品的威胁，如果企业提供的是大众化的产品或服务，即使在成本方面占据领先地位，企业也时刻面临其他企业的替代品的威胁。而具有特色的产品或服务，能够更加赢得顾客的信任，且顾客购买这些产品或服务时往往不在乎其价格，因此，有差异的产品或服务可以在对付替代品竞争对手时处于更加有利的地位。

3. 重点集中战略

重点集中战略又称目标集中战略和聚焦战略，是指企业把经营的重点放在一个特定的目标市场上，并为这个特定的目标市场提供特定的产品或服务。实施重点集中战略的企业不是围绕着整个产业，而是围绕一个特定的目标进行密集性的生产经营活动，要能够提供比竞争对手更为有效的产品或服务。

重点集中战略的重点可以是成本重点，也可以是产品重点。实行成本重点时，企业要在所处的目标市场中取得低成本的优势；实行产品重点时，企业则要在目标市场中形成独特的差异化。

重点集中战略实际上是特殊的差异化战略和特殊的成本领先战略。企业采取重点集中战略也许在整个市场上并没有取得成本领先或差异化优势，但在较狭窄的市场范围内却是成本领先或差异化的。采用重点集中战略的企业一般规模较小，往往不能同时采用差异化和成本领先战略。根据不同分类依据，重点集中战略可分为不同类型，具体如下表 9.1-2。

表 9.1-2　重点集中战略类型

分类依据	战略类型
从重点集中战略聚焦的焦点划分	产品线集中战略
	顾客集中战略
	地区集中战略
从实施重点集中战略的手段途径划分	低成本集中战略
	差异化集中战略

企业采用重点集中战略主要有以下优势：

重点集中战略是企业在某一特定的目标市场上实施成本领先战略或差异化战略，因而，可以防御行业中的五种基本竞争力量，同时也可避免在大范围内与竞争对手竞争，增强相对竞争优势，尤其对一些力量还不足以与大企业相抗衡的中小企业来说，可以增强其竞争力量。

采用重点集中战略也可以使企业避免与竞争对手的正面冲突，使企业处于竞争的缓冲地带。

趣味动画：
聚焦战略

重点集中战略便于集中企业的资源，更好地为某一目标市场服务，抵御外部竞争对手的进入。

重点集中战略可以使战略目标集中明确，经济结果易于评价，战略管理过程易于控制，从而带来管理上的简便。重点集中战略是最适合中小企业的战略。因为中小企业规模小、资源有限，往往无法经营多种产品以分散风险。因此，不如集中有限的优势兵力专攻一行，将有限的资源用到最优的项目上。例如，格力空调是中国家电企业中唯一一家坚持重点集中战略的企业，空调业务占到整体业务的97%，是全球最大的家用空调制造商，通过品牌和市场多年聚焦所形成的绝对优势保证了较高的市场份额，产品议价能力强，在成本不断上涨的情况下，依然能保持着较高市场份额。

（三）职能层战略

职能层战略是指企业内部主要职能部门的短期战略计划，目的在于使职能部门管理人员更清楚地认识到本职能部门在实施公司战略中的职责和要求，有效运用研究开发、营销、生产、财务、人力资源等方面的经营职能，保证企业战略的实现。职能层战略的关键任务是，组织各职能部门根据自身资源与能力，为公司层和业务层战略服务，从而提高整个公司的运作效率。职能层战略可分为：市场营销战略、财务战略、研究与开发战略、生产战略、人力资源战略等。

1. 市场营销战略

市场营销是指那些将生产者的产品或服务送到市场或顾客手中的活动，其基本任务是在适当时机将适当产品或服务投放于适当地点。市场营销战略是指企业确定的在未来某个时期欲达到的市场营销活动目标以及为实现这一目标所预定要采取的长期的、全局的行动方案。市场营销战略的有效实施可以使企业获利并能高效地服务于顾客，满足目标顾客的需求。市场营销战略是企业整体战略的集中表现，它的制定事关企业的方方面面，需要在综合考虑企业的各种资源和能力的基础上由高层管理者制定。

市场营销战略是在公司层战略指导下制定的，一般可包括市场分析（市场细分，市场/产品战略组合）、产品战略（先慢后快、后发制人的产品战略，产品差异战略，产品多样化战略）、促销战略、价格战略、渠道战略。

2. 财务战略

财务战略是指在对企业现有资金市场充分认识的基础上，根据企业财务实际情况选择企业投资方向，融资渠道，调整企业内部财务结构，保证企业资金需要，以最佳资金利用率来协助企业实现战略目标。制定财务战略的前提是对企业内外部财务环境的仔细分析。外部财务环境包括从外部筹集资金和投资活动的可能性与影响因素、企业和其他机构之间的资金往来关系以及资金市场的状况等。内部财务环境包括企业内部资金流动和积累、企业财务结构和状况等。财务战略具有从属性、导向性、长期性、系统性和风险性等特点。财务战略主要包括筹资战略、投资战略、利润分配战略、财务结构战略。

3. 研究与开发战略

企业之间的竞争表现在企业内外部。外部竞争表现在产品与服务的竞争，内在竞争表现为技术的竞争，而企业的研发是获取技术的重要途径，研究与开发战略正在受到越来越多的关注与重视。根据不同的分类方法，研究与开发战略的类型也不同，具体如下表 9.1–3。

表 9.1–3　研究与开发战略类型

分类依据	战略类型
根据开发力量的不同	自主研发战略
	合作研发战略
根据研发的起点不同	首创研发战略
	模仿研发战略
根据研发的对象不同	技术研发战略
	产品研发战略
	生产研发战略
根据研发技术的变化过程	聚变战略
	裂变战略
根据研发技术的变化程度	渐进研发战略
	飞跃研发战略

4. 生产战略

生产战略是指企业根据所选定的目标市场和产品特点构造其生产系统时所遵循的指导思想，以及在这种思想下进行的一系列决策、规划及计划。生产战略作为一个职能战略，其作用是在生产领域内取得某种竞争优势以支持企业的总体战略和竞争战略的成功实施，而不仅局限于处理和解决生产领域内部的矛盾和问题。它包括生产系统设计战略与生产系统运行战略。

5.人力资源战略

企业最重要的资源是具有技能、智能、创造性和主动性的人力资源，人力资源战略是根据企业总战略和竞争战略对人力资源的需求，对企业的人力资源进行开发、培训和合理使用的过程。企业人力资源战略要解决的问题不是个别岗位和层次上的人才选用问题，其基本着眼点是根据企业中长期发展目标，建立管理团队，从而总体规划人才队伍的发展目标，制定相应的实施方案与措施，有计划地逐步加以贯彻和实施。人力资源战略可分为人才开发战略、人才培养战略、人才结构优化战略、人才使用战略四种类型。

四、中小企业的发展战略

对中小企业而言，发展战略是中小企业发展的重要组成部分，发展战略的制定与实施，有利于提高企业的核心竞争力，提升企业产品的市场占有率，使企业获取更多的收益，实现持续健康的发展。

(一) 诚信经营

由于经济不断发展，中小企业数量逐渐增多，企业管理者应当做到诚信经营，因为要想企业稳定持续发展，就应该使消费者相信企业生产的产品、提供的服务。国家富强、民族振兴需要的是真正能够推进我国经济发展，展示我国实力的企业，而不是那些抱着侥幸心理，违规造假的企业。诚信经营包括在生产过程中不偷工减料，不添加违规原料等。在销售时，不虚假推销欺骗消费者，在财务方面也严格按照事实情况进行记录。

(二) 重视人才

重视人才具体包括留住人才、尊重人才、人尽其才。其中留住人才是关键，中小企业应当敢于提拔任用人才，设置合理的薪酬福利，最重要的是要尊重、信任人才，尽可能为其提供才能展示的舞台，要对员工的成就给予一定的肯定，提升员工的归属感，才能更好地留住人才，为企业创造更多价值。有效的激励机制可以实现中小企业人力资源管理目标，为企业创造更多经济效益，是企业管理的核心武器。

1.通过长远的职业规划挽留人才，使用人才需因才任用，摒弃传统的熬资历的想法，只要青年员工能力可以胜任，那么及时提拔任用是对其能力的一种肯定。

2.通过中长期股权激励，制订员工持股计划，通过三年、五年、十年、二十年分别给予不同倍数份额的股权激励，将员工个人利益和企业利益联系到一起，让其对未来有预期。

3.通过短期薪酬制度留人，人们总有一个比较心理，与同岗位的比较、与同地区的比较等，略高的薪酬不仅能带来更低的离职率，同时还有员工对企业的认可度和满意度。

(三) 提高技术创新能力

大众创新、万众创业，创新是企业发展的不竭动力。纵观各行各业，只有那些不断改革创新的企业，才能够在竞争中居于主动位置，在竞争中脱颖而出。创新可以体现在多个方面，管理方式、技术、企业制度、营销方式、产品都可以创新，每一次创新对一个企业来说，不仅是一次挑战，更是一次机遇，中小企业应该把握机会，在国家相关政策的指引下，结合企业实际情况与市场行情，做出合适的创新策略，使企业朝气蓬勃，不断取得新发展。

(四) 融资战略助力中小企业

中小企业融资能力对企业未来发展趋势起决定性的作用。所以中小企业要通过打造内部优势，努力创造条件。通过发行股票、发行债券实现融资。除此之外，也要积极开拓其他外部融资渠道，让融资渠道多元化。如扩大短期融资规模、实施创业投资或者私募股权投资等。中小企业要根据自己所处的生命周期，最大限度地获得融资支持。在初创期，企业还没步入正轨，主要是选择股东、员工等内部人员作为融资来源，以一定量的社会融资为辅，而达到成熟期后，可以选择商业银行融资。

▶ **任务实施**

此次任务可以通过如下途径实现：

（1）阅读小米手机战略案例，小米手机采用的战略属于什么类型，中小企业如何制定战略规划？

（2）通过文献检索法，总结专家学者对中小企业战略规划方法的观点。

（3）通过小组讨论，分析小米手机的战略规划，梳理中小企业战略规划要点，派出代表汇报。

▶ **任务小结**

　　企业战略是指根据企业外部环境及企业内部资源和能力状况，为建立持续竞争优势、求得企业持续发展，对企业发展目标、达到目标的途径和手段的总体规划。战略管理有利于企业明确方向，合理配置企业资源，增强企业管理者战略意识，扬长避短，取得竞争优势，助力人力资源管理。一个现代企业的战略可以划分为公司层战略、业务层战略、职能层战略三个层次。公司层战略分为成长型战略、稳定型战略、紧缩型战略。业务层战略一般包含成本领先战略、差异化战略和重点集中战略。职能层战略分为市场营销战略、财务战略、研究与开发战略、生产战略、人力资源战略等。

任务二　选择融资渠道

▶ **任务导入**

　　河南 YH 科技集团公司（以下简称：YH 集团）是一家拥有六项软著权、三十二项专利权、四十五项商标注册号等新材料相关技术和专利的高新技术企业。作为新兴的新材料产业集团，公司在快速发展过程中，面临着股东投入资金不足以支撑公司的发展战略，出现资金短缺和融资困难的窘境。后来根据公司战略，YH 集团选择适合自己的融资渠道，满足了自身的资金需求。YH 集团拟订了短期、中期、长期三种融资方案：短期融资主要是银行贷款及供应链融资；中期融资主要是与实力较强的战略合作伙伴进行企业间借款；长期融资方案就是引进中小股东共享企业发展红利。

　　1. 短期融资主要成果

　　2019 年，黑金商城在全国拥有 3000 名合伙人级别会员（合伙人级别最小管理有一个县域）。合伙人加盟保证金 2 万 –10 万元，保证金作为合伙人业绩保证，公司与合伙人签订合伙协议约定该保证金只能用于产品生产运营，合伙有效期三年并可以随时退出返还。该供应链融资策略不仅增强了公司新材料产业联盟的产业链合作伙伴之间的黏性，同时，募集了短期稳定资金将近 1.5 亿元，该资金能够有效地应用于公司产品的生产制造。

　　2. 中期融资主要成果

　　公司通过研发的专利高效新材料地暖膜和专利新材料甲醛分解涂料与一些实力雄厚的地产集团签订了战略供应合作合同；经过两三年合作，取得了它们对公司产品品质的信赖，也取得了合作伙伴对公司供货效率的信任，更促进了更深一层的合作；经过与各个战略合作伙伴深入沟通，在确保对各个合作地产项目及时供货，达成企业与供货合同之外的资金合作，分别与河南 JY 集团、XY 集团、ZS 集团、YW 地产集团、KQ 地产集团签订了略高于银行贷款利率期限三年到五年的企业借款合同，合计筹集了企业间借款 2 亿元。

3. 长期融资主要成果

公司引入券商和会计师事务所、律师事务所辅导公司进行上市筹备；同时成立两个平台公司，一个作为引入员工入股的平台，鼓励员工投资入股共享发展红利；一个作为合伙人投资入股平台，鼓励合伙人投资入股；截至 2021 年 9 月底，公司通过股权融资成功募集了 1 亿元长期资金。

请思考：

1. YH 集团融资渠道有哪些?

2. 中小企业如何选择融资渠道?

资料来源：王继波 . 中小企业融资渠道选择与风险控制：基于河南科技集团公司的案例分析 [J]. 全国流通经济，2022（8）：121-124.

▶ **任务分析**

任何创业都需要成本，能否快速、高效地筹集到资金，是创业成功的关键要素之一。YH 集团拟订的短期、中期、长期三种融资方案为企业筹集到充足的资金，有利于企业健康发展。作为未来中小企业创业与经营者，要善于根据企业实际选择合适的融资渠道，制订合理的融资方案。

▶ **知识准备**

一、创业融资需求的确定

对创业者来说，要学会利用各种融资渠道筹集创业资金，才能将自己的技术和创意转化为盈利的工具，才有机会实现梦想。从狭义上讲，融资是一个企业筹集资金的行为与过程，也是企业根据自身生产经营状况、资金拥有状况、未来经营发展的需要等，通过科学的预测和决策，采用一定方式，从一定渠道向企业投资者或债权人去筹集资金，并组织资金供应，以保证正常生产需要以及经营管理活动需要的理财行为。从广义上讲，融资也称金融，就是货币资金融通，是当事人通过各种方式到金融市场筹措或寻求资金的行为。从当代经济发展的角度看，企业比以往任何时候都需要更加深刻、全面了解金融知识、金融机构、金融市场，因为企业发展离不开金融支持，企业必须与之打交道，创业企业更应如此。

创业所需筹集资金，既不能过少也不能过多，而是应该处于一个适度范围。如果创业者低估企业资金需要，筹集资金太少，企业就会投资不足、筹资不足，影响企业融资计划及其他业务的正常开展，妨碍企业规模的合理扩大，其结果可能是企业会在某个时候歇业。反之，如果筹资过多，可能造成资金闲置浪费，或者投资过度。投资过度的企业拥有太多的现金会给创业企业的股东传达错误的信息。例如，这会使员工认为企业运行得比实际状况好，因此他们迫切要求提高工资和福利待遇；客户认为创业企业手头有足够现金，他们要求用更长时间来付款；现金用于不必要的额外补贴和办公设施升级，投资者可能会认为企业用钱不慎，缺乏节约精神等。

一般来说，创业融资需求主要取决于以下几个因素。

1. 最低有效规模。这是指创业企业实现可能的最低单位生产成本的产量水平。创业者通常需要筹集可以实现最低有效规模的资金，否则将处于竞争劣势。

2. 盈利能力。其他条件相同时，盈利能力越强，企业越有能力从内部满足资金需求，同时对外部融资需求也就越低。

3. 现金流。现金流水平低的企业需要更多的资金，反之，现金流水平高的企业需要较少的资金。

4. 销售增长率。销售增长率越高，要求企业增加的投资多，因而需要的资金就越多。

此外，还有其他一些因素也会影响融资需求。例如，创业者对于营运资本和现金流的管理能力，管理良好的营运资本和现金流可以显著地增强企业的盈利能力，从而减少对资金的需求。当然，在企业生命周期的各个阶段，融资需求也是有差异的。

微课视频：
选择合适的融资渠道

二、创业融资的主要类型

按照分类标准的不同，创业融资可以划分为不同的类型。常见的一种分类方式是按照资金的来源不同，把创业融资分为内源融资和外源融资两大类。

（一）内源融资

亦称内部融资，是指企业通过自身经济活动获得资金，并将其用来满足经营、投资等需要的方式，包括向企业主、股东、合伙人或内部职工等与企业有利益关系的人员借款而获得资金。它的资金来源主要是企业的留存收益、折旧基金等。从某种意义上说，内源融资就是企业的自我组织与自我调剂资金的活动，对企业的资本形成具有原始性、自主性、低成本性和抗风险性的特点。这种融资方式的缺点是融资来源有限，有时无法满足企业的需要。

（二）外源融资

亦称外部融资，是指企业通过外部的其他经济主体筹集资金的方式，包括贷款融资、股票融资、债券融资、贸易融资、租赁融资、典当融资、风险融资等。外源融资对企业的资本形成具有高效性、灵活性、大量性和集中性的特点。这种融资方式的缺点是手续烦琐，融资成本高、风险大。

外源融资还可细分为直接融资和间接融资。直接融资是不经金融机构等媒介，资金供求双方通过一定的金融工具直接形成债权债务的融资方式，其融通的资金直接用于生产、投资和消费。一般政府或企业通过发行债券、股票以及商业信用等形式在资本市场上公开进行融资活动，其发行的证券代表着一定的财产权或债权，这些有价凭证一般可在市场上公开交易。筹资者发行证券往往是以自身的财产、信誉、盈利前景等为保证进行的，因此在发行之前，必须进行资产评估、会计审计、律师公证等工作。直接融资具有筹资范围广、规模大、可以连续筹资而且具有社会宣传效应等特点。间接融资是资金供求双方通过金融中介机构间接实现资金融通的方式，如企业向银行、信托公司进行融资等，典型的间接融资是银行信贷融资。间接融资具有聚少成多、短借长贷、分摊风险、降低利息和交易成本等优点。

上述两者都可以提供长期资金来源。从保护投资者利益的角度上讲，间接融资比直接融资更受投资者欢迎。直接融资和间接融资可以相互促进、相得益彰。

三、创业融资的主要渠道

融资渠道即企业筹措资金的方向和通道，体现了资金的来源和流量。它直接影响着企业的融资成功率和融资成本，并决定企业融资的方向。以下重点介绍几种可采用的融资渠道。

（一）政策基金

近年来，政府充分意识到中小企业在国民经济中的重要地位，尤其是各省市地方政府，为了增强自己的竞争力，不断采取各种方式扶持科技含量高的产业或优势产业。为此，各级政府相继设立了一些政府基金予以支持。这就为拥有一技之长又有志于创业的诸多科技人员提供了较好的创业融资渠道。其优势在于利用政府资金，不用担心投资方的信用，而且政府投资一般都是免费的，大大降低或免除了筹资成本。但申请创业基金有严格的申报要求，政府每年的投入有限，筹资者需要与其他筹资者竞争。

（二）银行贷款

从目前情况看，银行贷款有以下4种。

1. 抵押贷款

抵押贷款是指借款人向银行提供一定的财产作为信贷抵押的贷款方式。为了保证到期归还，这些贷款均以企业资产或现金流为基础，又分为应收账款抵押贷款、存货抵押贷款、设备抵押贷款、不动产抵押贷款。不动产也常被用作基于资产的融资，这种抵押贷款往往容易得到，筹资企业常常将此贷款当作购买地产、工厂或其他建筑的资金，获得的资金一般可达到其价值的75%。

2. 信用贷款

信用贷款是指银行仅凭对借款人资信的信任而发放的贷款，借款人无须向银行提供抵押物。信用担保贷款系列共有中投保政策性担保、商业性担保公司担保和区担保中心担保3类贷款。

3. 担保贷款

担保贷款是指以担保人的信用为担保而发放的贷款。它具体包括以下几个方面。一是信用担保。以中央和地方政府预算拨款为主要担保的资金来源，设立具有法人实体资格的独立担保机构，实行市场化公开运作，接受政府机构的监管，不以营利为主要目的为其基本特征。二是联合担保。以政府财政部门与中投保公司合作，共同出资经营。

由地方财政部门对银行做出承诺保证责任并推荐中小企业，由担保公司办理具体担保手续，有商业担保与信用担保的双重特点。三是互助担保。中小企业自发组建的担保机构，不以营利为主要目的为其基本特征。此类机构主要是由地方工商联、私营协会等自发筹建，其担保资金以会员企业出资为主要来源，地方政府也给予一定铺底资金资助，运作方式上采取担保基金形式封闭运作。四是商业担保。以企业、社会、个人出资组建，独立法人、商业化运作、以营利为目的，同时，兼营投资等其他业务为其主要特征，此类机构占全部担保机构的4%左右，主要是以地方工商联、私营协会及私营企业、科技部门、开发区及其他公司等组建，个别地方政府部门也有出资。

4. 贴现贷款

贴现贷款是指借款人在急需资金时，以未到期的票据向银行申请贴现而融通资金的贷款方式。企业如果能充分利用票据贴现融资，则远比申请贷款手续简便，而且融资成本很低。票据贴现只需带上相应的票据到银行办理有关手续即可，一般在3个营业日内就能办妥。对于企业来说，这是"用明天的钱赚后天的钱"，这种融资方式值得中小企业广泛积极地利用。在此，提醒创业者从申请银行贷款起，就要做好打"持久战"的准备，因为申请贷款除了与银行打交道，还要经过工商管理部门、税务部门、中介机构等，手续烦琐，任何一个环节都不能出问题。

（三）风险投资

风险投资（Venture Capital, VC），与维生素C简称VC一样，而且从作用上来看，两者也有相同之处，都能提供必需的"营养"。

风险投资一般采取风险投资基金的方式运作。它虽然是一种股权投资，但投资并不是为了获得企业所有权，也不是为了控股，更不是为了经营企业，而是通过投资和提供增值服务把投资企业做大，然后通过公开上市（IPO）、兼并收购或其他方式退出，在

趣味动画：
IPO

产权流动中实现投资回报。风险投资的产业领域主要是高新技术产业。

作为风险投资的一种——"天使投资",正越来越被人们所熟悉。"天使投资"一词源于纽约百老汇,特指富人出资资助一些具有社会意义演出的公益行为。对于那些充满理想的演员来说,这些赞助者就像天使一样从天而降,使他们的美好理想变为现实。后来,天使投资引申为一种对高风险、高收益的新兴企业的早期投资。相应地,这些进行投资的富人就被称为投资天使、商业天使、天使投资者。

目前,天使投资者对投资项目的评判标准主要有以下几点:①是否有足够的吸引力;②是否有独特的技术;③是否具有成本优势;④能否创造新市场;⑤能否迅速占领市场份额;⑥财务状况是否稳定,能否获得5-10倍于原投资额的潜在投资回报率;⑦是否具有盈利经历;⑧能否创造利润;⑨是否具有良好的创业管理团队;⑩是否有一个明确的投资退出渠道。

"天使投资"与风险投资一样,不会轻易从天上掉下来,而是有的放矢。要想获得"天使投资"的青睐,创业者首先要注意自身所拥有技术的商业化程度;其次,要注意项目技术发展的持续性和竞争性,要注意产品进入市场的反应,而不要等技术完全成熟后再考虑全面进入市场;再次,创业者要提供一份思路清晰、论证充分、观点鲜明的商业计划书,并能给出10-20倍回报或在5年内提供5倍回报的"甜头",这样,才能在众多的申请案例中吸引天使投资者的"眼球"。

▶ 案例分享 ◀

士泽生物医药成立于2021年3月,为帕金森病等尚无临床解决方案的疑难疾病提供规模化、低成本的细胞治疗方案,2021年6月公司获得子基金天使轮投资,9月引入行业权威专家加盟,10月获得2021年中国生物医药最具创新力50强企业和最佳人气奖。

资料来源:顾巍钟,陈娴,孟培嘉等.天使投资,为城市"赢未来"[N].新华日报,2022-01-24(17).

(四)融资租赁

融资租赁是一种以融资为直接目的的信用方式,表面上看是借物,而实质上是借资，以租金的方式分期偿还借资。该融资方式具有以下优势：不占用创业企业的银行信用额度，创业者支付第一笔租金后即可使用设备，而不必在购买设备上一次性大量投资，这样就有更多资金可调往最急需的地方。创业企业若需要投入大件设备，可以考虑采用该种融资方式，但在选择时要挑那些实力强、资信度高的租赁公司，且租赁形式越灵活越好。

（五）合伙投资

寻找合伙人投资是指按照"共同投资、共同经营、共担风险、共享利润"的原则，直接吸收单位或个人投资，是合伙创业的一种筹资途径和方法。合伙创业不但可以有效筹集到资金，还可以充分发挥人才的作用，并且有利于各种资源的利用和整合，能尽快形成生产能力，降低创业风险。但俗话说"生意好做，伙计难做"，合伙投资可以解决资金不足的问题，但合伙人多了就容易产生意见分歧，降低办事效率，也有可能因为权利与义务的不对等而产生合伙人之间的矛盾，不利于合伙基础的稳定。

（六）亲情融资

个人筹集创业启动资金最常见、最简单而且最有效的途径就是向亲友借钱，它属于负债筹资的一种方式。其优势在于向亲友借钱一般不需要承担高额的贷款利息，资金成本较小。因此，这种方式只在借钱、还钱时增加现金的流入和流出。这个方法筹措资金速度快、风险小、成本低。但其缺陷体现在向亲友借钱创业，会给亲友带来资金风险，甚至资金损失，如果创业失败还会影响双方感情。

（七）典当融资

典当融资是一种新型的融资方式，更是一种特殊的融资方式，具有筹资方式灵活、质押范围广、贷款速度快、提供的配套服务周全等特点，但要注意的是利息要高于银行贷款。创业者融资前要先考虑好：需要的钱能否立即从银行得到。如果能，自然应首选

微课视频：
中小企业融资渠道问题分析及对策

银行；如果无法从银行得到贷款，想"借道"典当融资，也应细算一下典当融资成本是否划算。总之，"急用""即还"是典当融资的两大要点，比较适合急需融资但资金需求不大的创业者。

　　自主创业的融资渠道还有许多种，以上为常用渠道。选择何种融资渠道，应结合投资性质、企业资金需求、融资成本和财务风险以及投资回收期、投资收益率、举债能力等因素综合考虑。创业者只有解决好融资问题，才能将技术和创意转化为盈利工具，才能在激烈的市场竞争中立于不败之地。拓宽融资渠道，对投资者负责才能使企业茁壮成长。面对创业的低成功率和融资困难等问题，不仅需要政府强有力的政策支持，还需要社会、家庭的扶助与支持。

▶　**任务实施**

　　此次任务可以通过如下途径实现：

　　（1）阅读河南 YH 科技集团公司的融资案例，请思考：YH 集团融资渠道有哪些？中小企业如何选择融资渠道？

　　（2）通过文献检索法，对专家、投资者等对中小企业融资渠道的观点进行总结。

　　（3）通过小组协作，总结梳理中小企业融资渠道选择的办法，派出代表在课堂上进行汇报。

▶　**任务小结**

　　创业所需筹集的资金，既不能过少也不能过多，而是应该处于一个适度的范围。创业融资需求主要取决于最低有效规模、盈利能力、现金流、销售增长率等因素。按照资金来源不同，把创业融资分为内源融资和外源融资。创业融资主要渠道包括政策基金、银行贷款、风险投资等。

任务三　吸引与选择风险投资

▶ **任务导入**

　　自 2017 年界面新闻首次发布中国风险投资人排行榜以来，红杉资本全球执行合伙人沈南鹏已连续四年登上中国顶级风险投资人榜首。他参与投资了今日头条、美团点评、拼多多、奇虎、阿里巴巴、京东等中国一线互联网企业。曾经投资小米 500 万美元赚了 866 倍的五源资本创世合伙人刘芹排在中国风险投资人名录第二位，除了小米集团外，刘芹还投资了金山办公、小鹏汽车、地平线机器人、上上签、keep 等项目，这些项目也给他带来了不小的回报。整体来看，这些投资人更加关注 5G、人工智能、精准医疗、区块链、新能源汽车等与科技相关的领域。除此之外，医药健康类企业在 2020 年也格外受资本的青睐。

　　请思考：

　　沈南鹏和刘芹这样的投资人为什么眼光毒辣，中小企业如何吸引和选择风险投资？

　　资料来源：买购网

▶ **任务分析**

　　创业由于受到团队成员工作经验、知识结构，特别是资金的限制，成功尤为艰难。因此，吸引风险投资，借助风险投资人的管理经验实现中小企业的快速成长，就成了创业成功的重要助推力。风险投资的获得除了取决于企业自身素质之外，还需要一定融资技巧。获取风险投资过程也是展示创业企业投资价值和发展创业企业家融资技巧的过程。沈南鹏和刘芹这样的投资人投资经验丰富，作为未来中小企业创业与经营者，要时常关注他们公开发布的观点，积累为中小企业吸引和选择风险投资的常识。

▶ **知识准备**

所谓风险投资，是指由职业金融家投入新兴的、迅速发展的、有巨大竞争潜力的企业中的一种权益资本。要获得风险投资，就必须了解风险投资全过程管理程序，接受投资机构或投资人的严格考察和盘问，接受风险投资确定的"游戏"规则。

一、风险投资的四大因素

(一) 风险资本

风险资本是指由专业投资人提供的，投向快速成长并具有很大升值潜力新兴公司的一种资本。在通常情况下，由于被投资企业财务状况不能满足投资人在短期内抽回资金的需要，因此无法从传统渠道（如银行贷款）获得所需资金，这时风险资本便通过购买股权、提供贷款或既购买股权又提供贷款的方式进入这些企业。

(二) 风险投资人

风险投资人是风险资本的运作者，它是风险投资流程的中心环节，其工作职能是：辨认、发现机会，筛选投资项目，决定投资，促进风险企业迅速成长，退出。资金经由风险投资公司的筛选流向风险企业，取得收益后，再经风险投资公司流至投资人。

风险投资人大体上分为以下 4 类。

1. 风险资本家。他们是向其他企业家投资的企业家，与其他风险投资人一样，通过投资来获取利润。但不同的是，风险资本家所投出的资本金全部归其自身所有，而不是受托管理的资本。

2. 风险投资公司。他们大部分通过风险投资基金来进行投资，这些基金一般以有限合伙为组织形式。

3. 产业附属投资公司。这类公司往往是一些非金融性实业公司下属的独立风险投资机构，它们代表母公司的利益进行投资。与专业基金一样，这类风险投资人通常将资金投向一些特定的行业。

4. 天使投资人。这类风险投资人通常投资于非常年轻的公司以帮助这些公司迅速启动。

（三）风险企业

如果说风险投资人的职能是价值发现的话，那么风险企业的职能就是价值创造。创业者是一个新技术、新发明、新思路的发明者或拥有者。他们在其发明、创新进行到一定程度时，由于缺乏后续资金而寻求风险投资人的帮助。除了缺乏资金外，他们往往缺乏管理的经验和技能，这也需要风险投资人提供帮助。

（四）资本市场

资本市场是风险投资实现增值变现的必由之路，没有发达、完善的资本市场，就不可能使风险投资获得超额回报，从而使风险投资人丧失进行风险投资的原动力。

二、风险投资的运作流程

一般而言，风险资本从投入到退出基本上要经历以下程序：

1. 筹措资本，建立风险投资公司基金；

2. 选择投资项目；

3. 洽谈、评估，达成协议；

4. 投入资本并运营、监管和辅导，以求资本收益最大化；

5. 成功后实施退出。

▶ 小贴士 ◀

投资人和债权人进行信用评估的 5 个 C

1. 资本（capital）。它是指新创企业在贷款之前投入的自由权益资本。投资人和债权人认为创业者投入自由权益资本是分担风险的策略。

2. 能力（capacity）。新创企业的失败经常是因为缺乏现金而不是没有利润。创业企业必须向投资人或债权人说明其能产生维持生存的现金流量的能力。

3. 担保（collateral）。它是指向债权人保证安全偿还贷款的资产。

4. 性格（character）。它包括一些无形的特征，如诚实、正直、干练等。在投资人和债权人眼中，个性评估在决定是否把钱投进一个创业项目中起着十分重要的作用。

5. 环境（conditions）。投资人和债权人进行投资决策时会考虑企业经营的环境因素，如竞争状况、潜在市场增长、总体经济状况等。

三、创业企业如何吸引风险投资

创业人员要对风险投资有一个基本的认识，如风险投资的特点、运作机制，不同风险投资机构的偏好等，而最主要的是了解风险投资机构筛选项目的一些基本标准。一般而言，不论什么类型的风险投资机构，对于拥有自主知识产权和产品市场前景广阔的中小型高新技术企业来说都较为青睐。产权清晰、拥有核心技术则是获得风险投资的两个基本条件。

创业人员还要明确吸引什么样的风险投资机构，不同的风险投资机构有不同的行业投资偏好，这些决定了能够提供除资金支持以外什么样的增值服务，如企业管理咨询、市场策划、人才培训、发展规划等。创业企业在吸引风险投资时，应特别注意以下几个方面的问题。

（一）熟悉风险投资的运作机制

在进入评审程序之前，要了解风险投资人的产业投资爱好，特别是要了解他们对投资项目的评审程序，要学会从对方的角度来客观地分析自己的企业。风险投资人看重的不仅是技术，而是由技术、市场和管理团队等资源整合起来而产生的盈利模式。风险投资人要的是投资回报，而不是技术或企业本身。

（二）合理评估企业的价值

创业企业要认真分析从产品到市场，从人员到管理，从现金流到财务状况，从无形资产到有形资产等方面的优劣势，把优势的部分充分体现出来，对劣势部分提出具体的弥补措施。特别要注重企业无形资产的价值评估，特别是核心技术在得到权威部门的鉴定后，要请专业评估机构评估，实事求是地把企业的价值挖掘出来。

（三）写好商业计划书

商业计划书是获得风险投资的"敲门砖"。商业计划书的重要性在于：首先，它是风险投资人快速了解项目的概要，评估项目的投资价值，并作为尽职调查与谈判的基础性文件；其次，它作为企业创业的蓝图和行动指南，是企业发展的重要基础。

（四）宣传、推销自己的企业

与风险投资机构接触，通过各种途径包括参加高交会、产权交易所挂牌、直接上门等方式寻找风险资本，但最有效的方式还是要通过有影响的机构、人士推荐。因为这种推荐能使风险投资人与创业者迅速建立信用关系，消除很多不必要的猜疑、顾虑，特别是道德风险方面的担忧。要认真做好第一次见面的准备，以及过后锲而不舍地跟踪，并根据风险投资机构的要求不断补充相关资料，修改商业计划书的内容。

（五）做好风险投资机构价值评估与尽职调查

创业者必须做好充分准备，来应对风险投资人的提问和风险投资人对企业经营管理的查验。风险投资人的问题将主要集中在 4 个领域，即管理、独特性、计划与投资回报、资本撤回。在考察过程中，创业者应以积极的态度与风险投资人谈判。但是需要了解谈判时应坚持的行为准则。在风险投资人的会谈过程中，除了要注意紧紧围绕商业计划书展开讨论外，企业家还应明确"该做什么"和"不该做什么"，即"六要"和"六不要"行为规则。

所谓"六要"，具体包括以下内容。

1. 要对本企业和本企业的产品或服务持肯定态度并充满热情。

2. 要明确自己的交易底线，在必要时可以放弃会谈。

3. 要记住争取和风险投资人建立一种长期合作关系。

4. 要对尚能接受的交易进行协商和讨价还价。

5. 要对风险投资人的个人情况充分了解。

6. 要对风险投资公司所投资的项目及其投资项目组合进行了解。

所谓"六不要"，具体包括以下内容。

1. 不要回避风险投资人所提的问题。

2. 不要对风险投资人的提问回答得模棱两可。

3. 不要对风险投资人隐瞒问题。

4. 不要急于让对方立刻做出决定，要有耐心。

5. 不要把交易的价格"定死"，要有灵活性。

6. 不要在细节上过多纠缠。

从准备商业计划书到与风险投资人谈判，每一步都对成功获得风险投资起着至关重要的作用。一个具有投资价值的项目，一位优秀的创业者，经过适当地运作，最终将成功获得风险投资。

（六）交易谈判与签订协议

双方就投资金额、投资方式、投资回报如何实现，投资后的管理和权益保证，企业的股权结构和管理结构等问题进行细致而又艰苦的谈判。若达成一致，将签订正式的投资协议。在这个过程中创业企业要摆正自己的位置，要充分考虑到风险投资机构的利益，并在具体实施中给予足够的保证。要清楚的是，吸引风险投资，不仅是资金，还有投资后的增值服务。

在整个过程中，要充分展示企业诚信。对中小企业而言，良好的信用是一种宝贵的资源，企业产品销售、市场份额、企业形象、发展持续力等都与其密切相关。在与风险投资机构接触的整个过程中，中小企业应该始终坚持诚信，积极消除引发信息不对称的因素。

四、争取风险投资要做好的心理准备

（一）准备应对各种提问

一些中小企业创业者通常会认为自己对所从事的投资项目和内容非常清楚，但仍然要给予高度重视和充分准备，不仅要自己想，更重要的是让别人问。创业者可以请一些外界的专业顾问和敢于讲话的行家来模拟这种提问过程，从而使自己思考得更全，想得更细，答得更好。

（二）准备应对投资人对管理的查验

也许创业者为自己多年来取得的成就而自豪，但投资人依然会对创业者的投资管理能力表示怀疑，并会提问创业者凭什么可以将投资项目做到设想的目标？大多数人可能对此反应过于敏感，但是在面对投资人时，这样的怀疑却是会经常碰到的，这已构成了投资人对创业企业进行检验的一部分，因此创业者需要正确对待。

（三）准备放弃部分业务

在某些情况下，投资人可能会要求创业者放弃一部分原有的业务，以使其投资目标得以实现。放弃部分业务对那些业务分散的企业来说，既现实又确有必要。在投入资本有限情况下，企业只有集中资源才能在竞争中立于不败之地。

（四）准备做出妥协

从一开始，创业者就应该明白，自己的目标和创业投资人的目标不可能完全相同。因此，在正式谈判之前，创业者要做的最重要的一项决策就是：为了满足投资人要求，创业者自身能做出多大妥协。一般来讲，由于创业资本不愁找不到项目来投资，寄希望

于投资人来做出种种妥协不大现实。所以，创业者有必要做出一定妥协和让步。

▶ **任务实施**

　　此次任务可以通过如下途径实现：

　　（1）阅读沈南鹏和刘芹的成功投资案例，思考沈南鹏和刘芹这样的投资人为什么眼光毒辣，中小企业如何吸引和选择风险投资？

　　（2）通过文献检索法，对专家、投资人等群体对吸引和选择风险投资的方法进行总结。

　　（3）通过角色扮演，了解应对风险投资的注意事项。

　　（4）通过小组协作，总结梳理中小企业吸引风险投资的办法，派出代表在课堂上进行汇报。

▶ **任务小结**

　　吸引风险投资，借助风险投资人的管理经验实现中小企业的快速成长，这成为创业成功的重要助推力。风险资本、风险投资人、风险企业、资本市场是风险投资的四大要素。产权清晰、拥有核心技术则是获得风险投资的两个基本条件。创业企业在吸引风险投资时，应特别注意熟悉风险投资的运作机制，合理评估企业的价值，写好商业计划书，宣传、推销自己的企业，做好风险投资机构价值评估与尽职调查，交易谈判与签订协议等方面。争取风险投资要做好的心理准备，例如准备应对各种提问，准备应对投资人对管理的查验，准备放弃部分业务，准备做出妥协等。

任务四　设计退出机制

▶　任务导入

　　亿航智能（NASDAQ: EH）是一家全球领先的智能自动驾驶飞行器科技企业，2014年由胡华智创立，致力于让每个人都享受到安全、自动、环保的空中交通。亿航智能为全球多个行业领域客户提供各种自动驾驶飞行器产品和解决方案，覆盖空中交通（包括载人交通和物流运输）、智慧城市管理和空中媒体等应用领域。作为全球城市空中交通行业中，自动驾驶飞行器创新技术与应用模式的领军者，亿航智能不断探索天空的边界，让飞行科技普惠智慧城市的美好生活。2014年12月，亿航智能获得由GGV纪源资本领投的1000万美元A轮融资。2015年8月，亿航智能获得由金浦投资领投的4200万美元B轮融资。2019年12月12日，亿航智能在美国纳斯达克全球股票市场成功上市，成为全球城市空中交通行业第一股，股票代码为"EH"。

　　在2014年时，亿航智能研发的项目主要是"载人无人机"，有点像无人驾驶的无人机。这是个创新的产品，需要大量时间去验证，但公司短期内急需能够赚钱的业务来养活自己。当时，亿航智能一度想过要靠"消费无人机"来抵消研发跟投入，然而消费机市场已经有了大疆、小米，并且是一个以制造为核心的市场，一旦启动价格战就很难赚钱。所以在这一领域，亿航智能踩了刹车，想出了新的办法。亿航智能启用了仓库里的消费无人机，衍生出今天的空中表演业务，一方面解决了库存，另一方面也展开了新的商业模式。亿航智能创始人、CEO胡华智在敲钟时哭了，上市意味着融到了能发展公司的宝贵资金，他们的团队又可以继续坚持梦想，继续往前闯。亿航智能的故事，在中国乃至全世界都非常特别。在载人无人机、智慧城市管理和空中表演领域，亿航智能都是第一个去创新、第一个去吃螃蟹的公司。五年成长里，亿航智能没有得到业内顶尖科学家的拥戴，也因为理念太过前沿而没有得到投资人的理解和支持。其他人看不懂，行业内外对他们的眼光往往是质疑的。之前如此，现在也一样。然而这个团队厉害到可以三年不去融资，埋头苦干，在一个没有资金支持的市场把自己的商业孵化模式做了起来。对比之下，美国有很多无人机相关的项目近些年都死掉了，一发现市场上没有资金，他们就放弃了，但亿航智能没有，最后终于坚持到了 IPO 这一天。

请思考：

1. 上述案例给了你什么启发？

2. 风险投资的退出机制如何设计？

资料来源：根据亿航官网、百度百科、360 百科整理

▶ **任务分析**

　　风险投资者并不是为了投资而投资，他们都希望最终能通过资本退出方式获得高额回报。创业者需要详细告诉风险投资者，他们的投资将以何种方式退出，能获得多少预期回报。亿航的成功上市是 GGV 和金浦投资比较理想的退出方式。那么中小企业对于风险投资的退出机制应该如何设计呢？

▶ **知识准备**

　　如果风险投资的企业在渡过了技术风险和市场风险，已经成长为一个有发展潜力的中型企业后，仍然达不到公开上市的条件，风险投资方一般会选择股权回购的方式实现退出。

一、资本退出

　　风险投资是一种追逐高风险、高利润、高回报的金融资本。风险投资者的目的并不是获取股息而长期持有所投资公司的股份（经营企业获取稳定收益是实业家和普通投资

微课视频：
风险投资的退出方式

者做的事情），而是通过资本退出方式获取高额回报。这就要求创业公司给出资本退出的预期方式，为投资者带来丰厚的利润。目前，资本退出方式主要包括四种，即首次公开上市、并购、回购和清算。

（一）首次公开上市退出

首次公开上市退出是指创业公司通过挂牌上市方式让风险资本退出。首次公开上市可以分为主板上市和二板上市。采用首次公开上市这种退出方式，对创业公司而言不仅可以保持创业公司的独立性，而且还可以获得在证券市场持续融资的渠道。创业公司上市时机的选择与创业公司的生命周期密切相关。一般高科技公司的生命周期可以分为创业期、早期成长期、稳定成长期和成熟期四个阶段。一般来说，第三个阶段即稳定成长期是公司上市的最佳时期。因为在此之前公司还需要资本注入，特别是由于其现金流量为负，而股市投资者不愿意投资前景不确定的公司。而在成熟期，由于创业公司的成长较为稳定，增值潜力已不大，公司上市就没有太大意义。对于创业公司来说，一旦时机成熟，通过上市并获得高额回报并非遥不可及。例如，当百度公司的搜索服务模式得到市场认同后，每年净利润以 100% 以上的速度增长，最后成功在美国纳斯达克上市。

（二）并购退出

并购退出是指创业公司通过被其他公司兼并或收购，从而使风险资本退出。由于创业公司首次公开上市及股票升值需要一定的时间，并且在短期内创业公司可能难以达到首次公开上市标准，因此许多风险投资者可能会采用股权转让的方式退出投资。虽然并购退出的收益不及首次公开上市，但是风险资金能够很快从所投资的创业公司中退出，并快速进入下一轮投资循环。因此，并购也是资本退出的重要方式之一。

（三）回购退出

回购退出是指创业公司的管理层通过购回风险投资者手中的股份，使资本退出的一种方式。从实际效果来说，回购退出方式也属于并购的一种，只不过并购的行为人是创业公司的内部人员。回购的最大优点是创业公司能被熟悉公司的人完整地保存下来，创业者可以掌握更多的主动权和决策权，有利于今后公司的可持续经营和决策，因此回购对创业公司更为有利。

（四）清算退出

清算退出是针对风险投资失败项目的一种退出方式。风险投资是一种高风险的投资行为，失败率非常高。对于风险投资者来说，如果所投资的创业公司经营失败，就不得不采取这种方式退出。尽管采取清算退出，损失不可避免，但还是可以收回一部分投资，以便用于下一轮投资循环。因此，清算退出虽然是迫不得已，但却是避免风险投资者深陷泥潭的最后选择。

二、公开上市

公开上市是许多创业项目资本退出的首选方案，但是许多创业者并不完全了解证券市场的融资规则，认为只要创业公司营业额足够大或利润足够高就能上市，往往不会把公开上市与创业公司发展规划联系起来。因此，创业者一定要了解证券市场融资的游戏规则，在制定公司发展规划时充分考虑不同类型资本市场公开上市的要求。

（一）证券交易市场基本概况

创业公司可以选择境内或境外的证券交易市场公开上市，境内市场包括深沪两地主板市场、中小板市场、创业板市场等不同板块的证券市场体系。境外市场包括纽约证券交易所、美国纳斯达克市场、伦敦证券交易所等。由于服务对象不同，各板块证券市场在发行标准、制度设计、风险特征、估值水平等方面都有较大区别。

从服务对象来看，主板市场主要服务于经营相对稳定的大型成熟企业，中小板市场主要服务于达到成熟阶段的中小企业，创业板市场主要服务于成长阶段中接近成熟期的这一类中小创业公司。

国内深沪两地的主板市场是公司上市最好的选择之一，但这类市场对公司的考核标准非常严格，有许多固定业绩的硬性要求，监管机构会有针对性地对公司存在的问题提出披露和要求。与主板市场不同，深圳证券交易所的中小企业板市场主要为主业突出、具有成长性和高科技含量的中小企业搭建直接融资平台。

《国务院关于推进资本市场改革开放和稳定发展的若干意见》中指出，中小企业板市场的服务对象明确为中小企业。相对于现有的主板市场，中小企业板市场在交易、信息披露、指数设立等方面，都将保持一定的独立性。中小企业板市场作为创业板的一个过渡形式，在创立初期可能更接近于主板市场，并最终逐渐向创业板市场靠拢。与主板市场只接纳成熟和大规模企业不同，深圳证券交易所创业板市场是以成长型创业公司为服务对象，重点支持具有自主创新能力的企业上市融资，具有上市门槛相对较低的特点。

　　总的来说，创业板公司的发行条件比中小板更为宽松，两个板块定位各有千秋。中小板市场主要服务于即将或已经进入成熟期、盈利能力强、规模较小的中小企业，而创业板市场主要以成长型创业公司为服务对象，重点支持自主创新企业上市融资。

　　目前，许多经济发达国家都建立了创业板市场。其中包括美国纳斯达克、英国AIM、日本佳斯达克、韩国柯斯达克市场等。中国创业板市场从 2009 年 10 月开始启动，至 2018 年 1 月共有 713 家上市公司，总市值 50600 亿元。

（二）创业板与其他板块上市比较

　　创业板，又称二板市场，是与主板市场不同的一类证券市场，专为暂时无法在主板市场上市的创业型企业、中小企业和高科技产业企业等需要进行融资和发展的企业提供融资途径和成长空间的证券交易市场，是对主板市场的重要补充，在资本市场有着重要的位置。

　　在创业板市场上市的公司大多从事高科技业务，具有较高的成长性，但往往成立时间较短，规模较小，业绩也不突出，可以说有很大的成长空间，创业板是一个门槛低、风险大、监管严格的股票市场，也是一个孵化科技型、成长型企业的摇篮。

　　创业板 GEM（Growth Enterprises Market board）是地位次于主板市场的二级证券市场，以美国纳斯达克市场为代表，在中国则特指深圳创业板。在上市门槛、监管制度、信息披露、交易者条件、投资风险等方面和主板市场有较大的区别。2012 年 4 月 20 日，深交所正式发布《深圳证券交易所创业板股票上市规则》（该规则在 2014 年进行修订），并于 5 月 1 日起正式实施，将创业板退市制度方案内容，落实到上市规则之中。

（三）美国纳斯达克市场

　　美国纳斯达克市场是世界公认的高新技术企业摇篮，世界许多知名的科技型企业都选择在那里上市融资，如微软、英特尔、苹果电脑等。该市场也是中国企业海外上市的首选市场，如阿里巴巴、京东，三大门户网站搜狐、新浪、网易也都在该市场上市。相比主板的纽约证券交易市场，纳斯达克市场的上市标准更为轻松。对于规模较小、缺乏运营历史和财力的企业公司来说，这一点是非常重要的。

三、风险控制与资本退出注意事项

尽管风险投资的高风险是众所周知的，但是风险投资者仍然想尽可能多地弄清楚可能面对的风险形式、风险大小、防范风险措施等。这就需要注意以下关键问题：

1. 创业公司将会面临哪些基本风险，哪类风险是最影响公司生存和发展的？

2. 面临相关风险，创业公司将会采取哪些措施进行防范？

3. 市场和技术中最大的风险可能分别出在哪里，应如何应对？

4. 创业公司有哪几种退出方式，首选退出方式是哪种？

5. 如果选取公司上市作为基本退出方式，商业计划书中是否有以公司上市为目标的相关运营计划？

▶ **任务实施**

此次任务可以通过如下途径实现：

（1）阅读亿航智能的成功上市案例，思考：上述案例给了你什么启发？风险投资的退出机制如何设计？

（2）通过文献检索法查询专家、投资人等对风险投资退出机制设计的态度和观点。

（3）通过小组讨论，模拟分析亿航智能风险投资的退出机制，派出代表在课堂上进行汇报。

▶ **任务小结**

风险投资是一种追逐高风险、高利润、高回报的金融资本。风险投资者的目的是通过资本退出方式获取高额回报。资本退出方式主要有首次公开上市、并购、回购和清算。尽管风险投资的高风险众所周知，但是风险投资者仍然想尽可能多地弄清楚可能面对的风险形式、风险大小、防范风险措施等。

技能提升训练 模拟融资需求分析与退出机制设计

▶ **训练目标**

掌握创业项目融资需求分析技巧，设计合理的融资退出机制。

▶ **实施流程**

流程1 小组协作，锁定模拟创业项目；

流程2 角色扮演，制定创业项目战略规划；

流程3 小组研讨，评估选择合适的融资渠道；

流程4 仔细测算，预估项目的融资需求；

流程5 角色扮演，与投资人洽谈融资；

流程6 合理分析，设计退出方式方案，并与投资人达成协议。

思考与练习

一、单选题

1. 以下哪个选项不是战略管理的意义（　　　）。

A. 有利于企业明确方向　　　　　　　　B. 有利于企业资源的合理配置

C. 有利于企业管理者增强战略意识　　　D. 有利于财务管理

2. 高层管理者通常负责（　　　）。

A. 公司层战略　　　　B. 业务层战略　　　　C. 职能层战略　　　　D. 高管层战略

3. 创业融资需求不会受（　　　）因素影响。

A. 最低有效规模　　　B. 盈利能力　　　　C. 现金流　　　　　D. 创始人信念

4. 风险投资的四大因素不包括（　　　）。

A. 风险资本　　　　　B. 风险投资人　　　C. 风险企业　　　　D. 企业盈利能力

5. 资本退出方式不包括（　　　）。

A. 首次公开上市　　　　　　　　　　　B. 并购

C. 回购和清算　　　　　　　　　　　　D. 打官司

二、判断题

1. 中层管理者负责业务层战略。（　　　）

2. 重点集中战略的重点是成本重点，但不包含产品重点。（　　　）

3. 按照资金的来源不同，创业融资分为内源融资和外源融资。（　　　）

4. 在进入评审程序之前，不需要了解风险投资者产业投资爱好。（　　　）

5. 风险投资是一种追逐高风险、高利润、高回报的金融资本。（　　　）

三、简答题

1. 简述公司层战略的类型。

2. 简述职能层战略的适用条件。

3. 简述创业融资的主要类型。

四、论述题

比较几种常见融资渠道的优势与劣势。

项目十
撰写商业计划书从入门到精通

▶ **学习目标**

（一）知识目标

1.了解商业计划书及核心要素；

2.熟悉商业计划书的经典框架；

3.理解商业计划书的常见问题。

（二）能力目标

1.能剖析商业计划书及核心要素；

2.能应用商业计划书的经典框架；

3.能判断商业计划书存在的问题。

▶ **学习任务**

任务一　掌握商业计划书的核心要素；

任务二　设计商业计划书的经典框架；

任务三　避开商业计划书的常见问题。

任务一　掌握商业计划书的核心要素

▶　任务导入

周鸿祎是如何从对商业计划书"一窍不通",到次次成功融资数千万美金的?他认为商业计划书要做到以下几点:

第一,要简洁。用几句话清楚说明你发现目前市场中存在一个什么空白点,或者存在一个什么问题,以及这个问题有多严重。

第二,能力展示。你有什么样的解决方案,或者什么样的产品,能够解决这个问题。你的方案或者产品是什么,提供了怎样的功能?

第三,你的优势。为什么这件事情你能做,而别人不能做?否则如果这件事谁都能做,为什么要投资给你?你有什么特别的核心竞争力?有什么与众不同的地方?

第四,商业价值。想不清楚如何挣钱没有关系,投资人比你有经验,告诉他你的产品多有价值就行。可以老老实实地说,我不知道这个怎么挣钱,但是中国一亿用户会用,如果有一亿人会用我觉得肯定有它的价值。

第五,突出亮点。只要有一点比对方亮就行。刚研发出来的产品肯定有很多问题,说明你的优点在哪里。

请思考:

1. 周鸿祎对商业计划书的理解与成功融资之间的关系是什么?

2. 商业计划书的核心要素是什么?

资料来源:创投家

▶　任务分析

商业计划书是大多数营利性组织机构为达到招商融资以及其他目标,对自身进行全方位评估的书面材料。周鸿祎是在不断试错中摸索经验走向成功的。事实上,要写出一份完美的商业计划书,最有经验的既不是投资人,也不是那些所谓的 BP 专家,而是那些获得过多次融资的连续创业者。那么商业计划书有什么核心要素呢？

▶ **知识准备**

当初创团队创业者去找投资人聊项目时，如果对方有意向，他就会告诉创业者："能不能把你的 BP 发一份给我看看？"投资人口中的"BP"就是"Business Plan"的缩写，即"商业计划书"。

一、商业计划书的定义和作用

商业计划书是关于初创中小企业商业构思和发展规划的一种阐述性文件。商业计划书包含了企业发展史、目前发展状况以及未来发展潜力等内容，让投资人等对象从中对企业进行初步了解。随着商业计划书的不断演进，如今的商业计划书已经成为企业展示商业思维的最佳载体之一。

有人说一份优秀的商业计划书是初创中小企业成功开始的第一步。但是，也有些人认为，商业计划书是为了融资而存在的，只是给投资人看的。其实，商业计划书并非只为了融资，在企业创业之初，必须要进行大量的调研和准备，比如行业状况、项目优势、产品目标客户等，创业者把想法付诸行动前，要知道从哪里做起，商业计划书是初创中小企业厘清自己所有行动步骤的最好工具和语言。同时，对于初创中小企业而言，商业计划书也是对自身的一个再认识的过程，也能促进创业者在原有想法基础上，进一步完善创业思维。

商业计划书是创业者为达到创业目标，精心构思、设计和制作策划方案的过程，是一个系统性的工作。商业计划书的撰写过程，就是创业者的一个演练过程、梳理过程、

微课视频：
商业计划书的价值

微课视频：
商业计划书的核心要素

审视过程。

　　创业者编写商业计划书的过程，相当于在沙盘上模拟创业的实践演练过程。创业者制定策划方案的过程，就是在不断地梳理创业项目思路，包括项目的成熟性、完整性和创新性，凝练产品和服务特色和竞争优势，创新商业盈利模式，预测实施目标等。

　　因此，商业计划书既是创业项目策划，也是营销策略策划；既是融资策划，也是风控规划；既是过程计划，也是流程计划。

二、商业计划书的故事要素

（一）好的商业计划就是好的故事

　　创业者的故事、业务以及如何做业务，要把这些内容变成精彩的故事要素，要用讲故事的方式娓娓道来，优秀的创意可以带来令人激动的故事，而艰苦的工作终将导向成功。要想让创业者把故事讲得有头有尾、有血有肉，可以通过如下方式展开：

1. 好故事的开头要素

　　商业计划书的开头铺陈商业故事展开的场景，通过阐述业务背景，以及创业者是如何走到今天这一步的，包括市场环境、市场竞争态势、市场服务需求、创业项目选择等部分内容。

2. 好故事的主体要素

　　商业计划书的主体部分要用来阐述项目的独特之处，包括产品与服务研发、商业盈利模式、市场营销策略等，特别要突出项目计划中的创新亮点。创业者需要说出自己的竞争优势，证明创业者和投资人为什么能在这个项目中获得成功。

3. 好故事的收尾要素

　　创业者要讲如何实现创业计划，并且指出可能的风险以及应对方式，同时别忘了强调回报。包括创业团队建设、项目融资筹划、项目财务分析、项目风险分析与控制等。

　　总之，创业者可以通过讲故事的方式把这些内容串联起来。要有故事的主线，也要有故事的细节描写，同时也要有让人眼前一亮或打动人心的独特之处，这样的商业故事也能像小说一样跌宕起伏、引人入胜，让投资人甘愿为创业者的商业计划书"买单"，也就是给创业者的项目投资。

(二) 讲好商业故事的技巧

商业故事的讲述有两种，一种是"小而美"的故事，这样的故事就是聚焦某个市场痛点，提供一种独特的服务，满足市场需求，获得高额的利润。另一种是讲一个很大的故事，这个故事对很多人产生影响，企业由此获得巨大的发展空间。讲好商业故事需要注意以下四点：

1. 不要过度煽情

商业投资不是选秀节目的海选，坎坷的经历不能为创业项目加分。有些创业者在写商业计划书时会犯的错误就是，以"回首往昔艰难岁月"作为开篇。投资人不是慈善家，不会因为创业者的悲惨经历而认同创业者的产品和服务理念。所以无须过度煽情，以平实的语言叙述创业过程即可。

2. 要有真实需求

创业者向投资人讲解项目的市场需求，将这种需求化为商业故事的主旨，不一定要特别强调，但要围绕需求来写，这样投资人就容易记住创业项目的产品特色。语言表达要简单、朴实，不需要像文学家一样文采飞扬。

3. 聚焦客户群体

创业者在规划项目之初，就要想明白什么样的人会认同自己的商业梦想，会认同自己的梦想的人才可能是创业者的主要消费群体。产品的客户应该处于故事的核心位置。因为有客户，产品才有存在的价值，产品为服务客户而存在。客户才是故事中的真正主角，而不是创业者自己。

4. 专注打造能力

不要过分强调产品有超高的技术门槛，而要说明的是，作为创业者专注打造的是什么。创业者所专注的事情将会影响到企业文化、招募人才和防止企业人才流失，还会影响创业团队开发的产品。在商业计划书中体现出创业者专注打造的能力，也能对投资人产生影响。

投资人真正需要的故事是创业者的企业如何为消费者服务，创造人们真正需要的东西，以及如何生产出有益于消费者的产品。他们希望看到通过创新商业模式获得更高收入和更多利润的故事。好的故事必须立足于事实，投资人在投资初创中小企业时非常看重企业创始人和管理者的能力，要让投资人在商业故事中感受到企业的创业者是诚实可信的，有可以带领企业做大做强、为投资人获取利益的能力。

三、商业计划书的证据要素

商业计划书要通过一定逻辑推理过程，来向投资人证明，商业项目是可行的，并且是可以成功的。因此，商业计划书也要有一个逻辑结构要素和相应的事实和依据要素。商业计划书一般首先抛出观点和结论，然后用一定的过程、方法、数据来说明项目的商业价值。

（一）商业计划书的逻辑结构要素

1. 项目概要

简明概括重要信息和价值，让读者有清晰的整体认识。

2. 市场分析

对市场需求、市场规模等进行调研和行业竞争分析。

3. 技术论证

支撑产品和服务的相关技术，创新性和可行性的研发依据。

4. 政策论证

相关行业的政策，可获得的准入资质或资格。

5. 财务分析

销售预测和经营数据、成本和利润、融资需求。

（二）商业计划书的事实和依据要素

投资人在阅读商业计划书时会去寻求佐证，他们会搜寻那些让他们确信所见为实的依据，因此商业计划书要尽量提供可证实的事实依据。这些依据可以是上下文之间能够

趣味动画：
什么样的商业计划书会被丢进垃圾桶

互相印证的数据，它们能够支持后续计划中的预测。言必有据，所以，我们要为商业计划书提供充足的依据。

初创中小企业通常很难用事实去支撑，其原因之一是能够支持他们所言的事实依据非常有限，这是新业务开创者的真实问题。但是站在投资人视角去看这个问题，如果创业者无法让他们相信创业者所描述的是正确的，并且具备取得成功的证据，那么他就不会投资创业者。所以，创业者需要从以下几个方向入手，去收集事实和依据：

1. 市场环境要素

包括经济环境、政治环境、社会环境、技术环境、文化环境等。

2. 市场规模数据

包括总体和细分市场规模、增长态势，以及整个市场的占有率情况等。

3. 行业生命周期

包括启动、成长、成熟和衰退四个阶段，企业在不同阶段的不同策略。

4. 行业结构分析

包括行业的资本结构、市场结构，主要的行业进入壁垒和行业竞争程度分析。

5. 市场营销分析

市场需求的性质、市场容量有多大，以及行业的分销模式等。

6. 行业组织分析

行业的专业化、一体化程度，以及行业规模的经济水平，还有组织结构变化。

7. 用户研究分析

目标用户是什么人，群体特征是什么，以及客户群体的解决方案。

8. 企业优势分析

企业的优势、不足、机会以及潜在威胁。

投资人会查找关于商业计划书中关于项目销售和预测的实证信息，这些信息可能来自真实的交易记录或者来自潜在客户的预售订单，这些内容都是投资人想要看到的，商业计划书要尽可能提供丰富的支撑信息，包括：市场调研报告、公开发布的信息、企业的财务报告、客户名单和订单信息等。

（三）从哪里收集证据

可以获得商业计划书证据的来源有以下多种渠道，以可靠度降序排列为：

1. 政府相关公报

政府的公报数据是最好的依据，其中的数据可以追溯出处，目前在相关政府部门的信息公开网站都可以找到。

2. 行业研究报告

专业的行业研究机构会定期或不定期发布相关行业研究报告，企业可以通过公开的渠道获取免费或收费的行业研究报告。

3. 文献研究报告

运用文献研究方法，对行业相关研究主题进行文献收集分析，文献研究报告可能实效性不如行业研究报告，但是系统性和完整性会更强。

4. 行业协会

行业协会是同一行业内的企业法人和自然人自愿参加的非营利性社团法人，通过拜访行业协会，或者通过行业刊物来获取信息是非常有用的。

5. 新闻报道

正式出版的杂志或行业新闻媒体相关新闻报道，可以通过公开的方式搜索到，或者联系主编能获得更多背后的数据。

6. 竞争对手的资料

挂牌或上市公司的公开资料，其中都有翔实的报告和财务数据，还有竞争对手的官方网站最新产品和服务内容等。

7. 专业人士拜访和交流

从行业人士的相关采访和评论中，能发现行业内有哪些专业人士是可以获得更多信息的来源，通过引荐和进一步沟通交流，可以获得更多有用信息。

8. 网络搜索引擎

互联网上有无数网页可供浏览，可能找到所需信息有些费时，但理想情况下是能找到原始数据的，要多试几个不同的搜索引擎，因为不同搜索引擎的算法不同。

四、商业计划书的价值要素

在创业者和投资人见面之前，商业计划书是帮助投资人对初创企业进行了解和书面沟通的展示载体，那么在投资人眼中，最想看到的关键要素有哪些呢？

（一）市场机会

创业者为什么要创办一个企业？一定是因为发现当下市场还有问题没有被解决或别人解决得不够完美。很多商业计划书洋洋洒洒写了好几百页，再抄上一些报告。投资人天天看商业计划书，对市场行情足够了解，不要向他们论证市场有多大，直截了当告诉他们目前市场到底存在什么问题比较好，所以投资人通常想看到的是市场机会的要点。

（二）解决方案

在发现问题之后，创业者打算如何解决这一问题？优秀的投资人往往会站在客户角度去思考问题，如果我是客户我会不会选择这个产品，创业项目解决的问题越具体、越实用，投资人越会觉得这个项目值得一做。

> ▶ 练一练 ◀
> 假设你要开发一款育儿益智游戏，请描述产品的解决方案。

（三）目标客户

创业项目产品面向的是什么样的客户？在大众消费者中的什么年龄、什么身份、什么爱好的人，还是机构组织中的专业人员。创业之初要有一个用户精准定位，让投资人确信创业者的解决方案能为这类客户解决痛点和提供更好的服务。

（四）竞争优势

为什么这件事只有这个创业团队能做，别人做不了吗？如果别人也能做，这个创业团队比别人强在哪里？如果这件事谁都可以干，投资人为什么要投资给这个创业团队？商业计划书上要突显自己的核心竞争力，关键不在于创业项目是大是小，而在于创业者能干得比别人好在哪里。

（五）市场规模

创业者对自己所做的项目在未来市场有多大，可以做一个预估，这里需要用到政府、行业、专业机构的一些报告作为依据，来证明这个市场的总体规模有多大，作为创业项目能获得多大的市场份额。

（六）赢利模式

这是商业计划书中最重要的内容之一，创业者的整个商业计划书可能在说明创业者的完整商业模式是什么，其中的要素就是赢利模式，创业者靠什么获得收入来源，包括创业者的产品组合、价格策略、营销组合、销售预测等。

（七）竞品分析

投资人听到最不可信的话就是，创业者说："我的产品目前市场上没有竞争对手。"因为在一个市场上都会有竞争对手或者潜在竞争对手，只是他们的解决方案和创业者有差异，至少要找到三到五个竞争对手的产品进行比较分析，要有具体的数据进行优劣分析。

（八）创新亮点

创业者哪怕只有一点比别人干得特别好，那也是创业者独有的东西。包括有技术创新、工艺创新、服务创新、供应链创新、模式创新、组织创新、金融创新等。商业计划书中要重点说明相关的关键点、细节内容和由此产生的影响。

（九）财务分析

投资人要看到的是创业者需要从他这里拿多少钱、用来做什么、能获得什么回报。可以用一页纸展示这些重点内容，另外再附上相关的财务报告，最常用的是资产负债表、利润表和现金流量表。

（十）团队能力

有句话说得好，投资就是投人，所以要证明创业团队值得投资也很重要，团队人员的基本构成、专业优势、以往的背景经历、获得的荣誉等，都可以作为证明材料。

音频：
优秀商业计划书应具备的特点

▶　**任务实施**

此次任务可以通过如下途径实现：

（1）通过阅读周鸿祎对商业计划书的理解，思考周鸿祎与成功融资之间的关系是什么。商业计划书的核心要素是什么。

（2）通过文献检索法，了解投资人、专家、学者对周鸿祎成功的理解，梳理商业计划书核心要素的观点。

（3）通过小组协作，汇报周鸿祎融资成功的原因，梳理商业计划书撰写的核心要素，选派代表分享。

▶　**任务小结**

商业计划书是创业者为达到创业目标，精心构思、设计和制作策划方案的过程，是一个系统性的工作。商业计划书的撰写过程，就是创业者的一个演练过程、梳理过程、审视过程。商业计划书的撰写要讲究故事要素、证据要素、价值要素。

任务二　设计商业计划书的经典框架

▶ **任务导入**

品牌策划是成功的关键

每个成功的品牌都在行业中、品类中牢牢把握住一些关键条件：

品牌物质层：以给用户带来哪些实在的利益作为卖点。例如：方太油烟机，大吸力；美的空调，一晚一度电；乐百士蒸馏水，27层净化。

品牌精神层：为用户大脑中的价值取向和身份代言。例如：小米，为发烧而生；香奈儿，服装的优雅，在于行动的自由；蒂芙尼，极简主义。

品牌命名层：品牌代表品类，品牌名是品类的联想。例如：王老吉，凉茶；真功夫，中式快餐；立顿，茶包。

品牌符号层：找一个符号代替，植入用户的心智中。例如：中国银行，中国古代铜钱符号；72街连锁快餐，孙悟空 LOGO。

品牌背书层：用表演给用户证明品牌在品类的地位。例如：茅台酒，茅台镇特产，历史悠久；耐克篮球鞋，飞人乔丹。

请思考：

1.品牌策划对商业计划书撰写有什么作用？

2.还有哪些内容能给商业计划书加分？

3.应该如何撰写才会吸引投资人的眼球？

资料来源：一代书生工程咨询

▶ **任务分析**

任何一个创业项目成功的关键在于客户需求的真实存在，但是客户需求多而广，这就需要创业项目要有准确的项目的品牌定位。上述案例中各个成功的品牌都在不同层面找到自己的品牌定位。而在创业初期，清晰的品牌定位能够让商业计划书的撰写一目了然，让投资人快速找到项目的商业价值。作为未来中小企业的创业与经营者要牢记品牌策划对商业计划书的作用，更要掌握商业计划书的经典框架，在经典基础上升华、深化，让创业项目脱颖而出。

▶ **知识准备**

　　在写一份商业计划书之前，请想一想两个关键问题：这份商业计划书的读者对象是谁？创业者希望从读者对象那里获得什么样的反馈？如果是为了寻找项目投资者，那么读者对象就是潜在的投资者，商业计划书就要聚焦于投资者关心的投资回报上，项目是否能够以较低风险投资获取高额回报，这是关键；如果是为了公司业务被收购，那么读者对象就是收购公司的决策者，商业计划书就要强调：创业团队足够优秀、企业业务盈利能力、企业未来增长前景，以及企业业务和收购者自身业务的契合度如何；如果是要参与项目投标，那么读者对象就是招标方负责人，需要对照招标文件要求，检查自己是否符合条件，标记出商业计划书中必须满足的要点；如果是为了公司业务运营需要而撰写的商业计划书，那么读者对象可能是合伙人、管理团队，为了沟通创业计划，保证团队每个人都向同一个目标而努力，这时候需要更加聚焦于非财务的目标，比如战略规划、业绩目标、人事发展等。一旦创业者确定了读者是谁，在撰写商业计划书时就必须时刻考虑读者，并且用适合读者对象的语言。因为公司业务不同，商业计划书的具体内容会大相径庭。不过大部分商业计划书都包含以下经典框架：

　　（一）项目概况；

　　（二）市场分析；

　　（三）产品和服务；

　　（四）项目团队；

微课视频：
商业计划书的经典框架

（五）市场营销；

（六）财务分析；

（七）风险和防控；

（八）项目附录。

在商业计划书中，这些框架的具体内容应当以最适合的方式进行排序和表达，创业者可以将某些板块合并，或者增加一些额外的内容，但是，要记住的是：创业者要表达的是一个逻辑要素完整、事实依据充分、有说服力的商业故事。

一、项目概况

项目概况出现在商业计划书的开头，但它通常是最后写成的，因为项目概况虽然就一页纸，但是必须浓缩整个商业计划书的精华和要点，内容要开门见山、清晰易懂，以便阅读者能在最短的时间内评审该项目并做出判断。

在这一页纸的项目概况中，就好像创业者在尽全力推销自己的项目，目的是让投资者对商业计划书中的其他内容产生极大兴趣。因此，要在项目概况中展现创始人以及团队的背景，告诉投资者项目的业务是什么，令人兴奋的地方又是什么，要解释这个项目为什么会成功，以及投资者可以投资多少、何时投资，投资可以获得的回报是什么。一般来说，项目概况包含以下内容：

项目需求点分析；

主要产品和业务范围；

创业理念的创新性；

产品结构的独特性；

主要客户群体范围；

项目的基本价值；

公司现状和团队简要介绍；

基本营销思路；

项目目标和规划；

资金需求情况。

对投资者来说，最想在项目概况中获得的答案是：谁会购买本项目产品？为什么购买？项目的客户价值是什么？客户如何得到产品？本项目比竞争对手领先在哪里？该产品能盈利吗？所以针对投资者在阅读项目概况时最想获得的答案，创业者最好能一句话说明清楚：

一句话说明理念由来。（切入点）

一句话说明市场的需要。（市场前景）

一句话说明你们提供了什么需要。（产品）

一句话说明还有谁提供了这些需要。（竞争对手）

一句话说明你们提供的比他们提供的强在哪儿？（优势）

一句话说明你们如何做出这个"强"。（研发）

一句话说明你们如何把"强"弥补到"需要"那里去。（市场运作）

一句话说明你们弥补的需要能赚多少。（盈利模式）

一句话说明你们赚的分给我们多少，要我们提供什么。（投资回报）

一句话介绍一下你们。（团队优势）

要想让所有内容集中在一页纸上，看似很难，但确实是可以完成的，要选择真正的重点，把它们写下来，再剔除那些并非必需的、描述性的内容。这其中要包括真正重要的数据，它们能够向投资者传达关于项目规模、市场、投资及投资回报的信息，让数据作为关键内容留在投资者脑海里，也能确保投资者领会项目内涵。

二、市场分析

市场分析是根据获得的市场调查资料，运用相关的方法，分析市场及其销售变化。在商业计划书中，对所在的或将要进入的市场现状做描述，通过分析得出项目结论。包括为什么目标用户已经购买或者有可能购买商业计划书中的产品或服务，并说明产品或服务给客户带去的最根本的好处是什么等。市场分析一般包括如下内容：

（一）市场现状与预测概述

市场需求和发展动态；

行业供给情况和发展趋势；

经济发展对该行业的影响程度；

相关产业政策对该行业的影响；

未来几年的市场总需求规模预测。

(二) 行业竞品分析

行业竞争的本质；

行业进入和退出壁垒；

主要竞争对手企业和产品情况；

本项目的竞争策略和优势；

本项目在产品和服务的价格、性能、质量方面具备的优势；

本项目的核心技术、产品研发的进展情况和现实物质基础。

(三) 市场定位

目标市场的选择策略；

本项目的市场地位；

本项目的目标细分市场份额；

本项目针对目标市场采取的营销策略；

本项目已获取的各类资源。

市场分析要聚焦于那些可以支撑你的方案的内容，特别是对于投资者来说，他们可能对市场已经有所了解，所以，市场分析的重点是要回答投资者最关心的问题，至少要有以下内容：

市场结构是怎样的？

本项目在细分市场的优势是什么？

产品的销售对象是谁？

客户为什么会从你这里购买产品？

公司如何分销产品和服务？

产品的竞争对手有哪些？

公司怎样获得竞争优势？

市场分析虽然是商业计划书中重要的一环，但产品和商业模式才是商业计划书的重点内容，这部分内容需要创业者花费大量时间做调查、算数据，但落到字面上只需要结论即可，力求做到在"真实、简洁、直接"的基础上，把该说的说清楚就好。

三、产品和服务

产品和服务是商业计划书中最重要的内容。产品和服务要对形态、功能、特点、业务流程以及运营服务等进行详细描述，由此形成的商业模式介绍，也是投资者最关心的内容。这里要重点阐述产品和服务的创新点、针对的用户痛点、形成的解决方案给客户带来的价值，以及由此形成的市场机遇。产品和服务的内容描述通常包括以下内容：

产品和服务内容

产品和服务的概念、性能、功能或结构描述；

产品和服务的市场竞争优势和客户价值；

产品和服务形成的解决方案描述；

产品和服务的市场前景预测；

产品和服务的品牌和服务理念；

产品和服务的销售、运营、服务的平台；

产品和服务的购买和售后的流程；

产品和服务的技术支撑；

产品和服务的研究和开发过程；

新产品的开发计划；

产品和服务涉及的核心技术；

产品和服务获得的相关知识产权；

有关知识产权、技术秘密和商业秘密采取的保护措施。

通过产品和服务的描述，目的是让投资者看到项目竞争优势。那么如何彰显出竞争优势呢？这就要从商业的本质角度出发，将优势竞争产品的三个要素，也就是"成本+效率+用户体验"做相应描述：首先说成本要素，企业运营中成本是关键，投资人更想看到项目的成本低于行业平均水平，这样企业才有更大的用户数量、生存空间和利润空间。企业可以通过新技术带来边际成本的大幅降低，或者开发新的服务模式来降低成本；其次说效率要素，高效率是企业持续高速发展的秘密，例如零售行业的"库存周转天数"是企业效率的直接体现，不仅带来库存成本的消减，也为开展其他业务留出了时间和空间；最后说用户体验要素，企业获得用户的最好方式是为其提供了超预期的用户体验，一旦用户接受了好的体验就很难再接受差一些的产品和服务体验，这就为企业赢得了竞争优势。同时，在商业计划书的产品和服务描述中，也要让投资者找到以下最关心的问题的答案：

本项目的商业模式基础是什么？

产品的基本形态是什么？

项目的目前进展如何？

产品和服务所处的发展阶段是什么？

是否拥有专利权或许可证？

本项目的产品和服务承诺有什么？

由产品和服务所建立的优势是竞争优势的重要维度之一，此外，产品的定价策略、占领细分市场、差异化竞争、营销组合策略、渠道选择和区域策略等，也是项目在建立竞争优势上要考虑的重要维度。

四、项目团队

一个初创企业的成功执行绝对不是靠少数几个创始人，而是靠整个核心团队协作完成的，项目团队是初创公司的最大价值所在，对于投资者来说，在评估项目商业计划时考虑的最关键因素莫过于支撑该项目的管理团队，他们首先支持的是人，其次才是项目创意。

项目团队创造了项目的可能性，所以要好好地向投资者介绍团队、推销团队。简要描述团队主要成员的背景经历，包括相关专业资质、行业背景、职业经历，以及与承担项目角色相关的经历、资质和能力。运营一家企业或组织所需要的技能根据业务类型的不同而有所不同，但大体包括日常业务运营、技术技能、财务技能、营销技能、人力资源管理技能等，商业计划书需要解释这些技能的需求是如何满足的，谁负责这些问题，或者外包机构承担哪些关键任务，对于缺少的专业人员什么时候用什么方法弥补。用图表展示组织结构对项目团队描述很有帮助，拥有卓越的员工仅仅是成功的一半，项目需要一个有效运作的团队。项目团队包括以下内容：

项目当前或未来的组织结构与员工数量；

创业团队主要成员各自的背景和能力；

公司运营发展所需要的专业技能以及人员配置；

公司核心岗位员工的数量、薪酬和相关协议等；

项目团队的独特文化、凝聚力和团队精神；

公司采取的人才激励机制和奖励措施；

公司未来的人才发展战略；

外部支持人员（包括专家、顾问等）；

外部合作的上下游企业。

投资者会从项目团队成员的角度来判定该项目在未来是否具有落实和执行的可能性，因此，对团队成员的描述非常重要，对项目的主要参与者的身份、经历、能力，以及团队构成的合理性、职责分工等问题要进行明确描述。特别是以下问题：

创业者有什么杰出的地方？

公司人员具备的核心能力或技能是什么？

创业团队的合作程度如何？

项目团队分工的合理性如何？

项目团队的稳定性如何？

项目团队持续发展的潜力如何？

此外，项目的稳定性和持续发展潜力，还体现在创始成员持股比例分配是否合理，以及如何通过股权激励等措施持续找到优秀人才。

五、市场营销

市场营销是在市场分析确定了市场需求和细分领域之后，企业为顾客、客户、合作伙伴以及给谁带来价值的一系列活动，其中最重要的是确定营销策略。市场营销有一个开发过程，从发现机会、了解客户需求开始，到用针对性的产品和服务提升品牌认知度，以及拓展渠道和市场渗透。市场营销的最终目标是占领用户心智，这需要差异化的市场营销策略，让消费者或客户认可的差异化才能形成真正的竞争优势。好的市场营销能为商业计划书加分，通常包括以下内容：

营销思路和导入点；

市场营销的阶段目标和预期成果；

公司的营销组织规划；

目标市场营销区域的选择；

营销网络或平台的建设；

产品组合的策略；

产品的价格策略；

营销渠道的选择；

促销和推广方式；

市场渗透与开发计划；

市场营销的风险和应对策略。

投资人在做投资分析时，会重点关注企业是否具备竞争优势，一个没有竞争壁垒的企业，即使当下获得了盈利，也可能没有可持续性。企业市场营销要通过构建高品牌认知度、提升进入成本、构建多重准入壁垒等措施来建立自己的竞争壁垒。在市场营销环节，投资者通常最关心的是以下问题：

本项目从哪个细分市场切入点进入？

项目怎样从立足点出发将业务范围做大？

项目制定的销售目标数量和金额是多少？

销售产品和服务的业务流程是怎样的？

如何让目标客户购买和使用产品和服务？

企业用什么方式不断吸引新客户？

公司有哪些资源可以保证有效实施市场营销计划？

创业者要明确目前的竞争优势是什么，如果是专业的高新技术，那么随着技术的更新换代，凭借技术引领行业并不容易，关键是要维持好技术人员的稳定性和持续创新能力；如果竞争优势是产品客户群，那么客户也会对产品提出新的要求，企业需要提升产品质量，并且要有持续开发新产品的能力。企业不仅要考虑当下面对竞争对手与巨头的生存优势，还要考虑大量竞争对手涌入后，如何保持优势。

◀ 知识加油站 ▶

中小企业的生存竞争策略：差异化、借力商业巨头、创新。中小企业要避免直接与商业巨头直接竞争，差异化的选择可以有两种：一是在公司的业务领域差异化，二是在创造产品和服务上差异化；利用商业巨头的巨大影响力可以帮助企业获得生存空间，一种是做商业巨头的配套，以避免直接竞争，另一种是可以做行业巨头的产品服务商；对于技术还不完善的初创中小企业，原创性和颠覆性的技术太过困难，最适合的是微创新，微观的技术创新也能为业务发展提供更多的机会。

六、财务分析

一份完整的商业计划书，一定需要从公司盈利水平和财务预测的角度来对企业进行分析，因为任何商业和业务，最终结果一定会反映在公司的财务数据上。财务分析要让投资者看到企业赚钱的能力，以及将其体现在投资者关心的相关财务报表上，以便让投资者决定是否要投资以及如何投资，因此，财务分析通常包括以下三个方面内容：

(一) 项目盈利模式

项目的具体盈利途径、收入来源；

项目已经取得的经营业绩或预售情况；

公司未来3到5年产品和服务的销售收入预测；

项目的直接成本和间接成本投入情况；

项目在产品和服务上的成本、价格、利润的优势。

(二) 项目的财务报表

资产负债表；

利润表；

现金流量表。

(三) 项目的投融资计划

项目团队的出资和股权分配情况；

企业的估值和合理依据；

需要融资的数量和时间；

投资者投资的股权比例安排；

资金的详细用途和实施计划进度；

项目达到盈亏平衡点的时间；

项目的其他资金来源；

项目的退出机制。

┌───┐
　▶ 练一练 ◀
　假设你是街电充电宝产品经理，请描述街电的盈利模式。
└───┘

　　对投资人来说，投资目的很简单，就是为了盈利，不能为投资人带来盈利的项目就是失败的项目。项目能否盈利由项目商业模式决定，完整的商业模式由项目的盈利模式与项目的产品和服务、市场营销等共同构成，要突显出商业模式所带来的广阔空间。财务分析基于会计报表，也就是用各种专业的手段来分析和评估过去、现在、未来的企业偿付能力、盈利能力、运营能力和增长能力，这也是投资者最关心的部分，因此，项目要在以下问题上给投资者一个满意的答案：

本项目当前的收入来源在哪里？

项目未来发展的盈利空间在哪里？

项目要达到预期目标需要投入多少实际资本？

投资者可以预期的回报是多少？

投资者如何实现盈利？

▶ 知识加油站 ◀

　　财务三张表，指的是资产负债表、利润表、现金流量表。

　　1.资产负债表，是反映企业在某一特定日期的财务状况的报表，是以"资产＝负债＋所有者权益"的会计恒等式为基础进行编制的报表。

　　2.利润表，是反映企业在一定会计期间的经营成果的报表，利润表是一个动态报告，通过展示企业的损益账目，可以比较清晰地反映企业获取利润的能力以及经营趋势。

　　3.现金流量表，是反映一定时期内企业经营活动、投资活动和筹资活动对其现金及现金等价物所产生影响的财务报表。

七、风险和防控

　　没有风险的投资项目是不存在的，只不过风险的大小不同罢了，在商业计划书中，对投资有风险不必讳言，但是也要有选择性地表达投资风险。在应对风险的措施上，可以先证明发生预测风险的概率小，然后表明风险导致的影响不足以严重损害公司主要业务，最后阐述项目团队如何应对危机的方法。另外，也要善于从危机中发现附加机会，在项目最好和最坏的情况下，如何有效控制。风险和防控的主要内容包括：

项目风险预估的范围；

项目的政策风险和对策；

项目的技术风险和对策；

项目的市场风险和对策；

项目的管理风险和对策；

项目的财务风险和对策；

是否有重大运营问题和对策？

项目风险的存在是否会有新的附加机会？

在最好和最坏时，项目将走向何方？如何进行有效控制？

做生意都会有风险，投资者或者未来的合作伙伴都会理解，项目承诺的投资回报是建立在承担了一定风险的基础之上的。因此，风险和防控的重点是解释怎样降低风险，以及把风险最小化后如何应对它们？投资者也会评估以下有关风险和防控的问题：

项目面临的机会及风险有哪些？

对于项目机会如何把握？

对于项目风险如何控制？

创业团队对项目整体的把控能力如何？

八、项目附录

商业计划书需要许多的细节支撑，但是要考虑是否需要直接放在商业计划书的正文中，如果对增加项目可信度很重要的话，可以放在项目附录中。附录在计划书正文中要做一个概述，并要明确表示出引用附录，保证能方便找到对应内容。千万不要将详细数据和证据放在商业计划书正文中，这样会打乱主要内容的描述，也让文档看上去十分枯燥。有两类文档可以放在项目附录中：一是能够增加正文说服力的内容，这是十分必要的；二是作为商业计划书中所提到内容的证据，这可以留作备查。

（一）说服力内容

市场调研报告；

企业前期的实际经营报表；

企业的大额订单或合同；

项目投资意向书；

创业团队的个人介绍；

产品的示意图或构造图片；

产品的技术说明；

产品用户手册；

生产经营场地和基础设施图片。

(二) 证据类内容

企业或项目的获奖证明；

项目专利、版权、商标证书；

企业营业执照；

高新技术企业认证证明；

企业的行业资质证明；

办公或生产场地的租约。

项目附录的作用在于更完整地介绍创业项目的商业计划，附录的内容包括比商业计划书主体内容更加详尽的市场调研报告、财务分析数据、相关证明等，是附在正文之后的参考资料。是商业计划书必不可少的重要部分。除了以上内容外，也可以遵循以下原则补充相关内容：

1. 有些资料有助于商业计划书的完整，但放于正文又会影响条理，可以放于附录，这类资料包括比主体更加详细的信息研究方法和技术的途径阐述，对了解主体内容有重要的说明作用。

2. 字数过多或直接引用他人数据不适合放在商业计划书的正文里，但可以放在附录里。

3. 需要补充的重要原始数据、数学推导过程、计算程序、数据统计图、逻辑结构图等。

要注意的是，在商业计划书中附录不是内容越多越好，只有附录内容可以对正文的某些内容起必要的支撑、说明或帮助作用的时候，附录内容才是有效的。否则，附录内容太多可能会适得其反，投资者可能会认为创业者自信心不足，才会无节制地提供附录中的内容。

▶　**任务实施**

此次任务可以通过如下途径实现：

（1）通过阅读《品牌策划是成功的关键》一文，思考品牌策划对商业计划书撰写有什么作用？还有哪些内容能给商业计划书加分？应该如何撰写才会吸引投资人的眼球？

（2）通过文献检索法，了解投资人、专家、学者对商业计划书框架的理解和总结。

（3）通过小组协作，撰写项目的八个部分，即项目概况、市场分析、产品和服务、项目团队、市场营销、财务分析、风险和防控、项目附录。

（4）选派代表分享小组完成的商业计划书。

▶　**任务小结**

大部分商业计划书都包含项目概况、市场分析、产品和服务、项目团队、市场营销、财务分析、风险和防控、项目附录八个部分。在商业计划书中，这些具体内容应当以最适合的方式进行排序和表达，可以将某些板块合并，或者增加一些额外的内容，但要记住创业者要表达的是一个逻辑要素完整、事实依据充分、有说服力的商业故事。

任务三　避开商业计划书的常见问题

▶ **任务导入**

　　《卓琳稻梦乐园——创意稻做文化及工艺品开发》项目的理念和实际运营都不错，但就项目名称来讲，加上个人的名字不一定好，个人的公众形象和品牌影响力在某种程度上并不能代表项目和企业，除非是经过很强的市场运作后，个人和企业都获得了足够的知名度，二者方可相互融合，如董明珠与格力。所以，这个项目名称可修改为《稻梦乐园——创意稻做文化及工艺品开发》或《创意稻做文化及工艺品开发》。

　　《基于农业遥感大数据的棉花规模化种植、经营新模式》项目的名称中有些词就是无意义的，如农业与棉花种植，并且参加了该项目的路演后发现，该项目更多的是在大数据支撑下开发的一个服务性平台，那是否可以将项目名称修改为《遥感大数据在棉田规模化经营中的应用》或《棉田规模化种植与经营中对遥感大数据的创新应用》？

　　请思考：

　　1. 上述案例说明创业项目取名有什么窍门？

　　2. 除了项目取名，商业计划书撰写有哪些常见问题？

　　资料来源：高老师农创课堂

▶ **任务分析**

　　商业计划书就像在推销项目的"卖点"，要向投资者全面展示项目为什么会成功。上述两个项目中取名时都存在一定的不足，需要突出项目的优势，去掉不必要的因素。对于投资人而言，好的商业计划书不仅体现在项目的名称上，还要回答好许多他们关心的常见问题。

▶ **知识准备**

创业者怎样很好地描述项目的独特之处，怎样撰写商业计划书各个部分的内容？他们经常会遇到以下难点问题：

一、怎样写好投资者感兴趣的项目摘要？

根据创业项目业务的不同情况，摘要可以分为两种：提纲性摘要和叙述性摘要。

（一）提纲性摘要

提纲性摘要结构简单、开门见山、一目了然，能让投资者立即了解项目为什么需要投资。提纲性摘要每一段基本上是对商业计划书相关本章的总结。提纲性摘要的优点是容易编写，缺点是内容文字不够生动。对于已经具有一定规模的创业企业来说，可以通过摘要提供实实在在的相关情况和数据，采用提纲性摘要比较合适，此时投资人不在意文字是否生动，而对各种关键数据更加关注和重视。

为了突出重点，可以在商业计划书每段开头写上标题，为了压缩内容、精简篇幅，也可以将以下有些内容进行合并：

1. 有关创业项目公司的基本情况。包括企业的名称、所属行业、成立时间、营业地点、法律形式等，或者是正准备成立的企业。

2. 产品和服务。包括已经销售或准备销售的产品和服务，以及正在研发的新产品或服务项目的情况。

3. 目标市场。列出产品已经或准备进入的市场，以及选择该市场的原因。同时，提供市场调研的分析结果。

4. 销售策略。侧重于说明产品如何进入目标市场、企业如何做市场推广，企业产品的主要销售渠道。

5. 市场竞争。简要介绍与产品有关的市场竞争，包括主要的市场竞争对手，以及各自的市场划分和市场占有率。

6. 竞争优势和特点。阐述为什么本项目的产品和服务能够在市场上获得成功，列举产品和服务的优势，例如专利、配方、独特生产工艺等。

7. 项目团队。简述项目团队的能力，特别是企业创始人和主要经营管理人的有关情况。

8. 生产或运营。简述关键的运营服务特点，例如关键的供应商和销售服务商，或者管控成本的技术和措施。

9. 财务状况。近两年的公司财务表现，以及未来一到三年的预期销售额和营销措施。

10. 企业长期发展目标。包括企业未来五年的发展规划，研发投入、新产品开发项目、人力资源规划、分支机构、市场占有率、销售额和利润目标等。

11. 项目融资。说明项目融资的目的，项目需要的资金数量、资金来源、投资回报等。

▷ 练一练 ◁
上网搜索一份商业计划书，对照以上 11 个要素进行改编。

（二）叙述性摘要

叙述性摘要与提纲性摘要相比，叙述性摘要更像是在给投资人讲一个简短的好故事。如果创业项目还不能提供在经营、管理、市场、财务等方面的实际情况和相关数据，就有必要采用叙述性摘要。叙述性摘要编写难度大，需要创业者既要有企业经营的知识和经验，又要有深厚的文案功底和写作技巧。叙述性摘要以文字调动投资人对项目的兴趣，使得投资人对项目感到兴奋。在编写时要重点选择一到两个能够打动投资人的项目亮点，要重点叙述创始人如何开发项目并创立企业，讲述企业如何结合社会需求，通过技术创新产品或提供服务，使投资人了解企业为什么能够成功。既要传达所有必要信息，激起投资的热情，又不能夸张，要写得恰到好处，通过叙述使投资人看到企业的机遇和发展空间。

叙述性摘要对各段落的关系没有明确的规定，各个部分的比重也不需要平均，重点是要明确地在投资人面前展示创业项目，给投资人留下深刻印象。叙述性摘要没有统一的格式，但应该包括以下几个方面：

1. 企业简介。企业的组织结构、发展规划、法律形式、经营地点、经营目标等。

2. 产品与服务概况。包括企业背景、产品开发情况、产品和服务特点，以及如何创新。

3. 市场情况。简述目标市场的发展趋势、市场痛点，为什么市场需要公司的产品和服务，以及市场竞争、市场分析结果等。

4. 竞争优势和特点。简述项目为什么能在竞争中成功，列举产品和服务优势，如专利、意向订单等，以及如何克服进入市场的障碍。

5. 管理团队情况。企业管理团队的主要经历和能力，特别是过去的成功经验。

6. 未来阶段性目标。列出每个阶段的发展目标，以及达到目标的方法和期限，包括销售额、利润、市场占有率，分支机构发展数目等。

7. 财务计划。包括资金来源、投资数额、投资回报等。

需要注意的是，叙述性摘要不是必须要写的，多数商业计划书采用的是提纲性摘要。当企业基本情况容易理解，市场和经营管理相对规范标准时没有必要采用叙述性摘要。建议企业如果条件具备，最好采用提纲性摘要，因为投资人最关心的还是如何通过这个项目赚到比其他项目更多的钱。

二、如何体现项目有非常好的市场机遇？

只需要让投资者了解这几件事：项目的市场空间足够大、市场需求也是真实存在的、项目有机会在市场中占据一定份额。

（一）产品的市场潜力要大，但是不要太大。多大的市场才能对投资者有吸引力呢？不要太大指的是这个市场的竞争者不要太多，最好在大多数人还没有看到之前，就被独具慧眼的创业者发现了。如果是尽人皆知的庞大市场，但是已经接近饱和，投资收益不会太大，投资者是不会选择的。

（二）在市场机遇中，企业的利润增长最好来自市场本身的增长。例如，随着老年人数量增多，老年人市场规模本身也会不断增长。利润来自市场的自身扩张，而不是抢占竞争对手的利益，这一点也是值得投资的市场机遇。

（三）企业有机会发展壮大为龙头企业，也是市场机遇。有些创业者认为，自己的企业只要在一个巨大市场里抢占大约5%的份额，收入和利润就非常可观了。这样的公司发展起来也是好公司，但是投资人未必会选择投资这样的公司，因为市场份额小的企业不具备市场控制力和产品定价能力，利润方面会打折扣。没有市场支配地位的公司很难保持风险投资所要求的高回报率。

在商业计划书市场分析的内容撰写上，要体现以下市场机遇的有力证据：

1. 数据的权威性

创业者在做市场分析中引用的数据支撑，要选择权威调查机构公开的数据，比如国家部委发布的数据或者知名的市场调研机构公布的数据，不能用网络搜索的真假难辨的数据。在数据的时间上尽量选择较新的，这样得出的结果可信度更高，并与项目的市场行情更贴近。

2. 细分市场规模的计算

项目的市场机遇要充分考虑大市场和细分市场的关系，不能用大市场的数据来替代细分市场的数据，要计算出细分市场需求的合理规模。比如，企业要做面向 18 到 25 岁年轻女性的服装线上销售，那么就不能只是国内服装市场的数据，而要细分到女装市场的年轻女性市场，以及线上渠道的销售规模大小，如果直接数据很难找到，那么需要创业者先估计大致的市场规模，再根据细分市场的占比，利用大数据测算出一个结果。

3. 市场趋势分析

市场趋势分析包括市场规模的发展趋势、市场格局、服务形式的变化。创业者可以引用权威分析机构的报告，也可以运用自己的判断，预测未来目标市场几年的发展趋势。如果市场本身是一个高速发展的增量市场，项目就更容易得到投资者青睐。如果市场处于不断变化之中，就需要创业者证明项目的产品和服务迎合了这种变化趋势、抓住了机会。如果市场内部已经趋于稳定或接近饱和，那就不是好的市场机会。

4. 市场痛点分析

项目花费人力、物力、财力和时间生产出的产品必须要针对用户痛点，并满足用户的需求，这个需求最好是刚需，也就是在生产、生活中经常会发生的，客户有一定的购买频次或购买附加产品需求。企业的产品开发，要根据市场调研做各种假设和验证，确保项目是基于市场的刚需和用户的痛点。

5. 行业竞争分析

在行业竞争分析中，最好单独用一页表格或图表的呈现方式，清晰直观地做竞争对手的全方位对比，包括企业的直接竞争对手、间接竞争对手和潜在竞争对手，竞争对手的发展情况，以及本项目产品与竞争对手相比有什么优势。

三、怎样做出对投资者有说服力的销售预测？

销售预测严格来说属于财务问题，应该放在财务分析板块内，但这个问题非常重要，最好能单独详细阐述，因为销售预测是商业计划书的核心内容之一，销售预测不仅要告诉投资者企业今年、明年的业务目标，也要告诉投资者企业未来三到五年的长远业务目标。销售预测用数据表示项目业务发展的趋势，以及对发展预测的假设。销售预测能够向投资者或者业务伙伴说明创业项目的产品和服务数据，让投资者判断商业计划书是否可靠。

销售预测应按照系统性的方式一步一步完成预测，不要跳跃式地猜想，让投资人看到项目的依据，同时对依据做清晰和简明的解释，这样得出的假设结论才有说服力。具体如图 10.3-1 所示。

图 10.3-1　销售预测步骤图

首先，项目要确定产品和服务单价，以何时以何种价格销售何种产品。

其次，项目要测算销售的产品和服务的成本和利润，销售额减去成本就是毛利润或净利润。成本通常要考虑直接成本、销售费用、人工成本、不动产费用、折旧费、企业一般管理费用和金融费用等。

在以上依据基础上，就可以制作一张一年的月度收入情况的销售预测表，并且提供销售增长的情况。增长趋势要基于客户复购或者推荐等，也要考虑经济环境的通胀或增长，预测一下这些因素对销售产生多大的影响，并检查验证预期的增长是否可靠。

如果项目已经有近两年的销售数据，那么就可以依据过去和现在的经验预测未来三到五年的销售预测，如果是新的产品项目，没有经验与数据，那一般只要做三年的销售预测表，需要注意的是，如果创业者过于乐观，就有可能将销售额预估过高，成本预估过低。因此严谨的销售预测还要将专业的销售预测模型和行业销售历史数据作为参考，以及必要的敏感度分析工作，这需要专业的财务人员来共同完成。

四、怎样做出为投资者带来信心的未来发展规划？

创业者要在商业计划书中体现投资者关心的运营数据，突出公司在关键发展节点的数据，让投资者从运营数据中看到企业未来的增长趋势。具体要从过去、现在、未来三个方面的数据来体现。

（一）基于过去的发展情况

企业的竞争优势是建立在产品、服务、研发上的积累和创新，因此，在这些方面有体现特点或特色的具体数据支撑，以下是可以参考的：

1. 产品种类和生产特点

多样的产品类型，符合客户的需求；

设备配置合理，产品供应量稳定，生产组织灵活，生产周期短；

产品和服务质量有保证，达到国际标准；

原料的供应相对稳定；

合理的库存和基本保有量。

2. 价格优势和服务特点

管理和人工成本低；

运输成本低、周期短；

售后服务有平台或合作支撑。

3. 技术研发支撑和创新

产品性能取决于技术；

获得高新技术企业认证；

企业有大量的技术研发人员和杰出工程师；

与研究机构或高校的协同研究和开发等。

（二）现在验证的商业模式

初创中小企业必须尽快验证项目的商业模式和增长策略在当前市场环境下是否奏效，才能决定项目是否值得继续开发。验证商业模式的指标之一是市场接受度，可以评估商业模式是否能从客户群那里盈利。因此，可以将商业模式的运作进行拆分，一个环节一个环节验证，不同产品和服务的验证环节和周期可能不同。

▶ 知识加油站 ◀

互联网产品和服务类型的商业模式验证环节

互联网产品和服务类型的商业模式验证环节，主要有以下内容：

1.目标市场的真实情况与接受程度。目标市场的真实需求存在，能否接受企业的产品和服务，还和项目选择时机、执行等因素有关，验证真实市场化规模和预期规模的差距，能发现商业模式的某个关键环节是否出现问题。

2.用户增长率和收入增长率。项目所属领域相关产品的平均增长率，如果项目的数据低于正常值，也有可能出现问题。

3.用户留存率和活跃度。这个数据反映了用户对产品和服务的依赖程度，也是验证用户是否有刚需和持续购买欲望的重要指标。

4.平均获客成本和平均客户收入。用平均获客成本计算成本，用平均客户收入计算收入，并将这个数据和竞争对手的数据表现结合起来比较，能看出企业的竞争优势。

5.增长效率。增长效率是主营收入每增加1块钱需要付出的营销和运营成本。如果增长效率大于1，那么项目花钱的速度和大于收钱的速度，要考虑产品设计或商业模式哪里出了问题。

6.客户付费率和续费率。通过客户付费率和续费率可以判断商业模式是否存在泡沫，特别是续费率更能体现产品的市场认可度。

7.营销组织和营销方法。营销组织和营销方法主要看的不是当前的结果，而是要看是否可预测、可实行、可复制、可持续等方面的定量和定性指标。

（三）面向未来的发展趋势

创业者的思路决定了企业未来发展趋势，影响着企业命运。要体现企业的稳定和可持续发展，要在一些重要数据方面有所突出。

1.突出关键发展节点

产品：链接产品上下游的产品能力，产品决定企业是否可以成长；

营销：项目团队的营销能力，决定企业是否可以和产品共存发展；

人才：是否有人才培育体系，决定企业是否可以变得更强大；

财务：企业利润决定企业是否可以生存和是否可以增值；

系统：企业是否建立了标准化可复制的流程，保持稳定发展。

2.突出用户及销售方面的关键数据

用户相关数据：注册用户、活跃用户，客户保留率和用户反馈等；

销售相关数据：产品销售量、订单量、产品单价和毛利率、产品销售额和增长率、市场份额等。

3. 突出增长趋势

突出企业的增长趋势，能让投资者看到企业产品和服务的发展潜力，以下是重要增长指标：

总资产增长率；

固定资产增长率；

主营业务收入增长率；

主营利润增长率；

净收入增长率。

需要注意的是，以上对发展规划的数据化优势，是针对已经发展了一段时间、积累了优势运营数据的公司，对于初创中小企业来说尚无优势数据怎么办？那就要在商业计划书中展示企业的发展进程和执行情况，包括：创业开始时间、产品开发重要过程、产品上市时间、公司运营数据生成时间和数据开始时间等。这些描述能体现创业者对未来的信心。

五、怎样做好投资者最关心的财务分析？

财务分析基于会计报表，使用各种专业的手段来分析和评估过去和现在企业的偿付能力、盈利能力、运营能力和增长潜力。从投资人的角度分析，主要包括公司现金流和成本预测、企业的资产负债表、企业的财务计划及投资回报。

（一）公司现金流和成本预测

现金流意味着公司的资金必须像活水一样可以自由流动，必须防止资金断流。在企业尚未盈利之前，企业要保证有足够的资金来维持业务的运营，直到产生现金收入。三个细节决定公司现金流和成本预测是否合理。

1. 收入的基本假设

产品定价；

客户数量；

时间框架。

2. 成本

固定成本；

可变成本；

销售成本；

设备成本；

税务成本。

3. 分析和调查

企业的启动资金；

企业的收支平衡点；

企业的保守收入预测；

企业的乐观收入预测。

(二) 中小企业如何应对流动性风险

资产负债表也叫财务状况表，代表公司特定日期的财务状况的报表。在资产负债表中分为资产和负债、股东权益两个主要区块。公司的固定资产、无形资产、库存、应收款和现金属于企业资产，公司的应付款、其他负债、短期借贷、长期借贷和股东权益维持着公司业务发展的资金来源。

从流动性看，流动性越好企业越安全。按流动由高到低排列：现金具有最佳流动性，应收账款的流动性较小，库存的流动性差，固定资产的流动性最差。从安全角度考虑，创业者在投资固定资产时不要超过公司的现金流。

从稳定性看，债务和股东权益越稳定，企业越安全。按稳定性由高到低排列：股东权益、长期借贷、短期借贷、其他负债、应付账款。应付账款是企业最不稳定的债务，有些公司依靠上游和下游的应付账款维持运营，如果业务意外中断，就会面临危机。

资产负债表的动性对初创中小企业很重要，公司的资产负债结构好，公司经营中赚取的利润和损失，就不会伤害到企业的根基。

(三) 保证企业生存的谨慎财务计划

用于融资的商业计划书，财务计划必须保守，只有具备充足的可运营资金，才可以帮助初创中小企业平稳地坚持到获得融资和盈利。保守的财务计划包括：

1. 适合当下市场环境的产品结构，有足够资金支持；

2. 降低企业成本，有合适的人力资源结构降低成本；

3. 资源用于投资客户，从客户回报利润维持公司发展。

（四）为投资人创造财富的投资回报

风险投资人只看投资回报倍数。这是为什么呢？假设某个投资人投资了 10 个项目，这 10 个项目的结果可能是 4 个项目不幸夭折，2 个项目刚好可以收回投资，3 个项目回馈额达到 2—5 倍的收益，还有 1 个回报超过了 10 倍。因此，有大量的实践证实，科学合理的投资回报期望为对初创中小企业期望 10 倍的投资回报，对已经成熟的项目投资期望 3 到 5 倍的回报。

六、怎样做好投资者满意的股权融资计划？

创业离不开资本，商业计划书的目的之一就是融资成功。能否融资成功除了取决于项目本身是否值得投资，还要看企业是否有合理的融资计划。而融资计划取决于企业估值、出让股权比例、融资需求和退出机制是否让投资者满意。

（一）企业估值的主流方法

1. **市场法**：是基于价格形成的替代原理，并通过直接比较分析近期市场中类似资产的交易价格进行价值评估。首先，必须在一个活跃的公开市场寻找参考对象，比如证券交易市场。其次，可以测量和收集到与评估资产相关的参考对象和指标、参数和价格等。在市场法中常用的模型是 PE（市盈率）、PB（市净率）、PS（市销率）模型。

2. **成本法**：是从投资者角度估算，评估与目标企业相似或相同的新资产购买成本。根据现有市场情况购买同一资产的总成本，扣除各种折旧以及市场环境改变而造成的贬值，就是购买成本。成本法的缺点是只考虑了有形资产，企业无形资产的价值没有体现。

3. **收益法**：适合大多数企业，也更加科学合理。首先，收益法反映了公司全部营运资金的收入，并全面评估了公司价值。其次，收益法评估指标还包括时间价值，初创企业用收益法对企业进行估值时，一定要合理预测资产的未来收益。

（二）出让股权比例的计算方式

在进行合理企业估值后，商业计划书还要明确可以出让给投资人的股权，股权的比例直接决定了投资人的投资回报。成功的公司在上市之前可能需要筹集资金超过五次，每一次投资，企业都要出让部分股权给投资人，这就导致创业者和早期投资人的股权被不断稀释。如果再考虑 5%—20% 的股权激励，以及吸引创业合伙人的 5%—15% 的股权比例，融资一次一般要超过 1% 的股权，最好在 10% 左右。

（三）明确的融资需求

融资需求是商业计划书的重要部分，融资需求应该包括资金运营计划的内容，展现公司未来至少 12 个月的发展方向：

1. 资金使用方案：以表格形式呈现出来，包括办公、人员、市场费用等；

2. 资金使用监督，有周密的资金监督管理办法；

3. 投资的收益评估，包含项目收入和资产回收。

（四）让投资者安心的退出机制

投资退出机制是风险投资机构在企业发展不成功，或企业无法继续发展的情况下，投资人可以将持有的企业股权转化为资本抽离该企业。投资的退出机制包括上市退出、并购退出、清算退出三种方式。

▶ **任务实施**

此次任务可以通过如下途径实现：

（1）通过阅读上文，思考除了项目取名，商业计划书撰写还有哪些常见问题。

（2）通过文献检索法，了解投资人、专家、学者对商业计划书常见问题的观点。

（3）通过小组协作，为自己的项目做好六个任务：撰写投资者感兴趣的项目摘要；梳理项目市场机遇；做好对投资者有说服力的销售预测；制定为投资者带来信心的未来发展规划；开展投资者最关心的财务分析；梳理投资者满意的股权融资计划。

▶ **任务小结**

创业者在怎样很好地传达这些项目的独特之处上，以及怎样撰写相关内容时，经常会遇到以下难点问题：怎样写好投资者感兴趣的项目摘要？如何体现项目有非常好的市场机遇？怎样做出对投资者有说服力的销售预测？怎样做出为投资者带来信心的未来发展规划？怎样做好投资者最关心的财务分析？怎样做好投资者满意的股权融资计划？

技能提升训练　模拟撰写商业计划书

▶ **训练目标**

撰写一份完整的商业计划书。

▶ **实施流程**

请和团队成员讨论，分工按步骤完成一份商业计划书的撰写。

第 1 步　结合市场分析，说明项目市场空间；

第 2 步　根据客户需求，提供产品和服务解决方案；

第 3 步　介绍团队成员，组织发展规划；

第 4 步　分析竞争对手，制定营销策略；

第 5 步　确定盈利模式，做出销售预测；

第 6 步　给出融资需求和风险防控对策；

第 7 步　提取项目重点，撰写项目概况；

第 8 步　整理商业计划书。

思考与练习

一、判断题

1. 商业计划书的封面上应该有负责人的姓名、头衔和联系方式等信息。（   ）

2. 因为摘要位于整个计划的开始部分，所以摘要是商业计划书最先完成的部分。（   ）

3. 商业计划书中应该多用专业术语。（   ）

4. 商业计划书中对于退出机制可要可不要。（   ）

5. 商业计划书用于寻找战略合作伙伴或者风险投资者，所以可以适当写得含糊不清，这样可提高自身的优势。（   ）

二、单选题

1. 以下选项不是商业计划书项目附录中应该包含的信息的是（   ）。

A. 高级员工、人事、主管和海外员工的简历

B. 历史财务状况和相关的文件

C. 企业经营计划复印的份数

D. 主要环境因素预测

2. 商业计划书中应体现的内容以下观点正确的是（   ）。

A. 认为自己的产品和技术是独一无二的

B. 重点体现好，但是达到目标所制定的策略和做法描述减少

C. 体现退出机制

D. 资金预算较为简单

3. 商业计划书常见的问题有（   ）。

A. 内容空洞不实

B. 没有独特盈利的商业模式

C. 错误地使用评价标准界定竞争对手

D. 以上答案均正确

三、多选题

1. 以下选项属于商业计划书的核心要素的有（   ）。

A. 执行摘要　　　　　　　　　　B. 管理团队

C. 市场营销分析　　　　　　　　D. 风险因素

2. 成功的商业计划书需要具备要素有（　　）。

A. 客观的数据分析　　　　　　　B. 让技术外行也能读懂

C. 注重排版与写作风格　　　　　D. 创新的商业模式

3. 商业计划书中应包括的要素包含（　　）。

A. 项目概况　　　　　　　　　　B. 商业模式

C. 市场营销　　　　　　　　　　D. 财务分析

E. 风险和防控

4. 构成商业计划书的基本要素包含（　　）。

A. 产品（服务）　　　　　　　　B. 市场调研、竞争对手

C. 商业模式、创业团队　　　　　D. 行动方针

5. 以下属于商业计划书常见问题的有（　　）。

A. 市场分析不够细致　　　　　　B. 低估竞争对手

C. 高估市场规模　　　　　　　　D. 风险应对措施不明确

四、简答题

简述商业计划书的功能。

项目十一
掌握项目路演的成功秘诀

▶ **学习目标**

（一）知识目标

1. 了解什么是项目路演；

2. 理解项目路演的重要性；

3. 了解项目路演的前期准备工作。

（二）能力目标

1. 掌握项目路演的演讲技巧；

2. 掌握项目路演 PPT 的准备方法。

▶ **学习任务**

任务一　做好路演准备；

任务二　掌握路演技巧；

任务三　做好路演课件。

任务一　做好路演准备

▶ **任务导入**

小微：我明天要参加创新创业校赛路演，请问路演中怎样讲好创业故事呢？是不是主要讲创始人的故事比较好呢？

导师：讲故事是不错的创意，但是路演不要局限于讲创始人的故事。做好路演，还是需要做很多准备的，这里头是有讲究的。

请思考：

1. 路演中如何讲好故事？

2. 路演要做好哪些准备？

3. 假设你马上要参加校赛路演，将会怎么做？

资料来源：原创

▶ **任务分析**

现在越来越多参加创新创业大赛的人意识到讲好商业故事的重要性。故事能启发、感染观众，让你的项目深入人心。但是路演不仅是讲好一个故事那么简单，还需要做精心的准备，小微明天就要参加校赛路演，除了要讲好故事，还要从路演内容、物料、讲稿等各方面做好准备。

微课视频：
做好路演准备

▶ **知识准备**

一、项目路演概述

(一) 项目路演的定义

路演的形式最早起源于证券市场，是证券发行商面向投资者，进行股票证券推介的一种方式。早期的华尔街股票经纪人经常站在街上吆喝兜售股票，路演因此得名。目前路演已经成为国际上广泛采用的证券发行推广方式。

在今天，路演的含义已更加宽泛，针对企业、项目、业务、产品的推介、演说等都可以称为路演。对创业者来说，项目路演就是将创业项目做充分的解说、介绍、展示，以获取资金或其他资源支持与合作的重要方式。

目前创业项目路演方式主要是对商业计划书做讲解介绍，可以说，商业计划书是项目路演最重要的支撑材料，而项目路演是商业计划书最主要的对外应用场景。

(二) 项目路演的内涵

1. 项目路演是手段不是目的

项目路演不是表演，也不是单纯的演讲。项目路演是为了说服投资者开展融资行为而存在的，项目路演是要达成创业者和投资人的共识，促进投资落地的一个过程。

2. 项目路演的对象思维

项目路演的对象是投资人和潜在的合作对象，创业者必须了解对方的行为和思维模式，做好项目路演对象的研究，通过路演展示项目亮点，为对方选择提供精准的要点，为将来可能的合作建立关系基础。

3. 项目路演的内容逻辑

项目路演的内容要理念清晰、简单容易理解。项目从理念到执行，以及项目的核心优势，要有逻辑地依次展示，才有说服力。

4. 创业者信心的展示

项目路演的展示过程不仅是项目展示，更是创业者信心的展示，让投资人感受到创业者的信心是关键。

5. 项目路演的描述方式

掌握项目路演的描述方式，依据项目的类型，选择不同的描述方式，比如，互联网的项目，要先从用户痛点开始，将产品和服务的解决方案、商业模式以及团队配置等展开描述。

（三）投资人心中的好项目

创业者与投资人，创业方法与投资方法，就像是一枚硬币的两面，创业者要了解投资人的视角和心态，才能更深层次地理解好项目的标准，在此基础上升级创业认知和创业方法，投资人要了解创业者的视角和心态，才能更准确地对创业项目做出判断、捕捉和投资好项目。

判断一个创业项目的优劣，是创业投资评估的一个核心问题，不同的投资人可能有不同评价逻辑和判断标准，但也有些基本的标准和决策方法。

1. 符合商业趋势

创业应顺势而为，商业趋势有大小之分，一般来说，越强大的商业趋势，其商业价值越高。要想抢占市场先机，在正确的时间顺势而为，就需要挖掘未来能够成为趋势的小众非主流趋势与利基市场，这需要创业者有极强的市场前瞻性、极高的创业认知水平和丰富的创业实战经验。

对创业者来说，趋势有不同的类型，有时代趋势、国家大势、市场局势、团队气势和个人优势，投资人也会从这几个方面来判断创业项目的趋势机会，查看创业项目是否融入了一个强大的趋势，是否存在一个有利的入场时机。

2. 有市场刚需

创业项目的方向是否有刚需市场需求和强烈用户痛点，是创业者找到刚需赛道的出发点，创业者应准确把握市场痛点，据此研究创新解决方案。创业者需要对市场机会有深入的研究和深刻的认知。

具有项目可行性的刚需项目一般有以下几个特征：一是符合时代精神和商业趋势，符合商业环境的政策、法律、文化、风俗、人口情况等限定条件；二是需求强烈、痛点清晰，竞品和现有解决方案有明显不足；三是市场巨大，人口基数、消费能力和市场空间足够大。

3. 有创新性和有效性

为了解决有刚需的市场需求和痛点，创业者需要提出差异化的创新、高效的解决方案。解决方案包括产品和服务，应当有以下特征：

（1）有创新。创新是创业的灵魂，针对市场刚需、用户痛点及竞品不足，结合自身优势，创业者提供与众不同的创新产品。

（2）有实效。与市场上现有产品相比，创业者的创新产品应具有明显优势，能够比市场上现有产品更好地解决用户的刚需和痛点，而且经得起市场的检验。

（3）有壁垒。有实效的产品，必须具有一定的门槛壁垒和竞争优势，例如，有专利技术保护、研发周期长、高效率运营能力，在短时间内不容易被复制和模仿。

4. 有创业精神的团队

创业团队应具备创业精神，不仅包括对创业项目的执着和坚韧不拔，还要有一些共性要素，比如迎接挑战、创新突破、激发潜能、能调动资源和解决问题。创业者要知行合一，既要有认知力，也要有执行力，创业者要有勇有谋，既要有创新精神，也要有创业方法。创业合伙人应该是和创业方向需求相匹配、优势互补的人，并通过一定的规则约束形成合理的合作关系，要确保高效协同，团队还要有实施长期激励的措施。

5. 有强大高效的执行力

项目的美好战略蓝图，需要靠超强执行力来实现，创业公司的高效体现在两个方面：

（1）对既定战略的快速执行。对创业公司来说，时间就是生命，在资金能够支撑公司运行的时间范围内，必须保障战略的快速执行落地，这样才能实现盈利或实现下一轮融资，才能让公司继续运转和生存下去。

（2）对于市场变化的快速应对。万物互联的商业社会瞬息万变，大量创业公司成立和消亡的速度也很快，创业者必须快速反应，以速度求生存，才有可能站稳脚跟活下来。

6. 项目已经有效验证

对于一个创业项目，故事讲得再好，但最终得到验证，取得有效结果，实现商业模式，才是最有说服力的。创业项目通过不断取得成果验证、不断实现里程碑目标，不断实现阶段性闭环和升级，才有可能最终实现巨大的战略目标。

二、项目路演内容准备

（一）项目路演的核心内容

项目路演的内容围绕以下核心问题进行组织和设计。

1. 回答做什么的问题

阐述核心产品、商业模式、业务流程等是什么。

2. 解决了客户的什么问题

基于对客户需求的明确洞察之后得出的结论，必须具体和有力。

3. 核心竞争力是什么

本项目和其他竞品的不同之处，核心商业价值有哪些。

4. 对投资者的意义所在

告诉投资者项目路演的内容和投资者的关系，投资者为什么值得关注本项目。

(二) 项目路演展示内容筛选

项目路演是根据商业计划书的内容来展示的，商业计划书少则几十页，多则上百页，而项目路演的陈述时间有限，怎样筛选能吸引投资人的内容？可以参考项目内容筛选流程图 11.1-1。

图 11.1-1　项目内容筛选流程

1. 问题引出

公司出于什么原因考虑选择该项目？一定是项目有巨大市场需求，在问题引出部分要有一定冲击力。市场有什么样的背景，有多大的机会，有什么样的市场空白，用数据和事实说话是最好的方式。

2. 产品和技术介绍

产品和技术介绍是项目路演的核心。如果是技术类产品，要阐述技术壁垒、技术的依托单位、技术的权威性和可信度，经过多长时间，攻克了什么难题，技术的价值体现等。如果是服务类产品，要讲服务的理念基础，如何从市场中挖掘机会，具体的服务项目介绍、服务内容及服务流程等。

3. 环境分析

环境分析包括外部环境分析和内部环境分析，外部环境分析包括经济、政策、技术和社会等宏观环境，以及市场分析、行业分析、技术分析和顾客分析。内部环境分析包括技术资源、人力资源、组织资源和财务资源等。

4. 公司战略

公司愿景和使命，公司发展规划。包括市场的扩张、客户的增长，以及产品的延伸和管理规划等。

5. 市场分析

包括目标市场细分、目标市场选择与目标市场定位，以及如何塑造与众不同的品牌形象等。

6. 营销策略

包括产品策略、价格策略、渠道策略和促销策略。

7. 风险防控

对项目的风险评估和风险防范对策。

8. 企业管理或项目团队

企业组织架构和相关成员介绍。

三、项目路演资料准备

(一) 项目路演展示内容筛选

商业计划书是项目路演的基础资料，除此之外，还要准备项目路演 PPT，并且根据项目情况准备项目的视频资料和项目产品现场演示资料。

1. 项目路演 PPT

项目路演 PPT 侧重演示的清晰和结构化逻辑。

2. 项目路演的视频资料

短视频资料具有多媒体特性，有其他材料不可替代的优势，虽无法完整系统地展示项目核心要点，但经常作为补充呈现资料。根据项目路演长短，短视频时长通常为 1—3 分钟。短视频资料的内容主要是直观呈现项目产品属性、优势特色、应用场景以及如何解决需求痛点，要体现创新优势和效果成就。

3.项目路演的产品现场演示资料

在项目路演的现场演示产品和服务，是一种很有说服力的方式，路演效果比较好，可以直接影响到投资人对项目进展、项目可行性及成熟度的判断。不过要根据项目不同发展阶段的特点，如果是还没有成熟的产品，在探讨创意设想、技术路径和产品设计上，需证明产品未来的可靠性。

（二）项目路演陈述准备

项目路演的目的是通过富有表现力的现场演说来触动投资者，引起投资者兴趣和关注，以此展现创业项目商业价值，进而达到项目融资目的。成功的演说背后需要长时间的准备和练习。

1.项目路演的陈述特点

（1）脉络清晰、逻辑合理

项目路演时间一般在8—15分钟，要求演说者有一个清晰的框架结构，能让聆听者在短时间内快速掌握演说的主题内容，跟随演说者的思路，进而把握演说者的核心意图，从而达到良好的演说效果。演说的逻辑顺序有许多种，包括话题顺序、时间顺序、空间顺序，还有提出问题、分析问题、解决问题的逻辑顺序等，演说者可以根据项目特点和内容选择不同的逻辑结构。

（2）内容精彩、引人入胜

演说稿的具体内容要花大量时间去构思整理、总结凝练。必须在内容上精挑细选、充分加工。在内容选取上要结合投资特点、商业习惯、所处场合和主题等因素，争取尽快吸引投资者的注意力和兴趣点。

（3）论点明确、数据可信

在阐述创业项目内容要点时，要观点明晰、特点突出。同时还要合理运用相关数据和事实来有效支撑论点和要点。

（4）收尾有力、回味无穷

项目路演的收尾应起到画龙点睛的作用，好的结尾可以使人对整个路演印象深刻、引起思考和回味。

2.项目路演的陈述形式

（1）注意措辞

以让投资者可以快速理解为准，不要出现太多生僻专业的词语。

（2）口语表达

通常情况下，形式简短、修饰成分和连接成分少的短句比长句更适合口语表达，项目路演以突出产品特点、体现企业优势为核心，抓住重点，用简短有力的口语句式表达内容更好。

（3）语气语态

采用自然亲切的语气，用对话式的方式更能缩短与听众的距离。

> ▶ 练一练 ◀
> 根据你的项目情况，准备一份路演讲稿。

3.项目路演的开场设计

项目路演的开场切入点如果找得好，可以驱动和调控听众的心理，使投资者更容易接纳项目。项目路演的开场设计可以参考以下几种方式：

（1）悬念切入，引发投资者的好奇心

在演说的开头设置与主题相关的悬念，通过恰当地烘托和渲染，然后顺势引入项目主题，能让听众跟随演说者的逻辑，关注演说内容。

（2）数据切入，引发投资者震撼

以具有诱惑力的商业数据，包括市场规模、价值总量为开场，能够抓住对数据敏感的投资者的注意力，引发项目兴趣。

（3）反面切入，启发求异思维

正面切入顺理成章，反面切入会出奇制胜，出乎意料，独树一帜，让听众的思维受到挑战，符合投资者的求异思维，调动投资者的积极性。

（4）直击痛点，再提出项目解决方案

在项目路演的开头说出市场痛点，后面提出解决方案，也是一种常用的开场方式。

（5）设问开头，核心问题引出项目概况

先抛出问题，自然而然引出后面的相关话题，开始介绍项目和产品，过渡自然充实。

（6）类比开头，结合项目特点，用比喻让人一听就懂

类比就是打比方，用比喻来形容行业现状，结合项目特点，找不同的事物来比喻，可以起到四两拨千斤的作用，越简单、越清楚越好。

4.项目路演的陈述重点

项目路演重点陈述的内容也就是项目的核心内容，主要包括以下内容：

（1）具体解决方案

市场痛点是如何发现的，解决方案是如何精准解决用户痛点的，方案的实际执行效果如何体现项目的客户价值。

（2）项目增长价值

项目的市场总量多大，项目可以获得多少份额，市场的增长来自哪里，如何体现项目的发展可能性。

（3）竞争态势分析

项目的主要竞品有哪些，竞争对手的优势、劣势有什么，项目的核心竞争力体现在哪些方面，从客观的角度，向投资者证明为什么能做得更好。

（4）有效盈利模式

行业的价值链是怎样的，利益在价值链是怎样分配的，项目有哪些可靠的收入来源，未来的收入怎样延续。项目初期的盈利点和后期的发力点在哪儿。

（5）营销组合策略

目前营销已经达成的产品数据、用户数据、财务数据有哪些，目标达成的具体措施和策略有哪些。

（6）创业团队实力

创业项目的内部核心成员如何获取外部的资源、外部的专家经验，有什么资源和渠道可以利用。

（7）融资具体计划

项目计划融资多少，拟出让多少股份，资金的使用计划，对于投资者的回报方式有

哪些。而且项目融资的估值依据要合理、用途要明确。

5. 项目路演的收尾设计

一场项目路演令人印象深刻的往往是开头和结尾，结合创业项目的商业价值和社会价值，开场可通过数据展示商业价值，结尾可通过愿景和情怀表达社会价值。收尾设计可以基于创业者对项目两个方面的思考：

（1）除了金钱之外，为什么要做这件事？

（2）做这件事除了能赚钱之外，还有哪些社会价值？

（三）项目路演的答辩准备

在项目路演陈述之后，都有一个答辩环节，需要面对包括苛刻的投资人的评估、务实的企业家的质询以及专业的管理专家的考验等。因此，要做好答辩准备就必须要做好系统分析和挖掘来自项目的问题。

1. 答辩系统分析

创业者面对的投资者虽然苛刻，但他们并不是考官，创业者的项目路演不仅是在向投资者展示项目，同时也是在和投资者对话，因此，应该把答辩看成分享探讨的过程，而并不是为了给出正确答案。

在项目路演答辩中，应注意要扬长避短，创业者可以坦诚项目的困难所在，同时也要对解决问题有理性乐观的态度，实际上，项目路演不仅是在向投资人推销创业项目，同时也是在推销创业者自己，展现面对问题的良好心态和充足信心是关键。

2. 项目问题挖掘

在项目路演时，投资者可能提出的问题，主要来自对项目存有疑虑的地方，目的是通过问题进行相关的求证。因此，创业团队要对项目本身存在的几类问题做好挖掘：

（1）项目本身的关键问题：当前的竞争优势、商业模式等问题。

（2）项目当前未解决的问题：产品和技术的遗留问题或售后服务等问题。

（3）项目未来可能发生的问题：融资后的项目计划及市场扩张等问题。

四、项目路演人员准备

（一）选择路演人员

路演人员的选择很重要，不仅对项目要有全面系统的了解，更要对项目所处的市场及行业都有一定的了解，特别是在答辩环节，如果路演人员能对投资人的问题做出有条理、流利的回答，就能直接体现创业者对项目及相关行业的深入研究以及团队的专业性。创业团队选择的路演人员包括陈述和答辩人员，可以综合考虑以下几方面因素：

（1）语言表达能力是否清晰；

（2）项目专业知识是否熟练；

（3）台风形象是否端庄大方；

（4）台上是否能够良好应变；

（5）团队整体是否能够配合协同。

一般来说，路演主讲人的数量为 1 人，选择谁来主讲，优先级的排序首先是项目创始人或 CEO，其次是联合创始人或其他高管。答辩环节可以多人一起上台。要注意"形象好、气质佳"的路演人员只能给路演项目锦上添花，并不是必要条件，最主要的还是对项目的系统了解和对项目的充足信心。

（二）选择路演风格

项目路演时，独特的路演风格往往能吸引台下投资者的注意，因此，在准备路演时，也要选择确定好路演风格。项目路演的整体风格不仅要符合企业的产品特性和企业文化，还要和路演人员自身的身份定位、性格特点、特质特长和情绪表现等匹配。

1.路演风格和身份定位

项目路演是处在特定的环境和氛围中的，所以路演人员的表现要符合自身的定位和身份，同时，每个路演人员的背后也是代表着整个企业和团队的定位和精神，符合自身风格和代表企业形成独特的个人风格很重要。

2.路演风格和性格特点

每个人性格都不一样，有的人稳重内敛，有的人谨慎谦虚，有的人活泼机警。如果是一个稳重内敛的人，那么可以把这种稳重、喜欢深思熟虑的特点带到路演中，以看问题的深刻来影响投资者。如果是活泼机警的人，那么通过热情洋溢的风格带动气氛的活跃，也能感染投资者。但是如果不具有这样的性格特点，为了营造路演效果而矫揉造作，往往会适得其反。

3.路演风格和特质特长

善于演说的人往往是根据自身条件扬长避短，最后形成自己的独特风格。如果有擅长的方面，不妨展示出来。

4.路演风格和情绪表现

项目路演时，主讲人的情绪表现也很重要，不要让投资者感觉是把观点强加于人，不必表现得过于激动，自然的情感表达比煽动性的语言更有说服力。

除此之外，在确定路演风格时，还可以考虑增加一些创意或创造性的展示，不一定都是主讲人从头到尾的语言描述，比如可以改为双人对话模式，或者增加表演来辅助。具体要根据不同项目类型来选择。

（三）进行路演演习

在正式项目路演前，进行多次的模拟演习是很有必要的，通过多次的模拟，可以检查、修改、调整成熟的讲稿和PPT内容，模拟包括：

1.时间控制；

2.陈述和PPT的配合；

3.主讲人的台风、语言、动作等训练；

4.路演团队整体配合训练。

创业者在参加项目路演前，通过反复演练，才能达到最好的效果，一个好的项目路演是数十次甚至上百次才达成的。

▶ 任务实施

此次任务可以通过如下途径实现：

（1）通过阅读参赛者和导师的对话，思考路演中如何讲好故事？路演要做好哪些准备？

趣味动画：
成功的商业路演

（2）通过文献检索法，了解投资人、专家对项目路演准备要点的总结。

（3）根据自己的创业项目撰写一份路演演讲稿，并根据实际预设问题。

（4）在小组内研讨路演的流程和答辩的注意事项。

（5）通过小组讨论确定项目路演主讲和答辩人员分工。

▶ **任务小结**

　　项目路演是为了说服投资者开展融资行为而存在的，项目路演是要达成创业者和投资人的共识，促进投资落地的一个过程。路演要做好内容准备、资料准备、人员准备。项目路演的内容围绕 4 个核心问题进行组织和设计：回答做什么的问题、解决了客户的什么问题、核心竞争力是什么、对投资者的意义所在。资料准备包括商业计划书、项目路演 PPT、视频资料和项目产品现场演示资料。人员准备包括选择路演人员、路演风格，要反复进行路演演习。

任务二　掌握路演技巧

▶ **任务导入**

2022 年 8 月 26 日，作为"2022 全国农业高新技术成果交易活动"的重要组成部分，"现代种业""智能装备""绿色低碳"三个路演专场在南京国家现代农业产业科技创新示范园区举办，来自全国各地的 29 个优质项目经过层层遴选脱颖而出，现场接受来自行业专家、企业家、创投家和线上百人评审团的指导。经过一上午紧张激烈地角逐，根据评委打分和网络投票，每个路演专场分别揭晓了"最具孵化潜力项目"奖和"网络最受关注项目"奖。

本次路演活动不仅提供了一个展示、交易的平台，也为各参会主体带来多方面的收获。路演活动评委，艾格农业、艾格资本董事长、投资人黄德钧认为，"这次活动为同行业上下游创业企业、产业公司建立联系，促进了投资人和项目方的交流，让创业公司、人员之间能够充分交流"。黄德钧表示，作为投资机构代表，他会持续关注、参与、支持农业科技会议的举办。

请思考：

为什么这 29 个项目在众多项目中能脱颖而出，他们的路演技巧怎么样？

资料来源：南京农创中心

▶ **任务分析**

当下各级各类的创新创业大赛和项目投资评审会在全国上下如火如荼地开展，每个大赛都少不了项目路演环节，行业专家、企业家、创投家和线上评审团都会给予评审。"2022 全国农业高新技术成果交易活动"就是其中的一种。这 29 个项目在路演过程中少不了精心的准备才能脱颖而出。其实路演也有很多可以提前准备的技巧。

▶ **知识准备**

一、项目路演的关键点

（一）项目路演的整体把握

1. 内容把握上，要说出痛点、讲出特点、展示亮点

讲故事要有亮点，听众才会喜欢听。项目要有特点，投资者才会愿意接受。创业者可以结合项目特点来突出项目优势，不管是产品技术、核心团队、市场渠道、商业模式等都有可以挖掘的特点，把产品的细节特点和独特价值作为亮点，充分展示，这是内容上要把握的。

2. 路演人选上，核心人员要上台

核心人员是项目的灵魂，亲自上台做路演，是保证项目路演有好结果的重要前提之一。核心人员要将项目理念、创业激情展现出来。往往能打动人的不是演讲者洋洋洒洒的语言，而是专业又务实的创业团队核心人员。

3. 项目团队上，要突出优势资源

投资者不止关注项目，更关注做项目的人。要把和企业核心竞争力紧密相关的人力资源，能解决什么问题讲出来，不是简单的描述简历，而是要把团队成员的合作关系，用图示和故事化语言呈现出来。

4. 路演方式上，要有兴奋点，引发关注

一种方式是通过有逻辑的语言要素做串联，根据演讲内容的需要，有计划、有目的地在各个内容环节上做设计，在演说的过程中串联起来，一步一步、顺理成章、水到渠成地拉近与投资者的心理距离。另一种方式是可以打破思维定式，标新立异，每个人都有好奇心，为了让项目路演吸引投资者注意，在尊重项目路演规则基础上，不妨做些创意或创造，让现场投资者有与众不同的体会，加深对路演项目的印象。

5. 现场气氛上，要有调动的方法

一是要注意内容简单有力。路演内容不是讲得越多越好，而是要讲得有价值。项目路演是一对多的交流，交流的时间要简短有效。二是在演讲过程中适当制造悬念，激发投资者聆听和参与的兴趣，使得内容信息得到准确传达。三是要突出投资者的相关利益，通过画面植入的方式，能让投资者形成记忆点和联想点，加深印象。

6. 突发事件上，要随机应变

项目路演时，难免会出现一些意外，演讲中应做好心理准备，在现场化被动为主动，机智应对突发事件。例如，可以随机应变，将不利化为有利，或者适当进行自我解嘲，也可将计就计，化被动为主动，同时也要自我调节，转移尴尬。

（二）项目路演的注意事项

1. 提前了解听众需求和目标

在路演之前，要确定路演的目标，根据路演安排，评估观众的直观感受和价值体验，将这些整理出要点，做对应的资料准备。

2. 事先准备意外状况对策

路演现场有可能遇到技术故障，或者其他意外造成的冷场，演讲者要提前准备好几个对策，万一出现了意外状况，可以用事先准备的相应对策，化解尴尬，缓解气氛。

3. 演说内容逻辑规划

商业计划书涉及的内容很多，但现场路演是有选择的，要找到关键点，理出结构图，在脑海中有个清晰结构，这样就能在紧张忘词时快速回忆起来，也让听众能理解接受。

4. 给投资者留下印象

路演的项目很多，投资人无法一一记住，用一个独特的观点或引人入胜的语言，让投资人记住项目，成功机会才会更大。

5. 重视提问环节或点评

在路演结束前，一般都有提问答辩和最后的点评环节，演讲者一定要重视，认真倾听投资者提出的问题或是项目改进意见，回答问题时也要注意避免争执，这些问题和意见对项目都有很大的好处。

微课视频：
掌握路演技巧

（三）演讲者的演说技巧

项目路演虽然不是演讲，但演讲是项目路演的主要部分，其重要性不言而喻，为了讲好还要把握好以下技巧：

1. 状态放松，要表现自信

路演就是创业者向投资者推销自己的项目，创业者要相信自己比投资者在项目上更加专业，听众希望从创业者路演中学到不知道的东西。无论在路演时是否紧张，都要镇定自如，不要让人感觉到不专业，对项目没底气。

2. 声音洪亮，要突出重点

演讲者洪亮的声音，不仅可以给自己增加自信心，也能够吸引注意力。如果整个演讲都是一个语气语调，会让人感觉到没有重点。语气语调的轻重缓急和抑扬顿挫，对没有经过训练的人有些难度，但是经过学习和练习，对需要强调的地方做些变化，以引起注意，还是可以做到的。

3. 正视听众，要双向交流

项目路演是讲给听众的，不是讲给自己的。项目路演是难得的和投资人面对面交流的方式，演讲者不能只盯着自己的项目 PPT 讲个不停，而是要面对观众，了解观众的状况，并及时调整自己的状态。

4. 充分理解，不要照念课件

如果在项目路演的现场只是对着 PPT 念，会让人感觉创业者对自己的项目都不了解，这样就很难得到投资人认可。项目路演 PPT 内容只是辅助工具，创业者是利用它来体现自身的表现力、思维能力、变通能力等。

5. 表情自然，加入肢体语言

创业者在台上的面部表情、手势以及眼神也是信息的传达方式。在路演时的适当运用也需要技巧。一般来说，站在台上双手是自然地垂在身体两侧，适当加入手势，要注意和内容同步，眼神也要和手势同步。另外在站姿上，要挺拔身姿，并可以适当移动站位，做到动静结合。

（四）提升感染力的方法

1. 运用第一人称

在项目路演中，创业者可以通过亲身经历，将项目来龙去脉引出或者是延伸，使用简单生动的主动语态，直接与观众对话，拉近双方的距离，促使双方的交流。

2. 适当使用幽默表达

在项目路演现场，一般话题都比较专业，这就容易让人觉得乏味，创业者可以适当加入一些幽默内容，营造一种轻松的氛围，这样在轻松愉悦的氛围中，会自然而然让投资者接受项目。

3. 运用排比句式

项目路演在演讲语言上要简单有力，其中排比句式可以递进地表达出一定的逻辑，可以善加运用。比如，可以把两个或多个事物并列组合在一起，通过加以比较，突出共同点和不同点。

4. 运用流行语或网络热词

很多的流行语和网络热词能让人会心一笑，马上领会演讲者的意图。在项目路演的演讲中也可以适当加入，用一个形象生动、能产生良好效果的网络热词来表达演讲内容，能起到不错的效果，但要注意不能用得太多。

> ▶ 练一练 ◀
> 根据路演演讲稿进行模拟路演并录制成视频。

二、项目路演的答辩技巧

创业者准备了完善的商业计划书和专业的解决方案，最终都要面对投资人的严苛审查，项目路演的答辩环节就是其中重要环节之一。如何做好答辩也是有方法技巧的。

音频：
你需要的路演，全在这儿了

（一）答辩环节的准备工作

1. 团队答辩人员分工

项目路演的答辩也是投资者对创业团队成员的一个全面检验，可能的提问方向会涉及比较广。因此，创业团队成员事先要分工。分工可以根据创业团队成员的知识经验、个性特点、气质风度和表达能力安排，并且要和项目所处行业、性质以及团队成员担当的角色匹配。

在分工明确的同时，每个团队成员还要对普遍性、交叉性的问题有深入共同的理解和熟练的阐述。在准备过程中，团队成员可能不是负责商业计划书中相关内容的撰写。因此，互相之间要有效沟通，加深理解，汇集团队的集体智慧。

2. 团队应变能力培养

即使项目团队成员做了充分准备，但是在项目路演现场也会有各种意外发生，比如说时间上的调整变化，或者投资人的问题超出项目本身，或者遇到有意刁难的问题。这就需要团队做好应变准备。如果项目路演时间上临时增加或减少，那需要团队人员临时调整内容，这就需要项目团队在平时的内容准备上，要做好结构化梳理，以便在基本结构要素不变的情况下，适当对内容做增减。如果项目问题涉及社会、文化等外延问题，项目团队平时要做些相关领域的知识拓展。如果遇到投资人的问题比较有挑衅性，那么无论怎样要保持一个好的心态，不要有情绪抵触或语言冲突，微笑和镇静应对才能体现出良好的心理素质。

3. 团队精神和默契培养

项目路演并不是创业者的个人秀，而是团队整体能力和精神的体现。投资者希望看到的是一个有战斗力和默契配合的团队。在项目答辩时，每一个问题和成员答辩时，其他成员都应该认真倾听，表示支持和肯定。如果遇到回答得不完美或不透彻的问题时，其他人员可以及时补充。

微课视频：
路演技巧案例分析——清航装备

4.项目答辩的细节应对

面对投资人和专家的提问，创业团队成员在台上有可能会忘记事先准备的内容，这时可以先将 PPT 内容调到相关页面，然后再组织语言进行说明。

在项目路演前，要准备项目的实体产品模型或辅助材料并放在现场，这样不仅可以做直观展示，并且在答辩时，遇到相关问题可以现场操作或辅助说明。

(二) 项目答辩的问题准备

创业项目本身都不可能是完美的，投资人选择项目时，也是要挖掘、评估和考察这些项目有可能存在的缺陷，以及这些缺陷对项目可能造成的伤害。面对投资者的这些考验，对于创业者来说，最重要的是是否能拿出应对之策。因此，对这些问题提前做好答辩准备，是非常有必要的。以下是在项目路演答辩时，投资人或者专家经常会问到的方向和具体问题。

1.项目的定位认知

能否用一句话说清楚整个项目是做什么的？定位是什么？

项目的使命、愿景、价值观是什么？

项目的成功关键是什么？项目团队有匹配的能力吗？

项目的最大风险是什么？如何规避和应对？

项目目前面临的首要问题和困难是什么？

2.项目的目标客户

项目目标客户群体有哪些？目标客户有什么特征？

项目解决了目标客户什么需求痛点？

为什么目标客户有刚性需求？如何证明？

项目可能的应用场景有哪些？项目聚焦的是什么场景？

目标客户市场规模有多大？怎么测算出来的？依据是什么？

市场调研市场分析做得充分吗？如何证明分析结果的有效性？

3.项目的产品和技术

项目的产品和解决方案有何种明显的特色和优势？

产品实际的使用效果如何？

目标客户有多少人使用过产品？有什么反馈和评价？

产品的技术原理和技术路径是什么？有何优势和门槛？

是否有专利和版权等知识产权保护？

产品核心技术专利是项目团队核心人员持有吗？有授权吗？

产品和研发到了什么程度？何时能实现产品规模化量产？有时间表吗？

产品的综合成本是多少？如何测算出来的？利润空间有多大？

产品是自生产还是代加工？

4.项目的营销和运营

商业模式是什么？利益相关方的交易结构是什么？

盈利点有哪些？哪个是最主要的收入来源？

产品如何定价？有价格优势吗？用户对这个价格的接受度如何？

如何搭建销售体系？线上和线下的营销是怎么做的？

怎样快速获得客源？有什么主要的客户名单吗？

主要销售计划有哪些？销售预测的数据准确吗？

5.项目的团队资源

项目创始人有什么优势？

项目核心成员在过去有哪些成就？

创业团队在这个项目领域有哪些能力、资源和经验？

为什么这个项目其他人做不了，你们可以做得了？

项目的股权结构上，有技术占股、资源占股、专家占股吗？

本项目有哪些外部资源支持？具体给了哪些支持？

6.项目的现状和未来

创业团队何时成立？项目启动的具体时间是什么？项目启动的过程有哪些？

项目已经实现的产品研发、销售收入、融资有哪些？

目前项目的难点和问题在哪里？

未来的发展规划设想有哪些？要实现哪些目标？

项目在未来一年、三年、五年财务指标是如何规划和预测的？

如果保证未来的目标可以实现？有什么具体措施和行动？

项目未来可持续发展的空间在哪里？依据是什么？

7. 项目的融资计划

需要融资多少钱？计划出让多少股份？

之前有融过资吗？融资的情况怎样？

融资款项主要用在哪些地方？

如果融资到位，可以支撑公司运营多长时间？

有没有考虑其他的融资方式？钱花完了怎么办？

融资可以接受对赌条款吗？

投资人未来如何退出？能获得怎样的收益？

三、项目路演的应变技巧

（一）缓解路演紧张情绪

1. 专注所讲内容

项目路演是给投资者提供信息的一种方式，在项目路演的过程中，只要演讲者专注内容的展示和阐述，并用心讲好，让投资者得到想要的信息，那么，演讲者是否表现完美并没有那么重要。

2. 稳定情绪后再开口

如果演讲者刚刚上台时有些紧张，不要着急讲话，可以先稍微停顿几秒钟，稍微环顾会场和观众，待情绪稳定，再开口讲话就可以了，因为后面有充分的讲话时间，另外这安静的几秒钟，还可以起到聚集观众注意力的效果。

3. 呼吸放松法

无论多么有经验的演讲者，在台前演讲难免都会紧张。一些演员和主持人常用的是呼吸放松法，这是一个很好的办法。上台前或者刚上台时都可以使用：一种是深呼吸法，就是深深地吸气，然后再深深地呼气，反复几次；还有一种是有节奏的呼吸法，规律是 1 ∶ 4 ∶ 2，1 秒吸气、4 秒闭气、2 秒呼气，或者加长到 2 ∶ 8 ∶ 4 也是可以的。路演人员都可以尝试这些方法。

（二）巧对卡壳忘词

1. 跳过

在项目路演的陈述过程中，如果一时忘记了要讲的部分内容，不必纠结，可以先直接跳过，如果这部分的内容比较重要，在结束前可以做一下补充，如果不是很重要，也就没必要补充。

2.停顿

在演讲中，卡壳忘词是难免的，这时只要镇定地停顿数秒，听众是不会察觉的，甚至会被带入一起思考，而演讲者通过停顿、平静、思考过后，一般就可顺利想起相关内容，继续讲下去。

3.回顾

如果演讲内容有重要的三到五点，演讲者讲完前面的几点后，突然忘记了后面的一点内容。这时候，可以先和听众一起回顾总结下前面的几点内容，就有可能想起后面的要点，或者做出适当的补充。

（三）时间失误应对

演讲的时间失误有两种情况：一种是内容多，时间短，另一种是内容少，时间长。对于前一种情况，可以适当加快语速，忽略细节处理，在时间结束前讲完。而后一种是在规定的时间还没到，而内容已经说完了，如果提前结束陈述，不仅浪费了宝贵时间，也会让听众觉得演讲者准备不足。这时候，演讲者可以用以下方式，让听众不易察觉到弥补。

1.放慢语速

如果在演讲开始之后，发现实际时间比计划要长，可以适当放慢整体语速。

2.加强细节描述

如果在演讲快结束前，发现准备内容少了，可以补充些细节性的内容描述。

3.回顾重点

如果内容讲完，才发现时间未到，演讲者可以再次做个重点内容的回顾总结，不仅可以填补时间空白，还能加深听众对路演内容的印象。

（四）观众干扰处理

在项目路演的现场，如果投资者数量多，或者有部分观众有意或无意干扰了演讲者的讲话，可以采取以下措施处理：

1.停顿提示

如果有出现观众交谈或者打电话等情况，干扰了演讲者的讲话，这时可以适当暂停讲话，不仅可以恢复现场秩序安静，同时也是提醒观众互相尊重的表现。

2. 声音提示

当观众出现注意力涣散，不关注演讲者的讲话时，可以适当在声音上做些变化，比如加重语气，或者提高音量，拉回观众的注意力。

3. 动作提示

如果暂停和声音提示没有效果，也可以适当加上动作提示，比如，用眼神注视干扰人员，或者改变站位，照顾到观众感受，也能起到制止干扰和吸引观众的作用。

（五）问答有的放矢

在项目答辩环节，一问一答之间，不仅是投资者和创业者之间的一个交流，也最能体现演讲者的专业能力和综合素质。

1. 预设问题

项目本身是创业者最熟悉的，哪些问题是最关键的也只有创业者最了解。因此，创业者不妨换位思考一下，投资者最可能问什么，哪些对投资者是最重要的。

2. 多种答案

针对投资者可能的问题，先预设一些备选答案，最好要详细具体，这样才可随机应变。

3. 模拟演习

在项目路演前，可以请一些朋友和专家，模拟路演现场，进行项目答辩演习，这不仅可以积累现场经验，还可以收集更多问题和建议，在真正的路演答辩时，才会发挥自如。

（六）答辩应对技巧

1. 自信坦然

项目路演团队如果对项目足够专业和精通，就会显得自信坦然，这是投资者能够感受到的。

2. 避免争论

投资人可能会问一些比较刁钻的问题，回答这类问题时，要避免钻牛角尖，答辩现场并不是评价对错的地方，项目人员可以用平和的心态，对提问做合理的解释和说明，不必和投资人争论。

3. 无法回答的问题

对于项目路演现场实在无法回答的问题，也要坦诚相告，并表示之后会研究探讨，不必在现场做经不起推敲的解释，牵强附会的回答可能会适得其反。

四、项目路演的展示技巧

（一）路演 PPT 的展示技巧

1. 路演流程演练

在项目路演前，要对具体的路演流程的细节逐个进行演练，包括熟悉内容、PPT 的页面配合、语言表达、肢体动作、时间分配、应急处理等。

2. 路演 PPT 的使用

包括熟悉演讲用的翻页笔、演示视图、排练功能等。

3. 路演 PPT 的页面优化

路演 PPT 的页面包括封面主题页、内容页、尾页，要注意在风格一致的基础上，封面页体现项目的主题，并且要符合路演主办方的要求。做好内容安排，特别是尾页，不要有习惯性的"谢谢观看"，可以再次出现项目主题或留出答辩页面。

4. 为答辩预留空间

项目答辩是项目路演的重要环节，可以在陈述内容上和项目路演 PPT 的页面上做些预留，比如有些内容陈述时不展开，在答辩时借机补充细节。

5. 路演心态准备

项目路演虽然是创业融资的重要手段，但是通过一场路演就能达到目标也是不可能的。通过路演除了可以获得融资，还可以获得媒体曝光机会、得到专家的指点等。只要抱着路演都会有收获的想法，那么就是好的心态。

（二）路演 PPT 的技术问题

路演 PPT 的一些技术问题，对路演的效果也有比较大的影响，比如事先设置好的特殊效果字体，在项目路演现场无法实现，或者设计好的动画特效不能播放，还有因为屏幕比例问题，让路演 PPT 的视觉效果打了折扣。因此，以下技术问题也是必须要掌握的：

1. 现场屏幕比例问题

项目路演的主办方一般都会提前把参加项目的文件要求发出通知，一般现场的大屏幕比例显示有两种格式，分别是 16:9 或者是 4:3，也有些新设备是 16:10 的比例。项目路演前最好再次确认，避免影响 PPT 完美展示。

2. 字体显示问题

因为不同电脑办公软件中，自带字体显示效果会不一样，特别是使用了特殊效果关键字体，比如标题，如果显示不出来，可以采用以下方法：

① 打包字

可以提前将 PPT 用到的字体打包，但是要拷贝安装才能使用，比较麻烦。

② 转成图片

在 PPT 制作完成后，将全部页面转成图片形式或是 PDF 文件格式。但是，这样会损失 PPT 的动画播放效果，处理方法是把部分内容转成图片，其余保留。

3. PPT 的色调问题

项目路演环境会影响 PPT 文字显示效果。如果现场环境比较暗，那最好使用较深背景搭配白色字体，如果环境灯光比较明亮，那使用较浅背景搭配黑色字体比较好。

4. PPT 的动画特效

在 PPT 中添加动画、音效是常用的功能，但是在项目路演 PPT 中，要看如何使用，因为项目路演 PPT 以内容传递为主，不宜使用太多动画特效、音效，比如音效经过会议现场音响设备放大，有时候不仅会影响主讲人发言，还会让听众吓一跳。

▶ **任务实施**

此次任务可以通过如下途径实现：

（1）通过阅读本节案例，思考为什么这 29 个项目在众多项目中能脱颖而出，他们的路演技巧怎么样？

（2）通过角色模拟，做一场 5 分钟的模拟路演。

（3）通过角色扮演评审专家，对模拟路演进行提问。

（4）通过小组协作，对现有的路演 PPT 进行提升，选派代表分享提升修改的原因。

▶ **任务小结**

　　创业项目本身都不可能是完美的，投资人选择项目时，也是要挖掘、评估和考察这些项目有可能存在的缺陷，以及这些缺陷对项目可能造成的伤害。面对投资者的这些考验，对于创业者来说，最重要的是是否能拿出应对之策。因此，对这些问题提前做好答辩准备，是非常有必要的。

任务三　做好路演课件

▶ **任务导入**

PPT 配色

PPT 中的色彩主要有 4 种，字体色、背景色、主色和辅助色。

（1）字体色，通常为灰色和黑色，如果和黑色背景搭配则可以使用白色。

（2）背景色，通常为白色和浅灰色，一些发布会喜欢用黑色。

（3）主色，通常为主题色或者 LOGO 色，主题有关于医疗可能就是绿色，有关于党建可能就是红色。

（4）辅助色，就是考虑到主色过于单一，经常作为主色的补充。

PPT 中的配色的方案

（1）第一种配色，黑白灰。

（2）第二种配色，黑白灰 + 任意单个颜色。

（3）第三种配色，黑白灰 + 同类色。

（4）第四种配色，黑白灰 + 相近色。

（5）第五种配色，黑白灰 + 对比色。

请思考：

1. 路演课件中的配色有什么忌讳？

2. 除了配色，路演课件还需要注意的问题有哪些？

资料来源：利兄日志

▶ **任务分析**

路演时需要准备商业计划书、路演讲稿、项目 VCR 和路演课件。路演课件在许多创新创业大赛、融资路演中扮演着重要的角色。但是很多人经常在路演课件制作时只考虑了自己的喜好，并没有从读者的角度进行设计。当然路演课件不只有配色忌讳问题，还有很多注意事项。

▶ **知识准备**

一、路演 PPT 的展示思路
（一）路演 PPT 的项目特点
1. 项目特点突出

对于投资者来说，一般都见过各种类型的创业项目和创业者，通常了解一个项目最快的方式就是发现其与众不同的特点。因此，创业者路演时必须将项目最大的亮点做重点展示，吸引投资者的兴趣，才会让其他的内容得到重视。

2. 时间控制得当

项目路演 PPT 是为路演服务的，是辅助路演的工具。在 PPT 的页数上要和路演的规定时间匹配，一般路演 PPT 的内容在 15 页左右，5—8 分钟的陈述时间内还包括翻页、动画、播放视频等时间，所以需要分秒必争，控制得当。

3. 针对投资需求

项目路演 PPT 的内容不仅要和商业计划书的内容一致，还要考虑到投资者现场交流的需要，准备投资者想要听到和喜欢听到的内容，不能绝对以商业计划书或创业者为中心来阐述，而是要以投资者的需求为中心。

4. 突发问题准备

项目路演的现场总会有一些意外状况发生，特别是路演 PPT 播放中时不时会出现软件版本不同、演示超链接失效、音频或是视频无法打开等问题，这些都要提前准备好预案。另外，如果项目路演人员在上台前，时间允许，最好先观摩下其他创业者的项目路演，细心观察，避免其他路演者的失误在自己身上再次发生。

5. 细节准确无误

在项目路演 PPT 准备上，一些细节的内容注意不要遗漏，并且要做检查确认。比如在 PPT 的封面页，留下项目团队成员的姓名、联系方式，在项目的尾页，留下公司公众号二维码、官网地址，或者投资联系人二维码等。

（二）路演 PPT 的整体安排

1. 路演 PPT 长度

项目路演 PPT 的观众是投资者，一般情况下 10 页到 20 页是个合适的长度。如果过短，可能无法说清楚项目，如果过长，可能无法突出项目重点内容，显得冗长繁杂，让人失去兴趣。

2. 路演 PPT 内容

路演 PPT 的每个页面都应该是有意义的，有要点、有内容，并且越主要的内容应该越靠前。PPT 的作用之一是给演讲者一个清晰的说明思路，不是用来照着念的。因此，每个页面内容只要展现出页面主题和关键词，以在演讲的过程中起到提示作用。

3. 路演 PPT 展现

项目路演 PPT 要开门见山，拿出亮点才能有吸引力。要采用简洁的标题和重要的文字内容，没必要出现商业计划书中一般性和大段的铺垫。用简要的文字描述商业计划书中的内容，做到语句流畅、描述严谨、层次分明。

为了更好地表达结论，在文字基础上添加更加直观的图表，将实验数据、论证材料、计算结果等，以图片或表格的方式呈现在 PPT 上。

4. 路演 PPT 美化

项目路演 PPT 的内容有了之后，"颜值"也要跟上，在 PPT 的排版、颜色、图文搭配上也要适度美化。

① 动静结合：利用 PPT 自动的动画效果，可以给观众视觉上的动态感受，吸引观众注意力，给人灵活的空间美。

② 图文并茂：路演 PPT 的图文比例可以占八成以上，因为插图比文字更有亲和力，数据表格也显得更加专业。

③ 适合的图片：项目路演 PPT 的图片演示，大小要合适，PPT 的背景和项目的主题呼应，简洁大方，避免花哨的演示和背景。

④ 颜色搭配：项目路演 PPT 的颜色要符合项目特性，如科技类项目往往用蓝色、农业类用绿色、食品类用黄色。根据颜色搭配法则，一个页面内不超过三个颜色，给人的视觉效果是比较舒服的。

> ▶ 练一练 ◀
>
> 根据以上知识点，美化自己的创业项目的路演 PPT。

二、路演 PPT 的展示内容

（一）首页主题

在每个项目路演开始之前，项目路演 PPT 的首页会被先展示出来，由主持人介绍之后，项目路演的演讲者才会上台开始正式的陈述，因此，这个主页很重要。这页最基本的内容包括：项目名称、项目或公司的 LOGO、团队负责人姓名和联系方式等。最重要的是，要把项目主题用有特色的图像、图片或图形化的元素给台下人员一个视觉冲击或鲜明印象。

（二）项目背景来源

项目背景来源包括创业项目的创业初衷、背景和产生来源。通过故事带出创业初衷，用几句话概括背景，用简单的语言介绍项目特色，在最短时间内让听众产生兴趣。

（三）项目目标市场

目标市场包括行业现在的问题、市场的发展空间、未来行业发展趋势、目前占领市场和参与市场竞争的企业、竞争的范围和程度、行业政策对市场的影响、经济和社会环境影响等。产品的市场空间有多大，项目可以取得的市场份额有多少，项目可以通过什么方式获得市场份额，需要多长时间可以获得目标市场，有权威机构或企业自身的哪些数据依据可以支撑预测的准确性和可行性。

（四）客户痛点分析

客户有哪些目前解决不了或者是解决不好的痛点，具体是什么，这些痛点的真实性是什么？针对痛点，产品解决的实际需求是什么，解决的环节和不同类型的客户有哪些？哪些是产品的购买者，客户的特点和产品的属性有什么关联？具体的客户群体有哪些？

（五）产品和服务

1. 产品形态

产品形态是指产品的实体外观、结构和包装形式。如果是软件产品，要有软件的主页和页面截图和功能介绍；如果是线下实体店，要有门店照片和品牌形象等；如果是服务，那么要有服务的流程和质量的体现。

2. 业务结构

业务结构是指项目围绕客户，怎样通过产品和服务为客户解决问题，从客户购买到售后服务的流程，以及和上下游企业的合作关系。包括完整的内外部的客户解决方案和主要的研发、生产、供应链等业务流程。

3. 商业模式

这里展示产品和服务的客户需求是否稳定、是高频还是低频的，稳定留住客户和获取新客户的方式是什么，产品和服务是如何定价的，企业预计何时盈利，资产和资金的运用是怎样的。

（六）核心竞争力

核心竞争力主要展示项目拥有的专利知识产权保护、区域政策保护、已经拥有的专利数量，以及已经开拓的市场渠道。项目解决客户痛点的方式有什么特别地方，项目的经济价值和社会价值，项目的意义是什么。

（七）团队优势

团队优势主要展示项目核心人员的履历、经验和成功案例、关键岗位的人才储备、专业能力、项目的天使投资、融资、技术、管理等方面的顾问和专家、合作机构、团队创新意识、超前的理念、团队共同形成的价值等。

（八）财务分析

财务分析主要展示项目的产品和服务的销售预测，产品和服务以什么价格销售，产品和服务的成本构成是怎样的，是否可以达成期望的利润目标，以及项目的融资需求金额，出让股权比例，资金的使用计划。

（九）未来展望

项目未来三到五年的运营规划和发展蓝图。

三、路演 PPT 的制作方法

（一）制作专业的路演 PPT

专业的路演 PPT 更具有说服力，专业性不仅体现在路演内容上，还体现在路演 PPT

的外在形式上。也就是内容专业和专业审美都要有。

1. 项目内容的强化和美化

项目路演是创业团队将创业成果向投资者展示的过程，在内容上要体现项目特色和产品特点，并且要将项目特色和产品特点与 PPT 的美化结合在一起。这样让观众虽然不能亲身体验，但也能够更好地认同项目。比如，如果是食品类的项目，以明亮的黄色做背景，再加上代言人物与动画结合，能够给人健康、活泼的代入感。

2. 投资者关注点的重点展示

对投资者来说，项目的关注点在于项目为什么能赚钱、能赚多少钱、为什么是我们可以做、能赚多长时间等。

3. 路演 PPT 视觉语言与演说语言的衔接

对于项目路演现场的观众来说，可以接收到的信息包括路演 PPT 的视觉信息，以及演讲者的语言信息。一般演讲者是先让观众看到 PPT，再开始用声音陈述或者解释，因此 PPT 制作时，要考虑怎样和演讲者的语言协同，并且相得益彰。

4. 专业审美的要求

项目路演 PPT 的制作是在个人电脑上操作完成的，而项目路演 PPT 是在项目路演大厅的现场大屏上播放的，这时候只要微小的瑕疵就会被加倍放大。因此，在制作项目路演 PPT 时，对路演 PPT 的制作要求要比其他一般的制作要求高，每一页内容的图文比例、字体的大小、各种元素的组合也都要符合专业审美的要求，在大屏幕被展示出来时的效果才有保障。

5. 路演 PPT 的主题基调

每个项目在运行过程都会形成一个基调，在路演 PPT 的制作上从头到尾要延续这个基调。项目路演 PPT 制作并不需要一套完整的企业形象识别系统，但可以通过精心

拓展视频：
易碳 3060——新时代的卖碳翁

微课视频：
制作路演课件

的设计来实现给投资者留下清晰而又好印象的最佳效果。

6.通过视觉冲击加深共鸣

项目路演 PPT 的视觉冲击效果并不是要将每页 PPT 做得五颜六色、色彩缤纷，而是为项目路演 PPT 所要呈现的观点服务的，通过有冲击力的视觉，能让人产生强烈共鸣和认同感，引出项目的意义和价值，才能真正起到增强视觉效果的作用。比如，关于环境污染的视觉冲击，就能不言而喻地让人产生共鸣。详见图 11.3-1。

图 11.3-1　视觉冲击效果的例子

（二）PPT 制作软件的使用

随着 PPT 制作商业用途的不断增多，制作 PPT 的软件也越来越多，有些软件可以免费使用，有些则有收费项目，但收费软件功能也相对强大，创业团队可以根据项目需要进行选择。但要注意的是项目路演现场的 PPT 的播放软件是哪一种，不管使用哪种软件，最后都要转换成项目路演现场环境可以播放的格式。

（三）PPT 的动画特效制作

在 PPT 的制作软件中，一般都有动画效果的功能。在静态的 PPT 中适当加入动画效果，可以让路演 PPT 更加生动，具体可以加入的动画特效有以下几种。

1.片头动画

在创业者准备开始做项目路演陈述前，观众一般处于注意力分散的状态。这时如果加入精美的、有创意的动画作为片头，可以迅速吸引观众注意力。

2. 逻辑动画

逻辑动画一般以图片、文字出现的先后顺序或者主次顺序的方式出现，是为了提示观看者内容内在的逻辑性。在呈现一些比较复杂的内容时，可以以逻辑动画的方式呈现，这就能让项目路演的投资者迅速把握重点，理解内容思路，也省去演讲者做过多解释。

3. 强调动画

强调动画是以大小变化、缩放、闪烁、变色的方式实现强调效果。在路演PPT中可以预先设计好，由演讲者进行控制出现，并且可以动静结合，在不影响静态内容呈现的同时，又能达到强调效果，胜过语言表达。

4. 情景动画

情景动画是通过一个故事来演绎情节和过程。在路演PPT的制作上，可以通过一套连续的动画设计，将一个场景表现得栩栩如生，能够起到代替表演的效果。项目路演中如果运用恰当，也能起到意想不到的效果。

5. 图表动画

图表是项目路演要展示的重要内容，但是也是容易让人觉得枯燥的内容。最常见的图标包括柱图、饼图、线图、雷达图等。此外，图表还有并列、包含、扩散、综合等逻辑关系。因此，如果用适当的动画，体现图表的变化和内在逻辑关系，则更能增加项目路演的说服力。

6. 片尾动画

通常在项目路演PPT中开头，动画是常见的。但是，如果在片尾也加上一个动画，也会起到多种不同的作用。一是可以与片头动画相呼应，做到有始有终；二是可以通过这种贯穿始终的方式，提醒投资者回忆内容，加强记忆；三是可以起到提醒观众演示结束的作用，给投资者一个缓冲时间，准备接下来的答辩环节或者是其他活动。

四、路演PPT的质量提升

商业计划书完成了，项目路演PPT也制作出来了，那么质量到底怎么样呢？能否比其他项目做得更好呢？在项目路演PPT的内容上、制作上、整体设计上还有哪些环节可以提升呢？

（一）路演 PPT 的内容提升

如果说项目路演 PPT 的逻辑结构是"骨"，项目路演 PPT 的内容就是"肉"，要做到骨肉相连，还需注意以下方面。

1. 整体一致性的提升

项目路演 PPT 的内容是依据商业计划书的内容制作，要和商业计划书保持一致性，另外，项目路演 PPT 还要和现场演讲者的陈述内容保持一致，是演讲者的辅助。三是要做一致性的检查和修改提升。

2. 项目数据来源的确认

项目路演包含的一些行业信息或者数据，需要标明信息来源。不仅是对数据来源方的尊重和他人工作的认可，也是项目引用数据的真实性的依据。另外，这些数据随着时间的变化，可能有些新的变化，也要再次确认，并在项目路演 PPT 上体现出变化。

3. 项目相关授权的获取

项目路演中，为了证明项目获得了一些合作资源和支持，可能需要引入一些其他企业的名称或者标识等信息。但是，项目路演是一个对外公开的展示形式，所有披露的信息是要取得相关方同意的。在项目路演的内容检查上，也要检查是否有相关信息，在路演前获得授权或者更新信息。

4. 项目竞争公司的比较

竞争优势分析是项目路演 PPT 必须要呈现的内容之一，少不了和竞争对手的产品做各种对比。但是，这样有可能会产生不公正或者误导性的结论，损害市场其他企业的利益。因此，比较的内容保证要真实和可靠，比如采用第三方行业报告的数据，或者上市公司公开的年报数据。在真实可靠的基础上做出客观的比较，这是在竞品分析时要检查确认的。

5. 项目数据的真实性

创业者为了用各种方式吸引投资者，希望用比较好的突出的数据来吸引投资者，这是可以理解的。但是，不可以用虚假的数据，项目路演 PPT 制作结束后，也要反复核算数据的真实性，不可自欺欺人。

（二）路演 PPT 的制作提升

1. 求精不求多

项目路演 PPT 开始制作的时候，可能感觉有很多内容要放进去，但是，这样的结果是 PPT 的页数过多。因此，项目路演 PPT 制作的最后，必须要做减法，把最重要和精华的内容留下来。

2. 动画效果的问题

动画效果也是不一定要越多越好，试想一下，作为观众，如果还来不及看清路演 PPT 的内容，就被动画效果一带而过，反而会导致观众看得眼花缭乱，而忽略了本该重点注意的内容。因此，项目路演 PPT 制作完成后，也要反复演练，做到动画效果合适有度。

3. 图文搭配的比例问题

项目制作的过程中，可能会关注内容，而忽视了呈现效果。在项目路演 PPT 内容制作完成后，要检查下图文搭配的比例问题，80% 的图搭配 20% 的文字是项目路演 PPT 可以参考的一个原则。

4. 路演 PPT 色彩的加强

项目路演现场播放的 PPT 的色彩和制作电脑上的色彩是存在差异的。或者由于光线原因，现场的路演 PPT 放映时，色彩会被淡化。这也是制作路演 PPT 要考虑的问题，如果有条件，最好能将 PPT 模板在和现场接近的环境下看看实际效果，最终决定是否对路演 PPT 的色彩进行加强。

（三）路演 PPT 的整体效果提升

1. 遵循简洁原则

一个项目路演 PPT 是否简洁好看，只检查三个基本原则：通俗易懂、容易接受、容易留下印象。

趣味动画：
百度高管因 PPT 做得烂被辞退

2.时间精准掌控

项目路演时间有限，在有限的时间里，既要讲清问题，又要不让听的人感到乏味疲倦，在项目路演PPT上都要精确计算好时间。

3.内容逻辑清晰

路演PPT的逻辑结构，可以通过片头、封面、目录、过渡页、文页、结尾页，以及主标题、副标题和关键词等方式体现出来。在项目路演PPT制作完成时，也要对这些再次梳理一下，确保结构清晰。

4.整体设计的创意

一个设计精美的路演PPT，至少在四个方面起到作用：一是让投资者感觉愉悦，二是让投资者认可你的态度，三是赢得投资者的信任，四是赢得成功的机会。

只要能达到以上目标，那么在项目路演PPT的设计上，就可以发挥一些创意，结合一些专业素材和PPT的排版方法，达到更好的效果。

▶ 小贴士 ◀

不论写什么文章，都要在观点提炼和归纳上下苦功夫。观点响亮，归纳紧凑，最好不要超过三条，做到一挥而切中肯綮，一语而击中要害，一笔而入木三分。

《楚辞》研究专家怀沙先生十分讲究观点的提炼，他写过一篇《文子三十三字箴言》的短文，全文仅三个字——"正清和"，注却有三十个："孔子尚正气，老子尚清气，释迦尚和气。东方大道其在贯通并弘扬斯三气也。"大师把中国古代文化的精髓浓缩在这33个字中，不仅可见大师的文化功力，更可见他提炼文字的绝高水平。

▶ **任务实施**

此次任务可以通过如下途径实现：

（1）通过阅读《PPT配色》案例，思考：路演课件中的配色有什么忌讳？除了配色，路演课件还需要注意的问题有哪些？

（2）通过微信公众号、小红书、抖音等渠道，了解专家、学者、投资人对路演课件制作的观点。

（3）通过小组协作美化自己的创业项目课件，并派出代表分享作品，讲解路演课件制作的注意事项。

▶ **任务小结**

项目路演 PPT 在展示思路、展示内容、制作方法和质量提升上都有技巧可循。展示思路上要考虑项目特点和整体安排；展示内容上要考虑首页主题、项目背景来源、项目目标市场、客户痛点分析、产品和服务、核心竞争力、团队优势、财务分析、未来展望；制作方法上要注意使用专业的方法、软件，设计合适的动画效果；质量提升上，要考虑 PPT 的内容提升、制作提升和整体效果提升。

技能提升训练　模拟开展项目路演

▶ **训练目标**

根据你的商业计划书，制作项目路演 PPT。

▶ **实施流程**

流程 1　制作项目路演 PPT

和团队成员讨论，分工按步骤完成项目路演 PPT 设计制作。

1. 设计路演 PPT 的封面页；

2. 设计制作路演 PPT 的目录页；

3. 设计制作路演 PPT 的正文内容；

4. 设计制作路演 PPT 的收尾页。

流程 2　模拟开展项目路演

1. 撰写项目路演文稿；

2. 分工选出路演主讲、主答辩和其他组员、模拟评委；

3. 预设答辩问题；

4. 模拟开展项目路演，并拍摄录制。

思考与练习

一、单选题

1.商业路演需要做的准备有（　　　）。

A. 准备路演 PPT

B. 准备路演 PPT 相对应的演讲文字稿

C. 反复演练演讲全过程

D. 以上都是

2.以下属于商业路演需要准备的材料的是（　　　）。

A. 路演陈述文案及与文案相对应的电子演示文稿即路演 PPT

B. 具有重要价值的销售资质证明材料或销售授权证明材料

C. 企业产品的技术专利以及授权机构相关证明材料及企业获得荣誉奖励

D. 以上都是

3.设置路演兴奋点的技巧不包括（　　　）。

A. 压缩路演时间　　　　　　　　　　B. 满足投资者心理

C. 善于标新立异　　　　　　　　　　D. 打破思维定式

4.以下不是做好项目路演方法的是（　　　）。

A. 充分准备，刻意练习　　　　　　　B. 饱满的精神状态

C. 连接观众　　　　　　　　　　　　D. 用念不用演

二、判断题

1.路演准备包括路演突发情况准备。（　　　）

2.路演准备需要考虑路演时间。（　　　）

3.路演准备较为烦琐，所以能省则省。（　　　）

4.路演等于做 PPT。（　　　）

5.路演前要做好各方面的准备，除了要准备你的演讲内容，演示 PPT，还要注意细节，包括衣着、服饰、发型、用具。（　　　）

6.项目路演时，有严格的时间限制，路演人员一定要把握好时间。（　　　）

7.在项目路演 PPT 中使用表格或矩阵直接或间接地介绍竞争对手状况将是不错的

选择，可以更直观展示差异化优势。（　　　）

8.项目路演的时候要用讲述的方式而不是念 PPT，这样更容易感染听众。（　　　）

三、多选题

1.路演前需要做的准备有（　　　）。

A.路演 PPT 及 PPT 全部文字稿

B.路演思路

C.团队内部沟通

D.路演项目问答数据库

2.路演 PPT 制作演示技巧主要包括（　　　）。

A.每页 PPT 能够有逻辑、有结构地串联起来

B.将总结性的字句和相应的图片、图形等相结合

C.可以借助自己的肢体动作、眼神等和台下的观众进行互动

D.依据 PPT 上的内容来选择恰当的演示风格

3.进行创业项目路演展示的技巧包括（　　　）。

A.讲一个有逻辑、带感情的故事

B.说出痛点，讲出亮点

C.突出团队优势，尤其核心人物

D.不要说假大空话，要务实

4.项目路演演讲技巧包括（　　　）。

A.语言尽量简洁、精练、保持平稳的语速

B.在演讲中要增加互动、刺激投资者的兴奋点

C.一定要真诚，用真诚的心去感动别人

D.切忌对项目过分乐观

E.多用有根据且有效数据来说明问题

参考文献

1. 吴安.市场营销学（第四版）[M].北京：高等教育出版社，2013.

2. 张唐槟.市场营销学 [M].成都：西南财经大学出版社，2013.

3. 杨群祥.市场营销概论：理论、实务、案例、实训 [M].北京：高等教育出版社，2012.

4. 纪宝成.市场营销学 [M].北京：中国人民大学出版社，2003.

5. 屈冠银.市场营销理论与实训教程 [M].北京：机械工业出版社，2014.

6. （美）尔.T.乌利齐（Karl T. Ulrich），史蒂文.D.埃.产品设计与开发（原第 6 版）[M].北京：机械工业出版社，2018.

7. 周红缨，罗荷英，胡云.基础会计实务 [M].江苏：南京大学出版社，2020.

8. 陈国辉，迟旭升.基础会计 [M].辽宁：东北财经大学出版社，2007.

9. 董京.会计基础 [M].辽宁：大连理工大学出版社，2014.

10. 宏道，李正林，蔡贤斌.财务会计 [M].北京：中国轻工业出版社，2017.

11. 陈新达，桂舟.大学生创新创业 [M].北京：清华大学出版社，2018.

12. 苗苗，沈火明.创新创业创青春 [M].北京：机械工业出版社，2021.

13. 陈睿峰.创业风险管理：开公司必知的 128 个实操陷阱 [M].北京：清华大学出版社，2022.

14. 阳文，章喜明.医疗器械研发管理与创新创业实践 [M].广东：华南理工大学出版社，2021.

15. 姬建锋，万生新.大学生创新创业教育 [M].陕西：陕西人民出版社，2019.

16. 刘平平.思想政治教育视域下艺术院校大学生创业教育政策环境研究与实践指导 [M].四川：四川大学出版社，2018.

17. 吴亚梅，龚丽萍.大学生创新创业教程 [M].重庆：重庆大学出版社，2018.

18. 彭四平，伍嘉华，马世登，等.创新创业基础 [M].北京：人民邮电出版社，2018.

19. 王翔.创客导师管理手册 [M].江苏：南京大学出版社，2018.

20. 王长青.大学生就业创业指导 [M].江苏：南京大学出版社，2017.

21. 舒晓楠，阮爱清.创业基础 [M].重庆：重庆大学出版社，2017.

22. 胡楠，郭勇，丁伟，等.大学生创新创业指导 [M].北京：人民邮电出版社，2017.

23. 王兆明，顾坤华.大学生就业创业实务 [M].江苏：苏州大学出版社，2017.

24. 李时椿，常建坤 . 创新与创业管理 [M]. 江苏：南京大学出版社，2017.

25. 李建军 . 创业密码 [M]. 北京：人民邮电出版社，2016.

26. 江远涛 . 路演中国 [M]. 北京：人民邮电出版社，2016.

27. 李新庚，杨辉，高永丰 . 创新创业基础 [M]. 北京：人民邮电出版社，2016.

28. 韩伟华 . 融资的力量 [M]. 北京：人民邮电出版社，2016.

29. 劳本信，杨帆 . 创业与运营管理实务 [M]. 北京：人民邮电出版社，2016.

30. 汪立夏，舒曼，胡燕 . 大学生心理健康朋辈互助 [M]. 北京：中国人民大学出版社，2015.

31. 王雄伟 . 高校科技产业资本运营研究 [M]. 宁夏：宁夏人民出版社，2006.